极速风华
法拉利 75 载传奇

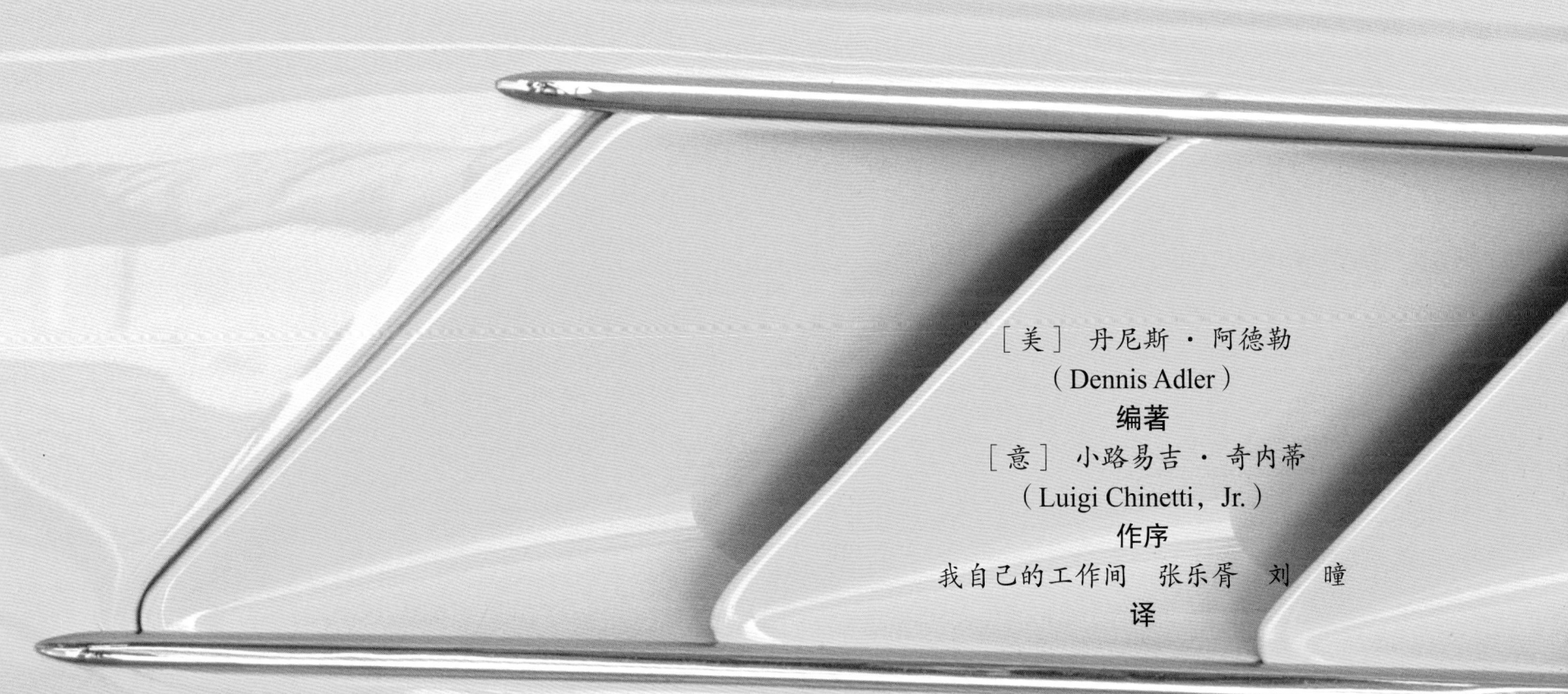

［美］丹尼斯·阿德勒
（Dennis Adler）
编著
［意］小路易吉·奇内蒂
（Luigi Chinetti, Jr.）
作序
我自己的工作间　张乐胥　刘　曈
译

图书在版编目（CIP）数据

极速风华：法拉利75载传奇 /（美）丹尼斯·阿德勒（Dennis Adler）编著；张乐胥，刘曈译. -- 上海：上海科学技术出版社，2024.3
书名原文：Ferrari: 75 Years
ISBN 978-7-5478-6539-2

Ⅰ. ①极… Ⅱ. ①丹… ②张… ③刘… Ⅲ. ①跑车—介绍—意大利 Ⅳ. ①U469.11

中国国家版本馆CIP数据核字（2024）第042668号

极速风华：法拉利75载传奇
［美］丹尼斯·阿德勒（Dennis Adler）　编著
［意］小路易吉·奇内蒂（Luigi Chinetti, Jr.）　作序
我自己的工作间　张乐胥　刘　曈　译

上海世纪出版（集团）有限公司
上海科学技术出版社　出版、发行
（上海市闵行区号景路159弄A座9F-10F）
邮政编码201101　　www.sstp.cn
山东韵杰文化科技有限公司印刷
开本 889×1194　1/16　印张 21
字数 400千字
2024年3月第1版　2024年3月第1次印刷
ISBN 978-7-5478-6539-2 / U·149
定价：268.00元

本书如有缺页、错装或坏损等严重质量问题，请向印刷厂联系调换

Ferrari: 75 Years by Dennis Adler
© 2021 Quarto Publishing Group USA Inc.
Text © 2016, 2021 Dennis Adler
Photography © Dennis Adler and Ferrari S.p.A, except where noted
First published in 2006 by Random House. Second edition published in 2016 by Motorbooks, an imprint of The Quarto Group
Simplified Chinese translation copyright © 2024 by Shanghai Scientific and Technical Publishers
All rights reserved. No part of this book may be reproduced in any form without written permission of the copyright owners. All images in this book have been reproduced with the knowledge and prior consent of the artists concerned, and no responsibility is accepted by producer, publisher, or printer for any infringement of copyright or otherwise, arising from the contents of this publication.

上海市版权局著作权合同登记号　图字：09-2023-0731号

本书献给珍妮，你多年来的爱和鼓励激励我笔耕不辍；献给我的朋友路易吉·"可可"·奇内蒂，我们"四剑客"中的第一位，他分享了他已故的父亲，老路易吉·奇内蒂的伟大故事及与恩佐·法拉利的紧密关系，他们两人创造了一个汽车传奇。同时，谨以本书纪念我的两位挚友，同为作家的史蒂夫·费斯塔德和 R.L. 威尔逊，他们二位在我多年前刚开始写 *Ferrari——The Road From Maranello* 时就在意大利陪伴着我们。斯人已逝，但我将始终感怀在心。

丹尼斯·阿德勒

写于 2021 年 1 月

目录

序 ix

引言：西斯塔尼亚——现代跑车雏形 xv

第一章
　0 到 75 年——法拉利进化史 3

第二章
　恩佐·法拉利的一步险棋——独立决策 23

第三章
　早期公路车和赛车——赛道内外树门面 45

第四章
　20 世纪 50 年代的公路车 69

第五章
　Dino——悼念恩佐之子 117

第六章
　　成长于美利坚——20世纪60、70年代的法拉利..**133**

第七章
　　进军北美..**159**

第八章
　　20世纪70年代新面貌..**199**

第九章
　　公路车纪元——20世纪80、90年代..**225**

第十章
　　21世纪的法拉利..**265**

致谢..**308**

索引..**310**

序

小路易吉 · 奇内蒂

在汽车界和赛车界，标志性人物不胜枚举。例如伟大的埃托里·布加迪，他的蓝色赛车和跑车让人想起20世纪20年代无忧无虑的日子，他本人的神秘感则让人联想到上流阶层和贵族。

而布加迪最纯正的继承者则是恩佐·法拉利。他出身低微，却在一战后迅速建立起了自己的神秘王国。恩佐·法拉利于1988年8月14日去世，然而直至今天，他仍然被尊为一个追求自己梦想，并在一生中不断书写传奇的人。

我很荣幸能够受邀为丹尼斯·阿德勒的这本书作序，因为我的父亲，路易吉·奇内蒂，几乎与法拉利先生一生患难与共，并帮助他在美国缔造了如今的法拉利传奇。

1998年，在参观法拉利生产设施期间，作者在位于马拉内罗的一家工厂外为小路易吉·奇内蒂拍下了这张照片。

小路易吉·奇内蒂驾驶着 365 GTB/4 Daytona 赢得了 1971 年勒芒耐力赛的组别冠军。

请设想这样一幅20世纪20年代初的画面：一场战争刚刚席卷过欧洲，使其陷入金融危机和政治动荡。然而人们对赛车运动的热情依然强烈：年轻的恩佐·法拉利与阿尔法·罗密欧车队同台竞技，场上还有朱塞佩·坎帕里和安东尼奥·阿斯卡里这样的伟大人物。风驰电掣的法拉利于1924年在阿塞柏杯中拔得头筹，从此确立了自己在车队中的地位。

与此同时，我的父亲开始与阿尔法·罗密欧公司合作，而命运也让他和法拉利先生走到一起，并建立了长达六十多年的联系。我不知道当时父亲对法拉利先生有多么了解，但可以肯定的是，两人的生活因为对赛车的共同热情而开始交织重叠。

1931年左右，阿尔法·罗密欧将我父亲外派到巴黎。在那里，他是该品牌的专家，同时打算开设自己的修车厂；也是在那里，他练就了一副好口

序

才，说服越来越多富有的法国年轻人购买阿尔法·罗密欧，并帮助他们参赛。其中之一便是雷蒙德·索默，他是法国最优秀的车手之一。我父亲卖给索默一辆阿尔法罗密欧2300，两人凭借这辆车赢得了1932年勒芒24小时耐力赛。

这是我父亲三场勒芒胜利中的第一场。1934年，他与另一位法国车手菲利佩·埃坦塞林再次驾驶阿尔法·罗密欧赢得了第二次勒芒冠军，并在此后参加了每一场勒芒比赛，直至第二次世界大战开始。好景不长，欧洲的政治气象发生巨变；随着法西斯主义兴起，希特勒和墨索里尼相继上台执政德意两国，这段不同寻常的日子也走向了尾声。

历史学家指出，在20世纪30年代，恩佐·法拉利便不再亲自上场竞速，而是开始以 Scuderia Ferrari 之名组织和运营阿尔法·罗密欧的许多赛车项目。他的办公地点位于家乡摩德纳市中心的 Viale Trento Trieste 31 号。

1946年的一个寒冷冬日，我随父亲参加了一场著名的会议，而直到十几岁时，我才充分意识到那场会议有多么重要。在会上，父亲和恩佐·法拉利共处一室，为我们如今熟知的法拉利公司埋下了第一颗种子。要知道，那时的意大利饱受战火摧残，所有物资都紧缺。然而，他们两人怀揣着共同的梦想，其灼灼目光越过当时的困苦，不约而同指向下一个人们再次沉迷于汽车和赛车的时代。那天他们达成的协议很简单：法拉利先生将会制造汽车，而我父亲则致力于销售它们。售卖范围不仅仅包含赛车，也包括法拉利的公路车。他们明白，出售公路车可以为赛车事业提供资金。两人的联手堪称天作之合。

尽管面临着上述问题，但在战后，法拉利先生很快就以非凡的人格魅力和感召力激励了深受政治风波影响的工人们。意大利的大多数公司都受到了闪电式罢工的影响，但他的公司却未受干扰。

据我了解，我的父亲也在这段时间回到了巴黎。他凭借在战前所建立的颇具影响力的关系网，成功说服了当时最成功的两位法国商人米歇尔·保罗·卡瓦利埃和皮埃尔·路易·德雷福斯向法拉利投入急需的资金，帮助生产，并助力创建一家能够在世界各地的赛道和公共道路上都取得成功的公司。钱没有被浪费，这些投资使我父亲能够参加并赢得诸多赛事，例如斯帕24小时耐力赛、蒙特赫里—巴黎12小时耐力赛，当然还有1949年勒芒24小时耐力赛。

在此期间，我父亲也开始让法拉利在美国名声大噪，他将第一辆进口到美国的法拉利汽车出售给了布里格斯·坎宁安。1949年，坎宁安驾驶这辆车在沃特金斯格伦赢得了胜利，从而开启了法拉利在美国的传奇篇章。

另外，在将法拉利引入美国的同时，父亲通过在巴黎和日内瓦等地的车展上展示166和212这些早期车型，让法拉利在欧洲的品牌知名度也日渐高涨。他让汽车公司Vignale基于乔瓦尼·米凯洛蒂的设计，制造了一些在我看来是那个时代最令人惊叹的公路车。

依我所见，法拉利品牌真正名震天下，离不开在20世纪40年代末和20世纪50年代的长距离跑车比赛中所取得的胜利。从那时起，法拉利的传奇篇章便愈加辉煌。今天，如果向车迷询问战后时期最伟大的汽车，他们提到的车型中大多会带有法拉利的名字：250 GT SWB、Spyder California、250 GTO，所有这些都由坚不可摧的法拉利V12发动机提供动力。

1956年，父亲创建了北美赛车队（NART），为我们的客户和有前途的新车手提供支持，让他们能够在美国和世界各地的各种赛事中并驱争先。有的车手潜力巨大却缺乏资金支持，有的车手不缺钱却实力稍欠；通过这种方式，我们让这两种人聚集在一起。两方都可以从这种伙伴关系中获益——一方获得了证明自己的机会，另一方则可以通过积累更多的经验来提高自身水平。

我们的车队就像是一个由客户、车手、机械师和志愿者组成的大家庭，每个人都致力于让车队取得最好的成绩。1965年，大家的同心协力得到了回报：我们的赛车赢得了1965年的勒芒耐力赛。这是父亲在勒芒赛场上作为车队老

序

板取得的第一个胜利，也是恩佐·法拉利获得的最后一次胜利。我很幸运能够抓住这个疯狂时代的尾巴，因为不久之后，赛道就被减速弯和金属防护挡板削弱了激情。能够在赛百灵赛道和戴通纳赛道上驾驶法拉利 312P 赛车竞速，是我的荣幸，也是我人生的高点。哪怕考虑到我曾有幸与鲍勃·格罗斯曼一起，在 1971 年的勒芒耐力赛中赢得了我所在组别的冠军，并因此将 365 GTB/4 Daytona 记入史册，那段经历的难忘程度仍然不遑多让。

年轻时，我写下了上述评论。如今，当我再次阅读这些文字时，我意识到自己是多么的幸运，能够认识这样的一批人——他们的激情、梦想与技艺为如今的法拉利打下了基础，而这家企业本身也以非凡的速度和频率证明自己，并不断发展壮大。亲爱的读者，当您翻开这本《极速风华：法拉利 75 载传奇》时，丹尼斯·阿德勒将证明这一点，为您介绍当今马拉内罗的造车天才们在最近几年推出上市的产品，包括 F12 Berlinetta、F8 Tributo、812 Superfast、Portifino 和 SF90 Stradale 等车型。它们的外在风格独树一帜，内在技术能力非凡。诚然，今天的汽车界百花齐放，不难找到或是和法拉利一样快，或是同样引人注目，或是拥有相近的声望，甚至是同样有辉煌历史的车型。然而要将这些特点都汇聚在一辆车内，唯有来自意大利的黑色跃马能够做到。

自 2006 年以来，法拉利的经营发生了重大变化，与玛莎拉蒂和阿尔法·罗密欧一样成为菲亚特集团旗下的子品牌。尽管不再独立经营，如今的法拉利仍然因为先进的工程技术、独特性和超凡设计而为人称道。

丹尼斯·阿德勒的最新作继续描绘了恩佐·法拉利和他的车在过去 75 年间的迷人故事，并配有大量插图。我相信，这些图片不仅能让我心潮澎湃，同样能够唤起每一位跃马车迷的回忆。恩佐·法拉利这个响当当的名字将在运动汽车史中长存，能够成为一段现实汽车童话的一部分，是我和我的家人莫大的荣幸。

引言
西斯塔尼亚——现代跑车雏形

每段往事,皆有开端;世事无常,难测终章。
西斯塔尼亚的故事便是如此:
这是一段探求汽车设计之道的旅程。

在 20 世纪的上半叶,英国人、法国人、德国人都被汽车所吸引,但意大利人不知为何更加热衷于此,完完全全沦陷于汽车的魅力。举国上下都沉浸于驾驶与竞速的乐趣中,以至于在 30 年代的大萧条时期,意大利政府甚至购买了阿尔法·罗密欧的股票来确保其能够偿清债务,不至破产。不难看出,此事关乎国家荣耀——当时的阿尔法·罗密欧是意大利车企中的佼佼者,四次斩获法国勒芒 24 小时耐力赛冠军,更是在连续十届 Mille Miglias 1000 英里(1 英里≈1.6 千米)拉力赛中拔得头筹。考虑到如此无与伦比的成就,意大利政府救其于经济危机水火之中的行为也就丝毫不令人意外了。

二战后,这种全国性的赛车热潮吸引了皮耶罗·杜西奥这位富有的意大利实业家。和恩佐·法拉利一样,他也

1951 年,美国艺术中心设计学院和菲亚特汽车北美分公司共同举办了一次展览,展出车型中就包括了令人目眩神迷的宾尼法利纳西斯塔尼亚 202。它并不是一辆法拉利,但它简洁优雅的外形为 20 世纪 50 年代的几款法拉利奠定了基调。作为二战战后时期的产物,这款轿跑车因其先进的设计语言而受到赞扬。它摒弃了许多战前汽车的设计元素,例如踏脚板、独立于车身之外的蚌壳形挡泥板,以及没有融入前翼子板的独立头灯结构。(图源:INTERFOTO/Alamy Stock Photo)

西斯塔尼亚 202 的设计具有里程碑意义。在宾尼法利纳看来，这是他父亲最重要的汽车设计作品："这是他设计过最好的车。202 曾在纽约现代艺术博物馆展出，我认为这辆车为跑车设计开了先河。"（图源：Karl Ludvigsen Photograph Collection/REVS Institute）

是通过向意大利政府售卖战争物资发家的。但与法拉利靠着一场场胜利赚钱不同，杜西奥发现，无论输赢，实际上在赛事中都有利可图。于是，他在 1946 年出资开发了一批单座赛车，并根据意大利工业体育协会（Consorzio Industriale Sportivo Italia）的缩写将其巧妙地命名为西斯塔尼亚（Cisitalia）。

杜西奥聘请了一位才华横溢的菲亚特工程师，丹特·贾科萨，让他基于菲亚特的底子设计一款结构简单，能够以一定规模量产并且盈利的赛车。他还聘用了菲亚特前试验工程师乔瓦尼·萨沃努奇博士来推动这款车投产，并让伟大的车手皮耶罗·塔鲁菲测试第一辆样车。到 1946 年 8 月，西斯塔尼亚已经生产了七辆全新的 Tipo D46 单座赛车。这些赛车首站告捷，第一次上场就包揽了前三名；次年，传奇车手塔齐奥·努沃拉里驾驶

上图：
尾灯的倾角与车尾部向下的线条浑然一体，这将是另一个贯穿 20 世纪 50、60 年代的设计风格。

下图：
作者在 1981 年首次与塞尔吉奥·宾尼法利纳会面，并在之后多次和他交谈。当时的宾尼法利纳先生已经 55 岁，他非常风趣地回忆起为法拉利先生工作的早年经历。

着一辆运动版的西斯塔尼亚在 Mille Miglia 耐力赛中获得第二名。D46 在赛场上打出了名堂，订单如雪片一般滚滚而来。在赛车界取得成就后，杜西奥希望在跑车界也再创辉煌，决定资助下一款车型的研发：西斯塔尼亚 202。

在 6 年战争的摧残下，20 世纪 40 年代末的英国、法国、德国仍然百废待兴。然而意大利却是个例外：这个热爱美酒、靓车和竞速运动的国家是最早恢复生产的国家之一。1946 年，杜西奥支付了相当于 100 万法郎的赎金来让身处法国监狱的费迪南德·保时捷重获自由。作为回报，保时捷家族答应为杜西奥和他的朋友努沃拉里设计一辆精妙绝伦的西斯塔尼亚四驱 12 缸 F1 赛车。之后，杜西奥把自己剩下的财产都用于设计研发 1947—1948 年的西斯塔尼亚 202 跑车。

引言　西斯塔尼亚——现代跑车雏形　**xvii**

左图：
1947 年，宾尼法利纳带来的平滑翼子板和椭圆形格栅预示了未来的设计风格。

右图：
椭圆形的开口是西斯塔尼亚众多的造型特征之一，这些特征在未来欧美的汽车身上都得到了延续。

在杜西奥的要求下，萨沃努奇博士完成了 202 的初步布局，而巴蒂斯塔·宾尼法利纳最终确定了车身结构设计，并造出了头两辆西斯塔尼亚 202 跑车。当第一辆 202 跑车在 1947 年的埃斯特庄园优雅竞赛中亮相时，其简洁的设计以及对跑车风格的全新尝试震惊了整个汽车界。西斯塔尼亚的美不仅让全世界的汽车设计师自叹弗如，更是把宾尼法利纳推到了战后的聚光灯下，一举成为大西洋两岸最负盛名的设计师。而到 20 世纪 50 年代，他将会成为第一个为美国汽车制造商设计汽车的意大利人，作品包括产于 1952—1954 年间美妙绝伦的纳什-希利。这是第一辆在英国（由唐纳德·希利）设计底盘和悬架系统，在意大利设计和制造车身的美国跑车。

西斯塔尼亚 202 是宾尼法利纳高度个人化设计风格的最佳体现，简洁而又实用。这与当时盛行的法国设计风格形成鲜明对比，后者在车身设计中过分强调每一根线条，这在宾尼法利纳看来是繁琐且不合理的。

西斯塔尼亚在意大利掀起了"granturismo"热潮。在这种观念下，人们将车身视为一个整体，而不是像战前的

后掠式车顶线条与拱顶形后翼子板环绕车尾,构成了和谐美观的一体式车身。

传统草图那样,由发动机盖、翼子板、车身与后备箱这些各自独立的部件组合而成。西斯塔尼亚所展现的流线型一体式车身在20世纪50年代逐渐为人所赏识,尤其是在高性能运动车设计领域;流畅的车身线条既满足了客户的审美需求,也实现了工程师的性能理想。

1947—1948年间生产的西斯塔尼亚GT跑车基于菲亚特1100S简单的机械结构打造,但在西斯塔尼亚手工打造的后掠式车身的环绕下,人们很可能不会注意到发动机盖下慵懒的直列4缸单体式发动机,以及源自菲亚特的平平无奇的底盘。尽管这台可怜的小发动机只有50马力,但西斯塔尼亚的空气动力学车身设计使其能够破风而行,极低的风阻令车辆极速可达每小时160千米!因此,西斯塔尼亚成为了全封闭式车身设计的象征,这种风格在接下来的二十年里被整个欧洲所效仿。

然而,意大利体育工业协会于1949年破产。杜西奥卖掉了剩余的资产,带着保时捷设计的F1赛车离开意大利前往布宜诺斯艾利斯。他为自己的短命公司留下的遗产只有一批惊世骇俗的西斯塔尼亚202跑车。

上图：

西斯塔尼亚的内饰也由宾尼法利纳设计，让原本来自菲亚特 1100S 的平凡内饰焕发出别样光彩。

左下图：

1947 年的汽车仍然在使用分体式前风挡玻璃，但宾尼法利纳为西斯塔尼亚的玻璃上下勾勒了两条优雅的曲线。单片式曲面风挡玻璃的出现，是 20 世纪 50 年代跑车设计中极少数不来源于西斯塔尼亚的改进之一。

右下图：

1947—1948 年间生产的西斯塔尼亚 Granturismo Berlinetta 基于简单的菲亚特 1100S 平台打造，搭载直列 4 缸单体发动机和普通的底盘。然而，当这些平平无奇的配置被塞进西斯塔尼亚手工打造的车身里，一切都可以被原谅了。（图源：Michale Ward/Magic Car Pics）

上图：

在1953年的纳什·希利上，人们很容易看出西斯塔尼亚对其风格的影响。这是巴蒂斯塔·宾尼法利纳设计的第一款美国跑车。纳什公司的总裁乔治·梅森坚持要求这款拥有英美意三国元素的跑车装有纳什标志性的"大使型"前格栅，而宾尼法利纳将其融入了设计中。只不过，相比于西斯塔尼亚的优美线条，纳什·希利的巨大镀铬格栅及整合进中网的头灯让整辆车显得有些头重脚轻。

右下图：

纳什·希利后掠式的翼子板线条与1947年款的西斯塔尼亚202几乎如出一辙。

皮耶罗·杜西奥把自己的全部身家都押注在一辆跑车上，但最后却以惨淡收场。不过，他的钱并没有白花，他买来了战后时期最重要的设计。1951年，纽约现代艺术博物馆举办了"八辆车：关于汽车设计美学"展览，西斯塔尼亚位列其中，其重要性可见一斑。它被认为是跑车设计的完美典范。1972年，宾尼法利纳公司将一辆西斯塔尼亚202捐赠给纽约现代艺术博物馆永久收藏，这辆传奇的跑车如今也成为了机械艺术的代表之一。

引言　西斯塔尼亚——现代跑车雏形

Ferrari

路易吉·奇内蒂违抗了法拉利的意愿。恩佐·法拉利曾表示他不会制造敞篷版本的 275 GTB/4 Berlinetta，但奇内蒂却另有想法。他订购了十辆全新的 Berlinetta 跑车，并且把它们送到了距离马拉内罗一步之遥的塞尔吉奥·斯卡列蒂那里——他是一位大师级的车身制造师，曾打造过多款令人惊叹的法拉利车型。在那里，十辆硬顶版车型经由斯卡列蒂的巧手重造，摇身一变成为了 275 GTS/4 敞篷车。这些车被全部送往奇内蒂位于美国康涅狄格州格林尼治镇的经销商，并以北美赛车队（NART）的名义销售。作为对恩佐·法拉利最后的冒犯，斯卡列蒂为奇内蒂收到的第一辆车喷涂了一层淡淡的太阳黄色，或者按照意大利语叫法，*giallo solare*。当这辆未经厂家授权的法拉利被安排在 1967 年的赛百灵耐力赛上比赛时，恩佐·法拉利已经怒不可遏。在他看来，这些以他的名字命名的赛车不应该身披黄色涂装参赛——法拉利就该是红色，而他也毫不含糊地把这一点告诉了奇内蒂。"也许，记分员多半不会看漏黄色的赛车。"奇内蒂耸耸肩，用他带有意大利口音的英语回答道。法拉利的视线越过太阳镜，摇摇头，不屑一顾又难掩愤怒地说："你这是造了辆出租车！"

第一章
0 到 75 年——法拉利进化史

车海无垠，车名无数，论动人心弦，唯跃马当先。

1946年12月，汽车史上最重要的会议之一召开了，与会者只有两人。他们未来的命运将紧密相连，而他们共同的努力将缔造一个全球知名的品牌，这个品牌不仅定义了跑车的概念，对很多人来说也是跑车唯一的代名词。这，就是法拉利。

以车队主管的身份从属于阿尔法·罗密欧的传奇厂队——几乎无敌的法拉利车队（Scuderia Ferrari）退休后，恩佐·法拉利创办了汽车航空制造厂（Auto Avio Costruzione）以便在自己名下生产赛车。不幸的是，他刚刚开始生产，希特勒就在1939年9月入侵波兰，掀起了第二次世界大战。

战争期间，法拉利通过为军方生产机床来维持生计。然而，随着战争结束，意大利战败，市场对他的机床需求骤减，更不用说对意大利赛车的需求了。法拉利的前途一片灰暗，直到1946年圣诞夜的一通来电为他带来了转机。打电话的人是他的老朋友，路易吉·奇内蒂。此时他人在巴黎，想要在当晚拜访位于摩德纳的法拉利，并讨论一个想法。

奇内蒂曾在20世纪30年代与法拉利在阿尔法·罗密欧共事过。他在战前搬到了美国，两位好友便相隔千里。那年12月，他在访问法国和意大利时得知了法拉利的困境。奇内蒂知道法拉利会在美国有一定的市场：在那里，富有的车手们在战争结束后急切地希望参加赛车比赛。他把情况告诉了法拉利，两人决定开始合作：法拉利负责造车，奇内蒂负责卖车。一段未来将成为传奇的关系由此开始。

其后一年间，法拉利生产了一小批装载12缸发动机的赛车，而奇内蒂则在着手建立美国的经销商网络。

第一辆法拉利并没有受到意大利媒体的好评。Tipo 125于1947年在皮亚琴察亮相后，一家意大利报纸称它"又小、又红、又丑"。

由 Carrozzeria Touring 设计的 166 MM（Mille Miglia）是早期法拉利所有车身款式中最重要的一款。最早的样车展出于 1948 年，而在首次亮相后，这款车被人们称为 Touring Barchetta——barchetta 在意大利语中是"小船，小舟"的意思。166 MM 确立了法拉利独树一帜的椭圆形格栅设计。

内蒂不断为法拉利带来新客户，公路车的利润得以反哺赛车的研发。

在早期的法拉利公路车中，最具风情的便是那些产自 Vignale 车身制造厂的车型。豪华的 212 Inter 本身是作为旅行车来打造的，但它在赛事中也展现了自己不俗的实力。在 1951 年的卡雷拉泛美公路赛中，两辆 212 Inter 包揽冠亚军，其中皮耶罗·塔鲁非和路易吉·奇内蒂驾驶的赛车夺冠，而阿尔贝托·阿斯卡里和路易吉·威劳瑞希紧随其后。

1948—1952 年间，法拉利不断为自家的 12 缸发动机增大排量，每款升级版车型都比前一代在赛场上更加所向披靡，同时，由 Touring、宾尼法利纳（Pininfarina）和 Vignale 设计制造的车身也越来越吸引人。

225 S（Sport）沿用了 212 Inter 的设计，搭载科隆博（Colombo）式短缸体 V12 发动机，排量达到 2.7 升。225 S 与 212 共享底盘设计，同样具有不等长叉臂加横向板簧的前悬架和扭力梁连双弓形板簧的后悬架，以及相同的车身尺寸。

公路车与赛车

二战后最初的几年，赛用车型与公路车之间几乎没有什么差别。绝大多数情况下，赛车都可以在公路上行驶；反之，当时的那些公路车也可以直接开去比赛。然而正如视觉效果惊人的法拉利 166 MM Berchetta 一样，这些车中的绝大部分都不怎么实用。法拉利此时最需要的是一款敞篷车，以满足非赛车客户的需求。1949 年，第一款法拉利敞篷车在日内瓦车展首次亮相。

1951 年，随着 Tipo 212 的推出，法拉利公路车迎来了下一个重要转折点。赛车曾经是恩佐·法拉利唯一的追求和目标，而现在设计与制造公路车变得同等重要。随着奇

356敞篷车是保时捷豪华车系中顶级的款式。作为新的C系列敞篷车的首款车型，356 SC于1963年问世，专门针对高端客户群体打造。然而，保时捷敞篷车的起源可以追溯到50年代，就像图片中的那辆1954年款356 1300S敞篷车一样。1964年，全新的911车系准备问世投产，356敞篷车也进化到了最终状态。356C和356SC车型继续生产到1966年三月，直到最后一辆356/1600 SC驶下生产线，而这也为356系列十八年的生产历史画上了句号。（图源：Heritage Images/Getty Images）

冲向五六十年代

20世纪50年代中期，法拉利已经生产了相当数量的公路车，它们与专为比赛而制造的跑车之间的界限也越来越清晰。然而在那个时候，没有哪款法拉利制造的跑车是不能用于比赛的；同样，也没有哪款法拉利是真正的"法拉利制造"：底盘架构确实来源于法拉利，但它们的车身都由独立的车身制造厂设计生产，而这也成为了20世纪50、60年代法拉利公路车型最显著的特性。

在50年代初期，法拉利的公路车型有212系列（生产至1953年10月）、340 America（1951—1952年）、342 America（1952—1953年），以及1953年发布的375 America。它们是第一批成功将法拉利品牌推广到意大利本土之外的公路车，在美国更是赫赫有名。当时的路易吉·奇内蒂已经让法拉利成为美国最负盛名的进口跑车与赛车制造商。与此同时，在50年代的美国，马克

1949年,路易吉·奇内蒂驾驶着一辆166 MM赢得了斯帕24小时耐力赛。(图源:The Klemantaski Coolection——www.klemcoll.com)

由Vignale设计的212 Inter和212 Export车型是20世纪50年代早期意大利风格的顶峰之作。在它们的车身设计上,仍然能看到西斯塔尼亚的影子。

斯·霍夫曼也通过他在纽约的经销商引进和销售后置发动机的保时捷356系列(包括轿跑、敞篷和Speedster版本),以及梅赛德斯-奔驰300 SL和190 SL。美国见证了这些进口跑车的问世,但没有哪一款能像恩佐·法拉利的车那样独特而尊贵,宛若欧洲公路车和赛车界的冠上明珠。

进入美国市场后,法拉利发现,尽管布满镀铬装饰的美国车看着笨重,实际上它们的发动机却非常强劲,排量高,马力大。当硕大的凯迪拉克和克莱斯勒发动机被用来为诸如英国的阿拉德(Allard)赛车提供动力时,那些车在比赛中能够跑赢法拉利。为了与之匹敌,恩佐开始主持设计一款同样拥有巨大的排量和马力,旗鼓相当的V12发动机,其成果便是著名的410 Superamerica。

尽管到1956年时,宾尼法利纳已经为法拉利设计了数款举足轻重的车身方案,但410 Superamerica的外观设计可能是这两家伟大公司之间最为重要和稳固的纽带。在宾尼法利纳生产的410 Superamerica中,只有九辆车沿用了1956年的初版设计,但这款车开创性的设计将会影响后人很长一段时间。

在410 Superamerica长长的发动机盖下还有另一项奇迹。兰普雷迪设计的V12发动机排量扩大到接近5升,在每分钟6 000转时能够输出强劲的340马力,而1958年和1959年生产的版本更是能在6 500转时迸发出震撼人心的400马力。比赛中,这些法拉利跑车一骑绝尘,把那些装有凯迪拉克和克莱斯勒发动机的竞争对手远远甩在身后,轻轻松松夺回了胜利。

上图：
法拉利 225 S 是由 Vignale 车身制造厂设计的最漂亮的赛车之一。这款车只在 1952 年生产，根据序列号名单可知，有大约 20 辆车被生产出来。除一辆外，其余车的车身都由 Vignale 设计并制造。

下图：
法拉利需要制造赛车，也需要生产公路民用车。1949 年，法拉利推出了第一款敞篷车，由 Stabilimenti Farina 设计车身，并在同年的日内瓦车展上亮相。路易吉·奇内蒂先生将这辆车带到了瑞士，这也是法拉利第一次在意大利之外的车展上展出。

伟大的公路车

250 GT 系列充满了一个又一个传奇车型，甚至直到今天，其数量仍多于法拉利历史上的任何其他车型。位居传奇车型榜首的是那些令人难忘的名字，比如 TdF（Tour de France）和 GTO。TdF 之名来源于法国为期十天的同名比赛，250 GT 车型在 1956 年称霸此赛事后被亲切地赋予了这一名称。这款车型一直生产到 1959 年，直至法拉利全新的基准车型 250 GT SWB（Short Wheelbase Berlinetta）准备出场，带领品牌迈入下一个十年。

法拉利在 250 GT SWB 于 1959 年 10 月的巴黎车展首次亮相。该车轴距为 2 400 毫米，总长仅有 4 153 毫米。这辆短小精悍的掀背式跑车在加长的机盖下搭

第一章　0 到 75 年——法拉利进化史

装载高性能 V12 发动机的法拉利 410 Superamerica 重新定义了法拉利在 20 世纪 50 年代的形象,旨在与那些装有美式大型 V8 发动机的跑车竞争。图中展示的是一辆 Series III 版本,也是 1958—1959 年间生产的十二辆中最后下线的一辆。兰普雷迪设计的 4.9 升发动机能够迸发出 400 马力,让这款车拥有 410 Superamerica 家族中最强的动力输出水平,也让它成为法拉利当时提供给客户的最强的公路车。(图源:Don Spiro)

载了一台经典的 60 度夹角 3 升 V12 发动机,由科隆博设计。得益于全新的设计、更短的车长、更轻的车重及更强的动力——它能在每分钟 7 000 转时输出 280 马力,而 TdF 款在每分钟 7 000 转时输出 260 马力——250 GT SWB 比自己著名的前辈跑得更快,操控更好。所有车辆都配备了四速全同步器变速箱,后期款型还可提供电子超速挡。250 GT SWB 也是第一款搭载盘式制动器的法拉利 GT 车型。

如今备受人们追捧的 250 GT SWB Spyder California 首次亮相于 1960 年 3 月的日内瓦车展。这些车配备了全新的缸盖和更大的气门,同样能够在每分钟 7 000 转时达到 280 马力。SWB 版本的轮距更宽,同时也是第一批从杠杆式减震器换成可调节式伸缩减震器的车型。250 GT 也提供名为 250 GT LWB 的长轴距版,轴距延长至 2 600 毫米。它后来成为了法拉利最受尊崇的车型之一。

无论是长轴距版还是短轴距版,Spyder California 都是法拉利最早的"驾驶者之

上图：
在这辆 1958 年产的 250 GT TdF 赛车上，能够看到 410 Superamerica 车身造型的影响。

下图：
由 410 Superamerica 定调的宾尼法利纳设计风格仍然能够在 250 GT Spyder California 上面找到。

车"之一，既具有超凡的速度和操控性能，又足够舒适豪华，适于日常驾驶。1963 年 2 月，法拉利在美国售出最后一辆 Spyder California，底盘序列号为 4167 GT。

1962 年 10 月，极致优雅的 250 GT Berlinetta Lusso 问世，宾尼法利纳借此将法拉利公路车的风格和豪华程度提升到了一个新的高度。这款车的设计是如此令人惊叹，哪怕与来自马拉内罗最新的空气动力学设计相比都毫不逊色——比如 2021 年推出的 Roma 2+ 双门跑车。从 1962 年 10 月在巴黎车展首次亮相，到 1964 年最后一辆车的车身在 Scaglietti 工厂制造完成，这款 60 年代的 GT 跑车仅仅生产了 350 辆，如今备受藏家追捧。最后一辆 250 GT Berlinetta Lusso 驶离马拉内罗时，也标志着 250 GT 的时代画上了句号。在十年的时间里，这一系列总共生产了近 2 500 辆车。

法拉利 250 GT SWB 生产于 20 世纪 50 年代末至 60 年代初，能够完美兼顾赛道和公路需求。这款外形精干的溜背型跑车首次亮相于 1959 年 10 月的巴黎车展，轴距 2 400 毫米，总长仅有 4 153 毫米，长长的机盖下搭载经典的 60 度夹角 3 升 V12 发动机，由科隆博设计。这张图摄于 1960 年 8 月的旅行者大奖赛，图中由沃夫冈·赛德尔驾驶的 250 GT SWB 正全速通过古德伍德赛道著名的伍德科特弯。（图源：Klemantaski Collection/Getty Images）

法拉利的典范——275 GTB

在 250 GT Berlinetta Lusso 之后，马拉内罗最具魅力的公路车是全新的 275 GTB。1964 年推出的 275 GTB 装有双凸轮轴，是如今被誉为传奇的 60 年代 Berlinetta 车型中第一款同时为客户提供公路版和赛道版配置的车型，搭载科隆博式 60 度夹角 V12 发动机，排量为 3 286 立方厘米，每分钟 7 600 转时能够输出 280 马力。275 GTB 是法拉利理念的终极表达：一辆适于比赛，能力不逊于任何赛车的公路车。

275 GTB 最初搭载了双凸轮轴发动机，但并没有持续很久。1966 年，装有四顶置凸轮轴的 275 GTB/4 问世。设计 275 GTB 和 GTB/4 时，塞尔吉奥·宾尼法利纳成功地汲取了 250 GTO 赛车上优秀的设计元素，同时借鉴了 250 GT Berlinetta Lusso 的尾部风格，为 275 GTB/4 设计了极具异域风情的造型。275 GTB/4 可能是跑车中最趋近于完美的一辆，已故的资深赛车手菲尔·希尔曾形容 275 GTB/4 是"为日常而打造的 250 GTO"。

打破陈规——Daytona

法拉利通过 Touring Barchetta 确立了一种风格，让每辆法拉利看起来都很有威慑性：宽大的蛋盒形前格栅看起来就像吞噬了车头一般，仿佛也能够轻而易举地吞噬前车。然而，在设计全新的 365 GTB/4 Daytona 时，塞尔吉奥·宾尼法利纳和他的团队即将带来一个惊人的转变：这一回，没有前格栅！

20 世纪 60 年代末，空气动力学成为了新的潮流，法拉利全新的前部设计由此而生。Daytona 摒弃了传统的椭圆形进气格栅，取而代之的是流线型的车头设计，同时也取缔了原有的头灯设计。二十多年来，车头灯一直是法拉利公路车翼子板设计的重要部分，但 365 GTB/4 Daytona 并不存在前翼子板，至少不存在传统意义上的翼子板。对于这款车型，宾尼法利纳选择将头灯置于一条透明的塑料带后面，让它与车前端和发动机盖的线条融为一体。这一前无古人的设计颇具冒险精神，打破了之前法拉利造型设计的所有陈规旧章。

在 275 GTB/4 之后，法拉利推出了开创性的 365 GTB/4。这款车用全新的流线型包裹式设计取代了传统的法拉利格栅，头灯隐藏在透明的 Perspex 有机玻璃条后面。图中这辆是宾尼法利纳制造的原型车。

跨页图：
在划时代的法拉利 275 GTB 车型中，专为竞赛设计的 275 GTB/C 是最稀有的车款之一。这辆车采用了轻量化全合金车身结构。

第一章 0 到 75 年——法拉利进化史 13

无论是静静停在那里,还是在公路上飞驰,365 GTB/4 的风姿都为法拉利的设计风格书写了全新篇章。(图源:Heritage Images/Getty Images)

中置发动机法拉利

赛车一直是法拉利在公路车设计方面几乎所有进步革新的基础,而其中最重要的成果之一是 1964 年研发的水平对置发动机。法拉利的第一款水平对置发动机(气缸夹角为 180 度)是一款排量为 1.5 升的 12 缸 F1 赛车发动机,压缩比 11∶1,配备 Lucas 燃油喷射系统,能在每分钟 11 000 转时输出 210 马力。

除 Dino 之外,法拉利的首款中置发动机量产跑车是 1974 年首发的 365 GT4 BB(Berlinetta Boxer)。它配备了一台 4.4 升的量产版赛用发动机,这台能在每分钟 7 200 转时输出 380 马力的发动机被安装在驾驶者和后轴之间。这是一整代中置 12 缸发动机车型中的第一款,并且该车型将持续生产 20 多年。

自 275 GTB/4 以来,365 GT4 BB 是法拉利第一款真正能给驾驶者带来赛车驾控体验的公路车。它一直生产到 1976 年末,直到全新的 512 BB 登场。尽管 512 BB 的车身造型与前代车型几乎相同,宾尼法利纳还是做了一点小改动。他们在狭窄的蛋盒形前进气格栅下方加装了扰流板,并且受到飞机设计的启发,在后轮前方的车身下侧加

中置发动机的法拉利让马拉内罗在20世纪70年代能够提供给客户最接近公路赛车的体验。时至今日,512 BB仍然是所有法拉利中最令人惊叹的车型之一。

第一章 0到75年——法拉利进化史

装了 NACA 进气道。新车型与 365 GT4 BB 一样，采用了相同的混合材料制造。玻璃纤维，这种美国人制造雪佛兰科尔维特时就开始使用的材料，造就了 365 和 512 最独特、最令人难忘的设计特征——上下两部分车身之间明显的分割线。在 365 GT4 BB 上，下部车身只能选择哑光黑色；而在 512 BB 上，双色涂装成为了可选项目。

365 BB 和 512 BB 都曾被私人客户用于赛车，但它们上场的次数并不多，参赛时间也不长。它们是法拉利当时推向市场的最好的公路车型。如今，距离 512 BB 问世已有 45 年。凭借其刀锋般锐利的外观和无与伦比的中置发动机布局，它仍然是所有法拉利公路车中最与众不同的型号之一。

512 BB 风格进化——308 系列

设计上的进化能够催生出许多最杰出、最受喜爱的公路车，但没有哪一款能像 308 GTB 和 GTS 那样受众广泛。它们是有史以来最广为人知的法拉利，部分原因要归功于汤姆·塞利克和"夏威夷神探"，这部电视剧集让法拉利 308 从此家喻户晓。此外，法拉利爱好者们还发现 308 是马拉内罗在当时造过的最实用的跑车。

在车身方面，宾尼法利纳的设计师结合了 246 Dino、365 GT Berlinetta Boxer 和 512 BB 的优点，创造出了 308 的设计。悬架系统采用当时法拉利传统的全独立式布局，并搭载了一台横向安装在后轴前方的四凸轮轴 90 度 V8 发动机，在每分钟 7 700 转时可输出 255 马力，并搭载五速变速箱。1977 年，308 家族增添了敞篷版车型。它采用了类似于 246 Dino 和保时捷 911 Targa 那样的可拆卸顶棚。

作为法拉利历史上生产周期最长的车型，308 系列一直延续到 20 世纪 80 年代，其改进版本包括 308GTBi、308GTB Qv（quattrovalve）以及 328 Berlinetta 和 328 Spyder。

宾尼法利纳

最新一代法拉利的进化演变要归功于 20 世纪 80 年代末期设计的车型，其中打头阵的便是法拉利在 1987 年为庆祝公司成立 40 周年而推出的 F40 车型。1997 年推出的更加舒适时尚的纪念车款 F50 则是另一座里程碑，但它们都有一个共同点：就像 20 世纪末和 21 世纪初许许多多的法拉利车型那样，它们都是塞尔吉奥·宾尼法利纳的代表性作品。

在塞尔吉奥于 2012 年辞世之前，他曾在赫赫有名的圆石滩优雅竞赛中担任了多年荣誉评委，并表示他有幸在车展上结识了许多人。"他们告诉我，他们拥有一辆新款或者老款的法拉利，然后他们会说：'谢谢你所做的一切。'对我来说，世界上没有比这更让人满足的时刻了。"在一次采访中，他曾经告诉了作者他对法拉利的感情。"（这种感情）

右页图：
308 GTB、308 GTS 以及后来的 328 GTB Berlinetta 和 328 GTB Spyder（如图所示）是 20 世纪 70、80 年代马拉内罗工厂生产的最受欢迎、最实惠的公路车之一。

1987年，法拉利为庆祝品牌成立40周年推出了全新车型F40，一款装有双涡轮V8发动机的轻量化Berlinetta跑车。它是当时市面上最具轰动性的公路车，尾部透明的发动机罩能够让人以前所未有的方式窥见法拉利生猛原始的动力之源。当这款车售罄时，它们的市场价格已经从厂家最初开出的25万美元涨到了接近100万美元。

用意大利语很难描述，用英语则根本不可能形容。当我看见这些红色的车子在阳光下熠熠生辉时，我仿佛看到了一生的事业。一方面，我感到十分自豪；另一方面，我也清楚地意识到自己（和宾尼法利纳集团）对法拉利未来的重要性。"

而未来会体现在456 GT 2+2座跑车、F355 Berlinetta和F355 Spider（"Spyder""Spider"均代表敞篷车型，译作尊重原作及厂家写法——译者注）、庆祝法拉利50周年的F50、令人惊叹的550 Maranello、360 Modena、Enzo（21世纪首批超级跑车之一）、575M Maranello等等车型上——它们的车身上都镶有宾尼法利纳的标志。

21 世纪的法拉利

在这个世纪的头二十年里,法拉利的设计时而以其美轮美奂的外观令我们惊叹,时而又以其无可匹敌的性能令我们震撼。这些车型始于 2002 年的法拉利 Enzo,随后是 2007 年线条流畅的 F430 Berlinetta 和 F430 Spider;612 Scaglietti、599 GTB Fiorano(以法拉利位于意大利摩德纳的工厂赛道费奥拉诺赛道命名);F60(为庆祝法拉利登陆北美 60 周年而生);2013 年的 LaFerrari、一年后推出的 California T;2016 年发布的更令人惊叹的公路车型 488 Spider 和 488 GTB;以及同年推出的搭载法拉利四驱技术的 2+2 座跑车 GTC4 Lusso。

如今,法拉利的设计部门 Centro Stile 坐落于马拉内罗,超过 100 名设计师和汽车工程师共同在此打造 21 世纪的法拉利。从 2017 年到 2021 年,再到 2022 年,法拉利 75 周年纪念日,短短四年间,法拉利推出的车型不断以新颖而激动人心的设计让我们赞叹不已,其中包括 F12 Berlinetta、F8 Tributo、装有 V12 发动机并继承了法拉利最强公路车之名的 812 Superfast、2017 年推出用于取代 California T 的 Portofino,以及 2018 年问世的 488 Pista,当年推出时是有史以来最快的 V8 发动机法拉利。

跨页图:
为了防止生产 F40 时投机者把车子购买一空,然后靠倒卖现车大赚特赚的乱象再次出现,法拉利将每辆 F50 以租赁的方式交付给选定的客户,并且只有在租赁期满之后才能重新出售。每辆新车的价格接近 50 万美元,而 349 辆车在 1997 年驶下生产线之前就已经全部预售完毕。通过这种方式,法拉利控制了价格,也确保 F50 只能被少数顾客独享。

在当代的法拉利车型中,最令人兴奋的当属 550 Maranello。这款优美的新跑车由宾尼法利纳设计,法拉利以此为新世纪做好准备。

2020 年与 2021 年的法拉利新车型为品牌树立了更高的性能标准,而这一切始于 SF90 Stradale。这款油电混合的全新车型搭载一台 769 马力的双涡轮 V8 发动机及三台电动机,后者能够根据需求输出额外的 217 马力,让整辆车的最高功率达到 986 马力,0 ~ 100 千米/时加速仅需 2.5 秒!同时,这也是第一款装备中置发动机的四驱法拉利。最先推出的是 Berlinetta 版本,而随后推出的 Spider 版配有可折叠式硬顶,将这款车的设计带到了新的高度。

在这两年中,法拉利还推出了 812 GTS。这是 812 Superfast 的敞篷版本,而 812 Superfast 本身已经是迄今为止(至 2022 年——译者注)最快最强大的法拉利公路车。此外,还有车身光滑,几乎看不到一点覆盖件拼接缝隙的前中置发动机 Roma 2+ 轿跑车(可能是有史以来最符合空气动力学的公路车),以及 Portofino M 2+2 敞篷车。

而今天,全世界都在期待着法拉利将在 75 周年庆典上带来的传奇纪念款车型,以及下一代的法拉利公路车和赛车。我们可以确定的是,2022 年法拉利将会推出品牌第一款豪华跨界四驱 SUV,Purosangue(发音为 purr-o-sang-gray),其名称在意大利语中意为"纯血马"(该车现已推出——译者注)。来自马拉内罗的跃马将凭借这辆车杀入风起云涌的超豪华 SUV 市场,对手包括玛莎拉蒂 Levante、劳斯莱斯库里南、兰博基尼 Urus、阿斯顿·马丁 DBX 以及宾利添越 Mulliner 版。Purosangue 将基于 Roma 的底盘打造,并且肯定会是唯一一款看起来像法拉利的 SUV!

左图：
邪恶之物正在降临……法拉利 LaFerrari 与战斗机之间的联系比一些人想象的要密切得多。两者都利用高科技解决方案来实现更强的性能，而 LaFerrari 大部分的冶金技术和复合材料结构都来源于军用飞机的研发成果。（图源：Michale Ward/Magic Car Pics）

右上图：
当法拉利宣布正在研究混合动力和电动机辅助技术时，反对者哀叹"法拉利要造一辆丰田普锐斯"——当然，这种事情没有发生，也肯定不会发生。时任 CEO 和产品开发总负责人阿马迪奥·费利萨曾澄清道："这项技术在未来的碳足迹排放法规方面确实能有一些好处，但也请您期待它在性能方面的巨大潜力。"他说的没错。如今，SF90 在纯粹的性能方面高居法拉利公路车家族的金字塔顶端。（图源：Martyn Lucy/Getty Images）

右下图：
在所有法拉利限量高性能特别版车型中，F430 Scuderia——尤其是图中稀有的敞篷版 16M Aperta——是最受欢迎、最抢手的车型之一，赢得了"Scud 导弹"这一响亮的绰号。（图源：Michale Ward/Magic Car Pics）

第二章
恩佐·法拉利的一步险棋——独立决策

"回到摩德纳对我来说……意味着……一次尝试。我想要向自己和他人证明,在我为阿尔法·罗密欧工作的二十年里,我所赢得的声望不全是经他人之手,依靠其他人的努力才得到的。对我来说,是时候看看靠自己的努力能走多远了。"

——恩佐·法拉利

如今,你很难在世界上找到一个无人知晓法拉利之名的国家、城市或者村镇。即使在 20 世纪 30 年代,早在恩佐·法拉利拥有以自己的名字命名的公司之前,他就以阿尔法·罗密欧厂队 Scuderia Ferrari 幕后主理人的身份而名扬四方。

恩佐·法拉利出生于 1898 年 2 月 18 日,是一名摩德纳当地金属制造商的儿子。1908 年,恩佐十岁,他的父亲带着他和他的哥哥,小阿尔弗雷德·法拉利去博洛尼亚看了一场赛车比赛。文森佐·蓝旗亚和菲利斯·纳扎罗在博洛尼亚的赛道上争夺冠军,而小恩佐看得出神。"这场比赛给我留下了深刻印象,"他事后写道。在观看了更多几场比赛后,年轻的恩佐确信自己想要成为一名赛车手。然而,十八岁那年,他失去了父亲和哥哥,他的世界也随之分崩离析。"我的父亲,"法拉利回忆道,"在 1916 年初因为肺炎去

当时的恩佐·法拉利已然是阿尔法·罗密欧备受尊敬的车手,神情看起来更加严肃。在他旁边的是他的机械师,尤金尼奥·锡耶纳。摄于佩斯卡拉-阿塞伯杯(Pescara–Coppa Acerbo),1924 年 5 月。

左图：
1920 年，兴高采烈的恩佐正驾驶着一辆阿尔法·罗密欧赛车。

右图：
法拉利和机械师锡耶纳驾驶 1924 年款阿尔法·罗密欧 RL Targa Florio 参加佩斯卡拉-阿塞伯杯。摄于阿泰尔诺赛道（Circuito dell'Aterno），1924 年 7 月 13 日。

世。他的那种症状现在只需要几个小时就能治好。我的哥哥阿尔弗雷德也在同一年去世，死于在军队服役时染上的疾病。突然间我发现自己孑然一身，被甩到了人生的转折点。"恩佐决定参军，并在第一次世界大战期间担任马蹄铁匠。他在 1918 年的西班牙大流感中染疫，险些丧命。此后，他决定实现自己儿时的梦想，成为一名赛车手。

一战结束退伍后，恩佐在 1919 年参加了人生第一场重大赛事：Targa Florio 大赛。这场比赛艰苦卓绝，需要穿越险峻的西西里山脉。当时的恩佐效力于名为国家机械制造公司（Costruzioni Meccaniche Nazionali, C.M.N.）的汽车制造商，最终取得了第九名的成绩。对当时年仅 21 岁的法拉利来说，这是一场严峻的考验。在他的回忆中，这次比赛很不寻常。他与他的朋友乌戈·西沃奇一同驾驶，却碰上了阿布鲁齐山区的暴风雪。"我们当时从未料到自己会有被狼追逐的危险！万幸的是，这些狼被我一直放在坐垫下的左轮手枪，以及一群手持火把和枪支赶来的巡查人员赶跑了。"法拉利和西沃奇本来能以更高名次完赛，但由于时任意大利总理维托里奥·埃曼努尔·奥兰多正在发表演说，意大利国家宪兵在坎波菲利斯外设立交通管制，他们被路障拦住了去路。之后他们被允许通行，但仍然被压在总统车队之后，直到车队转到另一条道路上。法拉利回忆道："当我们终于抵达终点时，计时员和观众都坐着通往巴勒莫的最后一班火车各回各家了，只有一名拿着闹钟的国家宪兵耐心地记录着最后几名参赛者的抵达时间，四舍五入到最近的一分钟。周一，我去找了比赛组织者文森佐·弗洛里奥先生诉说情况。'你有什么好抱怨的呢？'他一如既往地直言不讳。'你迟到了，你选择不去冒任何风险，而我们甚至还把你列在名单里，已经是给你优待了！'于是我最终以第九名的成绩完赛。这是一次成功，虽然只是一次小小的成功。这就是弗洛里奥先生的作风！我将他当作自己的良师，后来又视他为益友。"

经由西沃奇牵线，恩佐在那年晚些时候加入了阿尔法·罗密欧，成为了这家著名意大利车企的一分子，并且一干就是二十年。

法拉利年富力强，充满决心，驾驶时无所畏惧，种种特质让他成为了赛场上一名强有力的竞争者。1920年，他重回西西里，驾驶着一辆搭载4.5升4缸发动机的赛车赢得了 Targa Florio 比赛的第二名。之后，他得到了尼古拉·罗密欧的助手兼销售和赛事总监乔治奥·里米尼的赏识。1923年，恩佐在拉文纳著名的西沃奇赛道上竞赛并获胜。在那里，他遇到了一战中意大利传奇的王牌飞行员，弗朗西斯科·巴拉卡的父亲。老巴拉卡对法拉利的勇气与胆识赞赏有加，并将儿子所在中队的徽章赠送给了他。徽章上是著名的"跃马"图案，即黄色盾形背景上腾跃的黑马。这后来成为了法拉利的象征，先是用于阿尔

1924年，法拉利和他的随车机械师在阿尔法·罗密欧 RL Targa Florio 的座舱里。

法·罗密欧的赛车队 Scuderia Ferrari，而后又成为法拉利公司的标志。

之后，法拉利成为了阿尔法·罗密欧的正式车手，并被安排参加欧洲最负盛名的比赛——法国大奖赛。然而之后发生的事情始终没有得到过解释；按照法拉利身边亲近之人的说法，他遭遇了"信心危机"，并退出了职业生涯中最重要的比赛。不过，法拉利并没有离队，而是成为了乔治奥·里米尼的得力助手，直到1927年才重返赛场，并且在1931年之前都只是偶尔参加比赛，同时负责管理阿尔法·罗密欧的车队。"1932年1月，我决定不再亲自上场比赛，因为我的儿子迪诺出生了。我上一个赛季的最后一场比赛是在6月14日，当时我参加了 Bobbio-Monte Penice

在阿泰尔诺赛道赢得了1924年佩斯卡拉-阿塞伯杯的冠军后,法拉利被阿尔法·罗密欧的车手和机械师们簇拥着。

大赛,位于皮亚琴察以南的山丘上。我驾驶着由(维托里奥·)哈诺设计的全新阿尔法·罗密欧2.3升8缸赛车,赢得了比赛冠军。然而那天,我对自己许下了一个承诺:一旦我有了孩子,我就放弃驾驶赛车,转向赛事组织和商业方面的业务。我说到了,也做到了。"

帮助恩佐·法拉利做出这一决策的转折点发生在1925年。当时,阿尔法·罗密欧短暂退出赛车活动,并让法拉利来为他们的赛车客户提供机械维保、车辆运输及其他所需的服务。作为回报,法拉利获得了来自工厂的技术支持,同时阿尔法·罗密欧还购买了他的新公司 Scuderia Ferrari 的股份。

1919年的 Targa Florio 比赛让恩佐·法拉利第一次名扬四方,而真正让他名震天下的则是另一项伟大的意大利赛事,Mille Miglia 1000英里耐力赛。"每当我谈论起这一赛事时,我都会感到十分激动,因为它在我的生命中扮演了相当重要的角色,"法拉利说道,"我曾经先后以车手、

左图:
1934 年,法拉利已经从车手变为阿尔法·罗密欧车队的管理者。人们看到他出现在帕尔马-贝尔切托爬山赛的现场,旁边是驾驶着杰出的阿尔法·罗密欧 P3 的阿基里·瓦尔兹。

右图:
法拉利(右一)和他那个时代最伟大的车手之二,塔齐奥·努沃拉里(左一)和卡洛·菲利斯·特罗西伯爵(右二)。人们只知道第三位车手叫作布里维奥,他在 1933 年为车队效力。

车队经理和车辆制造商的身份参与过这项赛事。事实上,Mille Miglia 大赛在三十年中不仅带来了海量的技术进步,还孕育了许多冠军。它是一个划时代的赛事,为我们带来了精彩绝伦的故事。它创造了我们的法拉利汽车和意人利汽车工业,同时催生了如今行销全球的 GT 跑车;而这也完全证明了那句老话,赛车能够反哺汽车行业。"在法拉利任职于阿尔法·罗密欧期间,他的车队赢得了足足十次Mille Miglia 大赛的冠军!

恩佐·法拉利创造了有史以来最大的单人运营赛车队,其中不乏朱塞佩·坎帕里和塔齐奥·努沃拉里这样的明星车手。总共有五十名车手获得了 Scuderia Ferrari 的支持。

他们在第一个完整赛季中参加了二十二项赛事,赢得了八座冠军奖杯,并在其他几场比赛中表现出色。这是一个非常好的开端。

整个 20 世纪 30 年代,阿尔法·罗密欧都将 Scuderia Ferrari 作为自己的官方赛车部门予以支持。当大萧条带来了财务问题后,意大利的赛车轮胎制造商倍耐力从中斡旋,说服了阿尔法·罗密欧继续支持赛车队。正如前文所提到的那样,意大利政府甚至介入其中,购买了阿尔法·罗密欧的股份以保证公司能够偿清债务。

在恩佐的第一个儿子阿尔弗雷多(以法拉利已故的父亲和兄长命名,但后来以昵称"迪诺"为人所知)出生后

1947年5月11日，第一辆以法拉利的名字命名的车在意大利公开亮相。这些运动跑车当时正在为皮亚琴察的比赛做准备。当时展出了两个版本的法拉利 Tipo 125 S，它们都搭载 1.5 升发动机。其中一个版本是简单的双座 Spyder Corsa，不久之后被一家意大利报纸认为"又小、又红、又丑"。图中展示的是一辆 166 Spyder Corsa，是 1947 年最早一批打造的法拉利赛车之一。

不久，富有的运动员和赛车手卡洛·费利切·特罗西伯爵决定投资 Scuderia Ferrari。他在之后成为了公司的主席，从而让法拉利能够从繁杂的事务中解脱出来，全身心投入车队之中，与当时的劲敌梅赛德斯-奔驰和汽车联盟（后重组成为奥迪）一较高下。

然而，赛车队在 30 年代末期并未像法拉利和特罗西所料想的那样硕果累累，因为德国人几乎战无不胜。除了努沃拉里在 1935 年的德国大奖赛中取得的冠军之外，Scuderia Ferrari 和阿尔法·罗密欧在这十年中的其余时间几乎没有赢得任何重大赛事的胜利，而梅赛德斯-奔驰和汽车联盟继续统治着赛场。

在回忆录中，恩佐写到了努沃拉里令人惊叹不已的驾驶技巧。当法拉利坐在努沃拉里赛车的副驾驶位置时，这位伟大的意大利赛车手正在提前熟悉三省赛道（Three Provinces Circuit）。在此之前，他从来没在这里驾驶过。"在第一个弯道，我清楚地感知到塔齐奥走线很不好，我们很可能一头栽进沟里；我整个人都下意识地绷紧身体，等待着撞车。然而，我们安然无恙地到达了下一个直道，出

左图：
法拉利 166 Spyder Corsa 的设计十分基础，只有简单的金属仪表板和必要的仪表。这款右舵赛车配备了四速变速箱，换挡杆上标有罗马数字。

右图：
166 S 的发动机首次亮相于 1948 年，排量为 1 995 立方厘米，最大输出功率 150 马力。作为对比，1946—1947 年生产的 Tipo 125 GT 和 125 S 的发动机排量为 1 496.7 立方厘米，7 000 转时能够输出最大功率 118 马力。这些发动机都使用了三台 3 X 30 DCF 式化油器。

弯位置完美。我向塔齐奥看去：他坚毅的脸庞一如既往的平静，绝对不像是一个刚刚从惊心动魄的失控中死里逃生的人。"法拉利继续写道，他在之后的几个弯道中也有同样的感觉，"到了第四或第五个弯道，我开始理解了；与此同时我也注意到，在整个弯道中，塔齐奥的脚都没有从油门上松开，实际上甚至是一路踩到底的。随着赛车飞驰过一个又一个弯道，我发现了他的秘诀。努沃拉里入弯的时机比我的驾驶直觉告诉我的要早一些，但他入弯的方式很不寻常：他轻轻一动就将车头对准了内侧的边缘，也就是弯道的起点。他的脚完全踩在油门上，并显然在这一通令人生畏的操作前就降到了正确的挡位。通过这种方式，他让车子进入四轮漂移的状态，最大程度地利用了向心力的助推效果，并用驱动轮的牵引力让车子保持在路上。在整个弯道中，车头都紧贴着弯道内侧，而当驶入直道时，车身又处于可以立刻加速的姿态，无需进行任何修正。"

20 世纪 30 年代，法拉利多次与努沃拉里一起乘车出行。他曾说："每次我都像是坐上了过山车，并且都会有那种下坡时我们熟悉的恍惚感。"

然而，1937 年，恩佐·法拉利感受到了一种新的恍惚感。阿尔法·罗密欧决定将赛车部门重新纳入公司内部管理，并任命法拉利为体育赛事部门主管，由阿尔法·罗密欧新上任的工程总监威尔弗雷多·里卡德管理。两人的矛

166 MM Touring Barchetta 是第一辆搭载法拉利底盘的运动跑车。在充满进攻性的车壳之下，是申请了专利的超轻型（Superleggera）焊接钢管框架，轴距为 2 200 毫米，前轮距 1 270 毫米，后轮距 1 250 毫米。前悬架采用了法拉利的独立不等长叉臂设计，由横向板簧支撑，后悬架采用了装有弓形板簧和平行拖曳臂的活动后桥，并装配了 Houdaille 液压杠杆式减震器。图中这辆车最初由路易吉·威劳瑞希驾驶参赛，之后被卖给了赛车手和法拉利进口商路易吉·奇内蒂。

盾几乎一触即发。里卡德是一位资历出众且善于表达的西班牙人，他能够流利使用五国语言，并迅速赢得了公司管理层的拥护。恩佐说："我相信他深深打动了乌戈·戈巴托（阿尔法·罗密欧的经理）。他能够娓娓而谈自己的计划，表达自己意见时清晰而优雅，追踪各国发布的消息时毫不费力，并且最后，他还知道如何用权威的口吻提交由一位年轻应届生机械师准备的解释性图表。这名机械师名叫奥拉齐奥·萨塔，当时被里卡德作为特别研究办公室的秘书培养，后来成为阿尔法·罗密欧的设计经理以及 Giulietta 车型的实际创造者。"尽管恩佐对里卡德的资历评价听起来赞赏有加，但他发现他的新老板是一个古怪的人，两人根本无法共事。

"里卡德的头发油亮整齐,优雅的服装带有类似于地中海东部的风格。他喜欢那些袖子比手腕长很多的夹克,以及有着极厚橡胶底的鞋。和他握手的时候,就像是在触碰一具了无生气的冰冷尸体,"法拉利说道。当他终于决定询问里卡德为什么要穿厚底鞋时,对方的回答让他几乎无语凝噎——工程总监面无表情,严肃地回答道:"一个伟大的工程师不应该让自己的大脑被不平整的地面所干扰,因此需要仔细做好减震工作。"

在数次设计失败后,里卡德沦为了众人的笑柄;然而,已经做了那么多年"指挥官阁下"的法拉利发现自己的从属地位同样摇摇欲坠。于是他在1939年离开了公司,结束了自己在阿尔法·罗密欧二十年的职业生涯。

然而"离开"二字只是委婉之词罢了;实际上,恩佐·法拉利在1939年是被阿尔法·罗密欧开除的。法拉利开始与戈巴托因为里卡德而反复争论,并且正如法拉利所写的那样,两人间的激烈争吵"造成了无法弥合的裂痕,最终导致了自己被解雇"。"这次危机让我意识到两件事。首先,我在阿尔法·罗密欧待得太久了;其次,如果一个人长期从事间接的管理工作,到最后总是无法避免劳损和压力。我还得出了一项结论,即对于任何想要学习的人来说,终其一生任职于一家公司都是不对的:要想学习,就得多走动,去做些其他工作。"恩佐如是说。

166 Barchetta 的内饰十分精美,采用了手工缝制的皮革座椅和装饰,简洁的设计完全源自赛车血统。这些内饰经过全面升级的车型被称为豪华版,也就是"lusso"版。

当时已经是1939年11月了。在一家公司任职足足二十年后,绝大多数人都会选择领取养老金告老还乡,去享受安逸的退休后生活。然而,47岁的恩佐·安塞尔莫·法拉利有着另外一种想法:他要再次寻觅自己志在何方。他没有因为在阿尔法·罗密欧的辉煌职业生涯而选择退休,而是作为一名独立的实业家开始了新的冒险。马拉内罗位于艾米利亚-罗马涅大区,是一座迷人的小镇,坐落于亚平宁山脉之中的波河沿岸平原上,向北16千米左右便是法拉利的家乡摩德纳。在这里,法拉利建立了一座工厂。

法拉利后来这样描述自己重新开始的决定:"在离开摩德纳二十年后,我重新回到了这里,将自己的身份从一名赛车手和车队组织者转为一名小实业家。这不仅标志着我所称之为某种类似于自然循环的终结，还代表了一次尝试。我想要向自己和他人证明，在我为阿尔法·罗密欧工作的二十年里，我所赢得的声望不全是经他人之手，依靠其他人的努力才得到的。对我来说，是时候看看靠自己的努力能走多远了。"

实际上，在20世纪30年代，恩佐·法拉利取得的成就让Scuderia Ferrari在整个欧洲赛车界都威名远扬。而在法拉利要自己造车的消息传出去后，这些成就也帮助确立了他作为一名汽车制造商的地位。

法拉利将自己的新公司命名为汽车航空制造厂（Auto Avio Costruzione）。第一辆赛车于1939年在摩德纳的旧Scuderia Ferrari车间制造，首批客户只有阿尔贝托·阿斯卡里和摩德纳的洛塔里奥·兰戈尼·马基雅维利侯爵，后者可被视为法拉利的第一个赞助人。赛车装有1.5升8缸发动机，由同样离开阿尔法·罗密欧赛车部门的阿尔贝托·马西米诺设计，准备参加1940年替代了Mille Miglia 1000英里大奖赛的布雷西亚大奖赛。然而，这辆车既没有以法拉利命名，也没有Scuderia Ferrari的标识。"从阿尔法·罗密欧离职时，我和公司签订了协议。其中一项条款禁止我在四年内重组Scuderia Ferrari或者参与赛车运动，而我那时仍受这一条款约束，"法拉利哀叹道。阿尔法·罗密欧的管理层担心，法拉利的名字可能会被误解为仍属于公司的赛事部门。因此，法拉利的第一辆赛车仅仅被称作Model 815——8个气缸，1.5升排量。

四年的禁赛期看起来很长，但在二战的动荡岁月中也不过就是短短一瞬罢了。1945年6月，在德国投降一个月后，恩佐·法拉利终于可以自由地以自己的名义造车。但他却面临了新的窘境：没有几个客户有足够的钱买他的赛车。作为战争中的战败方，意大利的经济状况一片混乱，而那些盟军与德军的交战地区也是满目疮痍。法拉利通过为军队制造机床让公司熬过了战争，现在终于可以自由恢复汽车生产。然而，意大利国内缺乏能够赞助他手工制造赛车事业的人，这让他的梦想几近幻灭；如果没有路易吉·奇内蒂的斡旋帮助，法拉利的传奇故事可能也就到此为止了。

路易吉·奇内蒂在20世纪30年代也曾为阿尔法·罗密欧工作，当他在战争初期搬到美国后，他和法拉利相隔千里。奇内蒂随Ecurie Schell Maserati车队前往美国，同行的还有法国车手勒奈·德雷弗斯和勒奈·贝盖，打算参加1939年的印第安纳波利斯500英里（印地500）大奖赛。他被签约为车队经理。当战争让他无法返回欧洲时，奇内蒂决定留在美国。而在珍珠港事件将美国拖入战争之后，他决定定居纽约，成为一名美国公民。

战后，路易吉·奇内蒂带着自己的妻子玛丽安和儿子小路易吉前往法国，计划在去往意大利之前在那里度假。而在摩德纳，恩佐·法拉利面临着可能再也无法制造赛车

备胎占据了166 Barchetta后备箱大部分的空间，剩下的地方则是油箱的位置。

法拉利的性感在第一款跑车 Touring Barchetta 上体现得淋漓尽致。极具侵略性的格栅设计和发动机盖进气口深刻影响了欧洲和英美的跑车设计,一直持续到20世纪60年代。此图摄于意大利传奇的海滨长廊赛道(Circuito del Lungomare),埃米利奥·吉莱蒂驾驶着他的 166 MM Barchetta 在1952年的巴里大奖赛上获得第11名。(图源:Corrado Millanta/Klemantaski Collection/Getty Images photo)

的困境。奇内蒂听说了他的情况。于是,在1946年的圣诞节前夜,这位45岁的意大利赛车手和汽车企业家携妻儿一起驾车来到了摩德纳。他发现恩佐没有在欢度假期,而是独自坐在办公室思考未来。当时的法拉利站在事业的交叉路口上:他需要回归能给他带来快乐的赛车设计与制造业务,而公司的表现却不尽人意。

在小路易吉·奇内蒂的记忆中,那一年寒冷的圣诞节就像是英格玛·博格曼电影中的场景。尽管当时的小路易吉还只是个孩子,威风凛凛的恩佐·法拉利仍然给他留下了难忘的第一印象:法拉利坐在他昏暗寒冷的办公室里,一颗光秃秃的灯泡从天花板垂下,悬在他的桌子上方。在战后初期的节俭日子里,办公楼里几乎都没装暖气;小小的办公室实在太冷了,以至于法拉利一开口,呼出的气就在空气中凝结成了白雾。

1952年,恩佐·法拉利向亨利·福特二世赠予了这辆212 Touring Barchetta。它的前卫造型可能间接影响了1955年福特雷鸟的设计。这辆车的底盘编号为0253/EU,加长后的轴距达到了2 600毫米。作为对比,短轴距版的轴距只有2 200毫米。

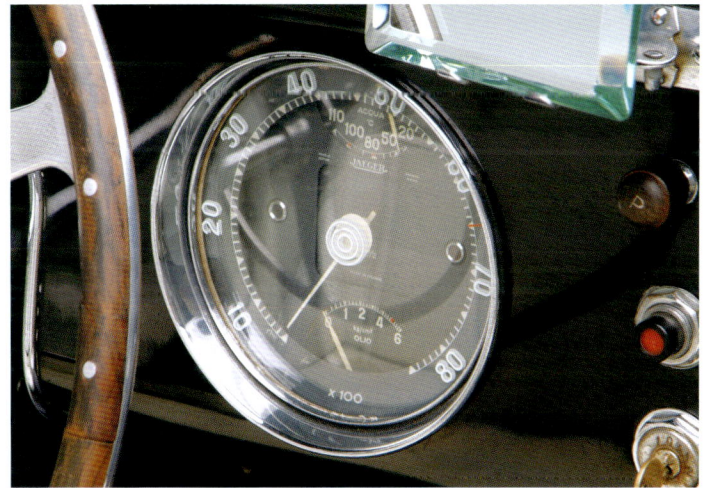

左上图：
"Carrozzeria Touring"的翼形徽标和"Superleggera"徽标表明该车采用了专利的超轻型车身建造方法，用小型的轻钢管焊接车架，上面安装车身面板。

右上图：
在所有Barchetta的生产过程中，有一个元素始终保持不变，那便是简洁实用，适用于比赛的内饰布局。赠送给福特的是一辆左舵车，这一方向盘布局在1952年的法拉利跑车和赛车上几乎前所未见。当时，大多数法拉利车型都使用同款五速变速箱。

奇内蒂坐下来告诉法拉利，他的赛车确实存在市场，不过不是在欧洲，而是在美国。然后，他详细描述了一个计划。"咱们一起来造车吧，"他说，"这是我们最擅长的事情了。"法拉利考虑了这个想法，并且谈到了雇用一位阿尔法·罗密欧的前同事焦阿基诺·科隆博来开发发动机的问题。那晚，路易吉·奇内蒂和恩佐·法拉利开始了一系列的动作，让汽车航空制造厂——也就是之后的法拉利汽车厂——在战后得以复兴。

当然，法拉利和奇内蒂都没有足够的资金开启新业务，但奇内蒂在赛车界认识许多人，并且在法国和美国都有一些富裕的朋友，能够为造车事业提供启动资金。回到纽约后，即使两人之间只有口头协议，奇内蒂还是订下了前八辆车，并且告诉法拉利他能卖掉二十五辆车。而他也确实做到了。许多车都通过奇内蒂在曼哈顿新开设的Chinetti

正面看去，它完全符合法拉利在20世纪50年代的前卫设计风格。

1948年，米兰的Carrozzeria Touring公司设计了最初版本的Barchetta造型；1952年，专为亨利·福特二世打造的最后一辆Barchetta下线，其造型又与初版大不相同。

Motors 销售，而这家公司也成为了法拉利汽车和零部件在美国的独家进口商。

打造第一辆战后的跑车时，法拉利做出了一个决定：如果玛莎拉蒂的车装的是 4 缸的发动机，塔博特是 6 缸的，阿尔法·罗密欧是 8 缸的，那他就要造出一台 12 缸的发动机。后来的法拉利历史学家汉斯·坦纳称这项决策"大胆而富有远见"。

1947 年 5 月 11 日，当各家车厂正在为皮亚琴察的比赛练习准备时，第一辆身负法拉利之名的跑车 Ferrari Tipo 125 S 在意大利公开亮相。1.5 升排量的 Tipo 125 S 展出了两种版本——一款是简洁的双座敞篷赛车，后来被一家意大利报纸认为"又小，又红，又丑"；另一款是一辆敞篷跑车，车身由 Carrozzeria Touring Superleggera 设计制造。125 S 搭载了一台 60 度夹角 V12 发动机，设计者正是 1946 年 12 月那一晚法拉利建议纳入麾下的焦阿基诺·科隆博。

到 1948 年，法拉利工厂开始小规模生产 12 缸的赛车。最早装有黄黑相间跃马徽章的车型是 Tipo 166 Spyder Corsa。这是一款设计简单，翼子板呈拱形的赛车，外观与之前的 Type 125 S 和 159 S 十分相像。就早期法拉利底盘搭载的车身而言，其设计风格中类似（当代）公路车的部分，都要得益于米兰的 Touring 公司。

作为意大利最老的设计公司之一，Touring 由卡洛·费利斯·比安奇·安德罗尼在 1926 年创立，因为设计与制造了 20 世纪 30 年代一些最富激情的跑车而享有盛名。恩佐·法拉利与 Touring 的关系可以追溯到他管理 Scuderia Ferrari 车队的时候，当时安德罗尼设计并且制造了大部分阿尔法·罗密欧厂队赛车的车身。

奇内蒂认为，有必要增加车款的多样性，来同时满足客户对竞速和公路驾驶的需求。法拉利被他说服，并请来了安德罗尼为跑车设计车身，而这一次是为了和那些并不好看但已经成功成为法拉利看家产品的拱形翼子板 Spyder Corsa 形成产品细分领域上的互补。一年后，第一款基于法拉利底盘设计的跑车 166 MM Touring Barchetta 问世。在汽

发动机盖上的 Superleggera 徽章表明这辆车采用了 Carrozzeria Touring 独特的轻量级构造，而 Superleggera 这个名字最终变得与这家米兰的车身制造厂一样家喻户晓。

发动机盖顶部大胆的双进气口设计是最后一辆 Barchetta 的特色元素之一。

尽管福特的这辆车基于 Tipo 212 平台打造，但它装配了全新的 2.562 升科隆博式 V12 发动机。这款发动机同时用在 225 S 赛车上。该发动机采用了单顶置凸轮轴，双继电器，湿式油底壳润滑，以及三个 36DCF 韦伯化油器。

福特的 Barchetta 配备了 Borrani 5.90×15 的辐条式轮毂，而亨利·福特二世把它们原装的轮胎换成了定制的 Firestone 500 白边赛车胎。对他来说，这比车子原装的黑色倍耐力赛车轮胎更具吸引力。

车界中，很少有哪款车型能够给世人留下如此长久而深刻的印象。

如今距离 166 MM Touring Barchetta 首次问世已经过去了半个世纪有余，但它仍然是所有法拉利中最受人欣赏的车型之一。Barchetta 的造型部分基于 Carrozzeria Touring 在 1940 年为宝马 328 Spyder 设计的造型。Touring 一共造出了 46 种车身，全部都有着同样流线型的后倾线条、长发动机盖、短车尾，以及造型激进的椭圆形进气格栅，最后这一点也成为了法拉利之后延续多年的特征。这些生动描述车身特征的词汇将在 20 世纪 60 年代底特律汽车制造商的大厅中回响，李·艾柯卡将会用同样的词来描述里程碑式的 1964 ½ 款福特野马!

166 MM Touring Barchetta 动人心魄的设计风格也将启发英国的 Tojiero Specials、AC Ace、AC Bristol,以及后来的 Shelby Cobra。通过一项大胆的举措,法拉利与安德罗尼巧妙地缩小了赛车与公路车之间的差距,并且不让任何一方有所妥协。

在安德罗尼看来,Barchetta 的车身风格是一次迷人而勇敢的尝试:"这一设计是迷人的,我们试图赋予法拉利独特的个性,而不是照搬市面上众多的'Spider'双座跑车。这个设计又是勇敢大胆的,因为我们的成品颠覆了跑车设计的严格规则:下宽上窄,并且紧贴地面。"Barchetta 车身最宽的地方位于车侧的中间偏上处,视觉效果离地很高。安德罗尼曾说,它和其他跑车实在是太不相像了,以至于当记者在 1948 年都灵车展的法拉利展台上看到它时,他们觉得有必要为这种设计起一个绰号:"Barchetta",也就是意大利语中的"小舟"。从那之后,法拉利就以全新的车身风格从其他的双座跑车中脱颖而出。根据官方命名,这些车被称作 166 Mille Miglia 或者 166 MM,用以纪念法拉利在 1948 年赢得的艰苦卓绝的 1000 英里大奖赛;然而,大家很快就接受了 Barchetta 这个名字,连法拉利本人也是如此。

166 MM Barchetta 的车体采用了 Touring 公司独有的 Superleggera 超轻型结构,用小巧的轻量化钢管搭建车体,车身面板附着于钢架之上。而 Touring 的设计不仅在形式上是革命性的,在颜色上也同样如此。它采用了一种独特的略带金属感的红色,既不是橘红色,也不是口红的那种红,而是法拉利独有的颜色。大多数 166 MM 都涂装了这种深邃火红的颜色,而这也成为了另一项法拉利的传统。几乎每一辆 Barchetta 看起来都是赛车的模样,无论是装有 140 马力 Export V12 发动机的竞赛版本,还是装有 110 马力 Inter V12 发动机,更加豪华的 Lusso 版本。

Barchetta 手工打造的车身固定在焊接钢管框架上,下面是法拉利制造的轴距为 2 200 毫米的短小底盘。前悬架

如果说这辆 Barchetta 的车头设计与原版还算是小有不同,那车尾就完全是另一副模样了。它具有独特的后翼子板和尾灯设计。有趣的是,这辆车造出来时,雷鸟(1955 年)和科尔维特(1953 年)甚至都还没有问世!

第二章 恩佐·法拉利的一步险棋——独立决策 39

基于 Barchetta 车身架构打造的另一款车型是装配了不同发动机的 Tipo 195 S。这款发动机于 1950 年生产，排量为 2 341 立方厘米，缸径 × 冲程为 65 毫米 ×58.8 毫米，7 000 转 / 分钟时达到最大输出功率 160 马力，名称来源于每个气缸的排量，即 195.1 立方厘米。

采用了法拉利独立不等长叉臂设计，由横向板簧支撑，后悬架采用了两侧装有弓形板簧和平行拖曳臂的活动后桥。早期的法拉利还装配了 Houdaille 液压杠杆式减震器。

可以说，166 MM 是当时世界上最快的跑车。凭着这一利器，从 1948 年 4 月至 1953 年 12 月，法拉利在欧洲赢得了超过八十场赛事总冠军或组别冠军，而恩佐·法拉利也借此重新确立了自己在赛车界的声誉。

1949 年 3 月，克莱门特·比昂德提驾驶着一辆 166 MM 赢得了 Targa Florio 大赛，两辆 166 Inter 赢得了 Coppa Inter-Europa 比赛的第一、第二名。4 月时，比昂德提和菲利斯·博涅托分别驾驶 166 MM 赢得了 Mille Miglia 1000 英里大奖赛的第一、第二名。但是，为法拉利带来最伟大胜利的人则是路易吉·奇内蒂。他和英国的彼得·塞尔斯登勋爵共同驾驶一辆 166 MM Touring Barchetta 参加了

1949 年的勒芒 24 小时耐力赛。年近五十的"铁人奇内蒂"在 24 小时的赛程中驾驶了足足 23 小时，为法拉利锁定了第一场也是最重要的一场国际赛事胜利。随后，他在同年 7 月赢得了斯帕 24 小时房车赛的冠军。1950 年，阿尔贝托·阿斯卡里赢得了卢森堡大奖赛和银石大奖赛的冠军。多里诺·塞拉菲尼和路易吉·威劳瑞希驾驶一辆单化油器的 Barchetta 赢得了银石大奖赛的亚军，并且很有可能就是本书第 30 页的那一辆。这辆车先是被卖给了奇内蒂，之后又卖给了美国赛车手比尔·斯皮尔。

从那之后很长一段时间里，每当有人提起法拉利的名字时，人们的脑海中都会立刻浮现 166 MM Barchetta 的绰约风姿。它是所有法拉利早期跑车中的第一款，很有可能也是最具魅力的一款。

1952 年，Touring 制造了最后一辆 Barchetta 的车身，并且装配在了一辆 212 的底盘上。这辆车是恩佐·法拉利送给亨利·福特二世的礼物，配备了原本装在 225S 赛车上，更大的 225（2 715 立方厘米）发动机，并且是那个时代并不常见的左舵车。后来，这位美国的汽车大亨为他的黑色法拉利换上了一套特别定制的 Firestone 500 白边赛车胎，以取代出厂时装配的没那么时尚的黑色 6.50 英寸 ×15 英寸（1 英寸 =25.4 毫米）倍耐力轮胎。

这辆车的底盘代号为 0253/EU，其设计是 Carrozzeria Touring 生产的所有 Barchetta 车身中最前卫的一款，一系列车身特点都能够在之后于 1955 年横空出世的最终版本的福特雷鸟身上找到。同时，车身的造型线条，尤其是后部的线条，还能在后来的 1953 年科尔维特上看到一点影子。

这辆 Barchetta 的第三任车主迪克·梅里特曾经供职于福特，后来成为了通用汽车的造型设计、产品规划和研发主管。他曾经写道："在 FoMoCo（福特汽车公司），这辆车曾经是'禁区'，只有一两位总经理被允许驾驶它。造型团队设计雷鸟时，曾经研究过这辆车来获取灵感。工程师们把这辆车从头到尾量了个遍，但我敢保证他们没有用这辆车做任何测试，或者像平常那样拆解研究。"他说的几乎都对——不过，是"几乎"。

根据后来的报道，1955 年的夏天，一位名叫泰德·穆利的福特试车员"在半夜工作时"发现亨利·福特的法拉利停在车库里修理排气系统。《跃马》(Prancing Horse) 杂志的编辑霍华德·佩恩写道："当时，他并不知道那辆车只装着排气头段。他把它推出车库，推到测试赛道上面时，其他驾驶员都不在。凌晨两点半，汤姆（泰德的昵称）把车推到了赛道入口的坡道上，启动了法拉利——是的，他甚至先热了车，然后才开始自己的深夜驾驶。我根本无法想象，年轻的汤姆·穆利沐浴在温暖夏夜的月光之中，驾驶着一辆排气声音毫无限制的敞篷法拉利行驶在福特测试赛道的高速环道上，心里该有多么的激动。"

1949 年，路易吉·奇内蒂驾驶 166 MM 赢得了勒芒 24 小时耐力赛，也为法拉利带来了意大利本土之外的第一场重大赛事的胜利。赛程中的二十三小时都是奇内蒂［右页图中与塞尔斯登（左）的合影］在驾驶，而来自英国的彼得·塞尔斯登勋爵只驾驶了一个小时。（图源：Klemantaski Collection/Getty Images）

然而，对穆利来说不巧的是，法拉利那台 2.7 升三化油器 225 S 赛车同款发动机发出的无拘无束的轰鸣，震醒了赛道对面高档的迪尔伯恩酒店里几乎所有的客人！当他激烈驾驶了七八圈，从赛道上驶下来时，迎接他的是赛道经理和测试团队的其他人。由于这一鲁莽行为，他被罚停薪休假三天；但即使过去了许多年，当穆利回忆起那个夜晚时，他仍然认为自己的冒险是值得的。这就是恩佐·法拉利送给亨利·福特二世的车所散发出的魅力。

历史学家和作家菲尔·斯金纳认识迪克·梅里特。在他的回忆里，梅里特在 1956 年 11 月 18 日被福特公司聘用，担任特殊产品部门的产品规划师。当时，这个部门正在开发一款全新的车型系列，内部称之为 E-car。而他将成为特殊产品部门任职时间最短的员工，因为在第二天，也就是 1956 年 11 月 19 日，公司宣布新系列汽车将被命名为 Edsel，而参与该项目的员工从此将隶属于福特的 Edsel 部门之下。

根据他向斯金纳讲述的故事，当时的梅里特已经是一请注意，我们现在所讲的是这样一幅场景：一个年薪可能只有 3 600 美元的青年，跟一位身价百万的业界大佬谈论一辆新车售价就要 10 000 美元，当时的二手价格也至少有 6 000 ~ 7 000 美元的跑车。据说，亨利·福特二世被这个不知天高地厚的毛头小子吓了一跳，半带礼貌地点了点头，随后继续他的日程安排。

几个月后，梅里特得到了拥有这辆车的机会。他在向银行贷款时遇到了一点困难，因为银行不愿意借给他比他一年工资还多的钱来买车（而且还是一辆二手车）。然而那辆车的价格实在是太诱人了——只要 4 000 美元就能拿下。而且，在他看来，仅仅几年前这辆车还要价 10 000 美元，而新款法拉

名法拉利的粉丝：法拉利的性能、造型和工程技术在当时都是最顶尖的。这是梅里特自大学毕业后在汽车行业内获得的第一份工作，而当时的他还是个职场新人。没有人告诉过他，在福特全球总部的规矩里，只有当福特先生直接向你提问时，你才可以跟他讲话。有一天，他偶然看见亨利·福特二世和几名同事经过走廊，准备去开会。他心里很明白，这可能是他仅有的机会。于是，他走到亨利·福特二世的面前，不假思索地说："福特先生，我真心觉得您的法拉利很酷。如果您哪天想要卖掉它的话，可以告诉我吗？"

利甚至还要更贵！最终，他成功获得了银行的贷款。尽管之后他过了一段节衣缩食的日子，但他拥有的是在所有法拉利中最令人难忘，外观最出众的车型之一。

斯特林·莫斯爵士为恩佐·法拉利出版于 1963 年的回忆录《我的骇人欢愉》(*My Terrible Joys*)撰写了序言。他用几段话总结了恩佐的一生："对于几乎每一位汽车爱好者来说，法拉利这个名字一直以来都以最辉煌的方式彰显了汽车中的精华：它象征着汽车工业艺术与科学的巅峰。"这是 1965 年几乎所有的跑车与赛车爱好者都认同的观点，而四十多年后的今天，依然如此。

第三章
早期公路车和赛车——赛道内外树门面

> 两个同样固执己见的人，意见相左时便难成一事，
> 而携手并进时又能名震八方。
> 这便是奇内蒂与法拉利一同度过的美好时光。

在战后初期，赛车与公路车之间基本没有什么太大差别。绝大多数情况下，赛车都可以在公路上行驶；反之，少数公路车也可以直接开去比赛。然而，就像视觉效果惊人的 Barchetta 一样，这些只能在晴好天气驾驶的车远远称不上实用：没有顶篷，内饰简单，没有任何舒适性或便利性功能。奇内蒂向法拉利解释说，他需要一款带可折叠车顶的公路敞篷车。于是，法拉利委托 Farina 制造厂基于 011 S 底盘设计制造了首台可开合敞篷的车型。

1949 年，在著名的日内瓦车展上，路易吉·奇内蒂携第一款带活动顶篷的法拉利首次亮相。这是法拉利第一次在意大利之外向公众展示。除了显而易见的车顶区别及为了收纳车顶而变得更加水平的后备箱盖之外，这款敞篷车的设计与硬顶版 166 跑车几乎相同，车身线条简洁，是典型的意大利风格。除了前格栅与保险杠之外，这辆车与战后初期宾尼法利纳设计的阿尔法·罗密欧 6C 2500 Sport 十分相像，而两款车的基本车身线条与 1947 年的西斯塔尼亚也大差不差。这辆敞篷原型车后来被意大利电影导演罗伯托·罗西里尼买下。直至 1950 年，Farina 制造厂又生产了几款敞篷车，不过都不尽相同。

Farina 制造厂生产了第一辆带折叠式顶篷的法拉利，也就是图中的这辆 011 S。这是已知的法拉利最早的公路车之一，生产于 1949 年。路易吉·奇内蒂曾携这款车参加日内瓦车展，这也是法拉利第一次在意大利之外展出。这辆车的线条与当时 Farina 和宾尼法利纳的其他设计类似，例如阿尔法·罗密欧 6C 2500，并且在之后的 Simca Sport 上也能看到它的影子。

1951年，随着Tipo 212的推出，法拉利公路车生产迎来了一大转折点。212 Berlinetta标志着马拉内罗新时代的开始。赛车曾经是恩佐·法拉利生存的唯一理由，但现在公路车的设计与生产已经变得同样重要。奇内蒂最终说服了恩佐，让他明白不是所有被法拉利的V12发动机和振奋人心的性能所吸引的客户都想要参加比赛，也不是每一个人都能够忍受赛车实用却不舒适的内饰与驾驶舱。

Farina敞篷车（011 S）是最早打破恩佐·法拉利原先坚守的底线的车型之一，同时也是首款提供可折叠车顶的敞篷车。最初提出生产一款非竞赛用途敞篷法拉利的人是路易吉·奇内蒂。这款法拉利敞篷车的基本车身线条与Farina制造厂设计的轿跑车几乎完全相同；升起车顶后，它就变成了一辆全天候的跑车。对于法拉利来说，这是一个新时代的开始。

左图：
根据车身铭牌显示，第一辆带折叠式顶篷的法拉利是基于 166 Inter 打造的。这辆 011 S 保持了原始状态，尽管在某个时间点，它的车身颜色从 1949 年展出时的浅色变成了现在的深红色。

右图：
仪表板由积家（Jeager）设计，上面印有法拉利的标志。仪表板和中控台都由涂漆金属制成。

虽然法拉利认为比赛是他的首要任务，对为非竞赛客户生产汽车兴趣不大，但奇内蒂让他明白，两项业务可以相辅相成。奇内蒂的逻辑是有道理的：赛车设计上的进步能够增强公路车的性能，而销售公路车所得的利润则能够资助研发更好的赛车。法拉利的赛用发动机可以调低马力，变成适用于街道驾驶的版本，至于车身，战后的意大利不乏能够为法拉利杰出的底盘提供车身的制造厂。这种定制式的车身出现在许多早期的车型上，诞生了众多精美的双座或四座车：来自 Touring 制造厂的 166 Inter 轿跑车，来自 Ghia 制造厂的 212 Inter，以及宾尼法利纳在 1953 年推出的，摄人心魄的 Tipo 342 America。但这些车都由手工打造，产量极为稀少。后来，恩佐·法拉利终于接受了奇内蒂的想法，并称他现

在主要有三类客户:"运动员、五十来岁的有钱人,以及炫耀狂。"

在早期的法拉利公路车中,最具风情的当属由 Vignale 制造厂生产的车型。豪华的 Vignale 212 Inter 原本是作为一款旅行车打造的,但它在赛场上也表现出了不俗的实力。在 1951 年的卡雷拉泛美公路赛中,两辆 212 Inter 分获冠亚军,其中皮耶罗·塔鲁非和路易吉·奇内蒂驾驶的赛车获得冠军,阿尔贝托·阿斯卡里和路易吉·威劳瑞希的赛车则紧随其后。同时,客户也可以选择简化后的竞赛版车型 212 Export,而即便是为赛道而生的版本也同样风度翩翩,引人注目。据估计(仅为估计,因为在生产早期车辆序列号分配并不精确),大约有 80 辆 212 Inter(非竞赛版)和 27 辆 212 Export(竞赛版)被生产出来。

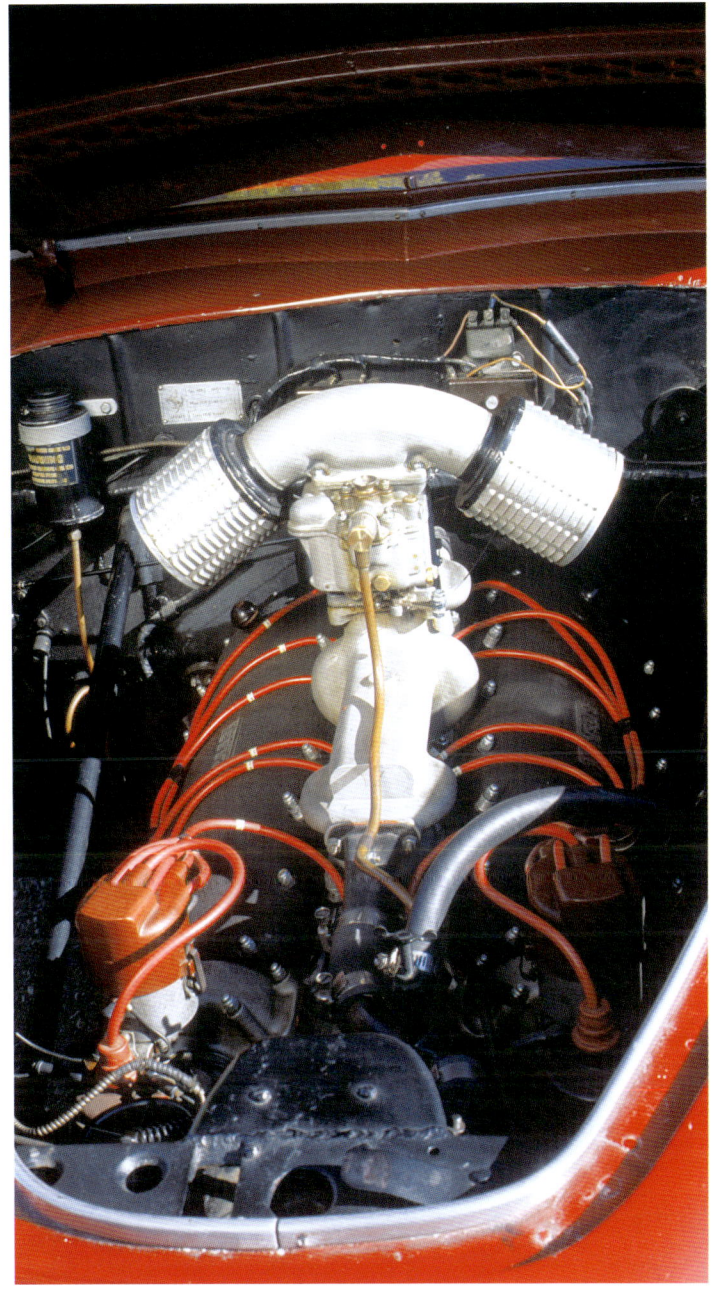

在造型优雅的发动机盖之下是一台 V12 发动机,装有单化油器、独特的两件式空滤,以及集成了点火系统的顶盖;这些都是法拉利最初的公路车型的特点。这台 166 Inter 搭载原装发动机,由 Farina 制造厂为参加 1949 年日内瓦车展而打造。

第三章 早期公路车和赛车——赛道内外树门面

到了 20 世纪 50 年代早期，法拉利公路车数量不断增加，大多数意大利主要的设计公司都在为新的 212 Inter 生产定制车身。1952 年，法拉利首次找到宾尼法利纳公司，让他们设计一款时尚的敞篷跑车。而巴蒂斯塔·"宾尼"（Pinin，巴蒂斯塔的外号，意为"最小的弟弟"）·法利纳绘图板上的设计变成现实后，果然不负众望：他开创了一种新的造型趋势，以平坦的车侧面板为主要特征。在许多后来的运动跑车身上，都能够看到第一辆由宾尼法利纳设计的法拉利的影子。

Vignale 212 Inter 代表了 20 世纪 50 年代意大利车身制造工艺的至高之术，法拉利早年间的至臻浪漫正是在这里体现得淋漓尽致。Vignale 的美藏在对每一处设计的精雕细琢中。它涉及到大量的人工，以至于人们必须对每一处细节都了然于胸，才能够欣赏这款车的精湛工艺：手工打造的门把手上镶嵌着小巧的 Vignale 景泰蓝徽标，镀铬的窗框与装饰，以及手工缝制的皮革和布料。从里到外，几乎每一处细节都是出自能工巧匠之手的杰作。

本页图：
随着法拉利公路车的生产不断进步，车辆的内饰变得更加豪华，由皮革覆盖的车门面板和变速箱地台也更加常见。除了仪表及中控台的基本轮廓之外，内部装饰完全取决于车身制造商与客户的喜好。

跨页图：
在这辆由宾尼法利纳设计，底盘编号为 0117 E 的车上，最显著的造型特点之一便是配有大面积镀铬装饰的格栅与前进气口。

212 Inter 的发动机排量为 2 562.51 立方厘米，由三个韦伯式 36DCF 化油器供油。在每分钟 7 000 转时输出最大 180 马力，压缩比为 8：1（另有数据显示最大输出功率为 170 马力/6 500 转每分钟）。早期的发动机配备了单个韦伯式 36DCF 双阻风门化油器，能够在每分钟 6 000 转时输出 130 马力。最初的科隆博式 60 度夹角 V12 发动机配备了轻质合金气缸头和缸体，特制的铸铁压入式气缸衬垫，增大后的缸径为 68 毫米，冲程为 58.8 毫米。动力由一台五速非同步变速箱传输，其中四挡为直接挡。

精美的景泰蓝 Farina 徽章镶嵌在后备箱盖拉手的正中心，同时也出现在前翼子板上，下方为镀铬的"Pininfarina"字样。

212 Inter 最出众的设计之一来源于法拉利和宾尼法利纳的第一次合作。这是一辆线条低矮的双座敞篷跑车，于 1952 年 6 月 17 日下线，底盘编号 0117 E。它拥有一个尺寸宽大的进气格栅、一个带有双进气口的发动机盖，以及流畅整体的翼子板线条，将尾灯组独特的小凸起融入到后翼子板中。

实际上，这辆车最显著的设计细节之一便是没有细节——车身两侧垂直而简洁，唯一的线条便是轮拱。这种设计在20世纪50年代初期是极不寻常的。

法拉利公路车与赛车之间的差别仍然不大，法拉利数款最吸引人的竞赛版车型也都生产了用于公路驾驶的Berlinetta和Spyder版本。在后者之中，昙花一现的Tipo 225 S被视为法拉利最有吸引力的竞赛公路两用车型。那么，在20世纪50年代初，人们是如何区分法拉利赛车和公路车的呢？很简单：如果开车的是皮耶罗·塔鲁菲和阿尔贝托·阿斯卡里，那这车就算赛车。

1948—1952年间，法拉利不断为自家的12缸发动机增大排量，每款升级版车型都比前一代在赛场上更加所向披靡，同时，由Touring、Pininfarina和Vignale设计制造的车身也越来越吸引人。

法拉利 212 的轴距为 2 250 毫米,前后轮距分别为 1 270 毫米和 1 250 毫米。不同制造商设计生产的车身不尽相同,而 Vignale 的设计最为激动人心,在它之上可能只有宾尼法利纳的作品能与之媲美。一言蔽之,部分 212 Inter 和 212 Export 的设计实在是平平无奇。而 Vignale 的设计常常引人注目,并且能够引领其他车型未来的设计走向。图中的这辆跑车由 Vignale 打造于 1951 年,和之后备受追捧的 340 Mexico 十分相像。

跑车不断从赛车的技术经验中获益,最终往往演变成适于多用途的型号——225 S 便是如此。尽管无顶篷的 Barchetta 版本最终成为了 166、195 S 和 212 系列中最受欢迎的车身形式,但 225 S 无疑是当时最令人兴奋的敞篷车。这款车只在 1952 年生产,根据序列号记录可知,有大约 20 辆车被生产出来。除一辆外,其余 12 辆 Spyder 版与 7 辆 Berlinetta 版的车身都由 Vignale 设计并制造。其中,有大约六辆车采用了 Tuboscocca(管式半承载车架)式底盘设计,有双层上下排列的外管道,由桁架式结构连接,同时还使用了额外的钢管来搭建车身形状的骨架轮廓,用于安装手工成型的车身面板。

Vignale 为 212 Inter 打造的豪华内饰特点在于全车采用的真皮装饰和长毛绒地毯。这些都是大量手工劳动的结晶,人们必须仔细研究车内的每一个小细节,才能欣赏到 Vignale 车身所蕴含的精湛工艺。

左上图：
法拉利 212 的车门把手是一个凹入式的手柄，通过按压锁扣来开门。这一设计之后将出现在梅赛德斯·奔驰 300 SL 量产车上。

左下、右图：
这辆豪华的 Vignale 跑车是 212 Inter 和 212 Export 的结合体：它装备了竞赛用油箱和加油口，以及外露的备胎，但内饰和座椅材质又和 Lusso 版一样豪华。尽管没有相关文件证明，但人们认为这辆底盘代号为 175 E 的车参加了 1951 年的卡雷拉泛美公路赛。

右页图：
Vignale 212 的发动机盖下方安装了一台排量为 2 562 立方厘米的 60 度夹角 V12 发动机，最大功率 170 马力。

图中的这辆 1952 年款 225 S 底盘编号为 0160 ED，皮耶罗·塔鲁非驾驶此车代表 Scuderia Ferrari 参加了 1952 年的环西西里锦标赛。作为第二辆由 Vignale 打造的赛用 Spyder 敞篷车，0160 ED 采用了与绝大多数 2.7 升车型都相同的传统车身造型，其中包括前翼子板上的独特圆形开口。作为 225 S 最显著的造型特点之一，这些开口并不是原型车阶段时就设计好的：Vignale 在环西西里锦标赛之后添加了这些开口，以改善发动机舱的进气。与此同时，Vignale 移除了行车灯，并将位于卵形格栅两侧的圆形开口改为了进气口，让全新的车头设计变得更有侵略性。这一设计在 Vignale 之后打造的 250 MM 和 340 MM 上都有体现。

225 S 的内饰并不特别引人注目，但是与所有 Vignale 的设计一样，即便只是一个简单的仪表板也透露着优雅的气息。在这辆车上，饰板中心略微外凸且向下延伸，两个大的组合式仪表嵌入其中，同时饰板上还有一个醒目的 Vignale 标识。

左页图：
三个 36DCF 韦伯式化油器为 225 S 的 V12 发动机提供油气混合物。该发动机压缩比为 8.5 ∶ 1，每分钟 7 200 转时可达最大输出功率 210 马力，通过与发动机整合在一起的五速变速箱将动力输出到后轮上。通过将缸径增加到 70 毫米，这台科隆博式短缸体发动机的排量增大到 2 715 立方厘米。发动机的基本结构采用的还是科隆博的设计，但是也使用了兰普雷迪引入的凸轮式滚子从动件。大多数发动机有 12 个进气通道。

225 S 沿用了 212 Inter 的设计，搭载科隆博式短缸体 V12 发动机，缸径和冲程为 70.0 毫米 ×58.8 毫米，排量达到 2.7 升。

本质上来说，除了发动机的区别，225 S 与 212 共享一套底盘设计，同样具有不等长叉臂加横向板簧的前悬架和扭力梁加双弓形板簧的后悬架，以及相同的车身尺寸：轴距为 2 250 毫米，前后轮距分别为 1 278 毫米和 1 250 毫米。唯一值得注意的区别在于，225 S 前轮尺寸为 5.25 英寸 ×16 英寸，而 212 的前轮为 5.50 英寸 ×16 英寸。两车均使用 6.50 英寸 ×16 英寸后胎。与同时期的其他法拉利跑车相比，是 225 S 的造型设计让它显得与众不同。

车手和工程师总是围绕着恩佐·法拉利。在这张图中，从左到右分别是车手阿尔贝托·阿斯卡里、恩佐·法拉利、赛车部门主管费德里科·吉贝尔提，以及首席工程师奥雷利奥·兰普雷迪。本图摄于1950年2月的意大利大奖赛。

右页图：
路易吉·威劳瑞希驾驶着一辆由 Vignale 打造车身的 212 Export Berlinetta 赢得了1951年的 Coppa Inter-Europa 比赛。

在1951年的 Mille Miglia 大奖赛中，路易吉·威劳瑞希驾驶着一辆编号为405的法拉利 340 America 夺得冠军。

左图：

在 1952 年的 Mille Miglia 大奖赛中，法拉利车队在起点处排起了长龙。打头的是一辆 340 America，紧随其后的是一辆 250 S——车手乔瓦尼·布拉科驾驶这辆车击败了梅赛德斯-奔驰的 300 SL，赢得了比赛。这也是梅赛德斯车队在那年唯一一场没赢得冠军的比赛。

右图：

布拉科驾驶的 611 号赛车冲线瞬间，当时他仅仅比第二名的梅赛德斯-奔驰 300 SL 快了几分钟。

一辆外形与 212 Berlinetta 十分相似，并且同样搭载 Vignale 车身的 225 S Berlinetta 在 1952 年的莱萨布勒多洛讷环道赛（Circuit di Les Sables d'Oionne）的一处弯道飞驰而过，并最终夺得冠军。

图中的这辆车最初由皮耶罗·塔鲁非为法拉利驾驶，1952 年 5 月通过罗马的一家经销商卖给了罗伯托·博纳米。博纳米驾驶这辆车称霸南美赛场，赢得了 1953 年的布宜诺斯艾利斯 1 000 千米耐力赛冠军，以及 1952 年和 1953 年两年的阿根廷跑车锦标赛冠军。两年之后，也就是 1955 年，这辆车又在 1 月 23 日取得了布宜诺斯艾利斯 1 000 千米耐力赛第六名的成绩。这辆车的一生可谓是十分幸运——没出过事故、没被人蹂躏，仍然搭载原装发动机，并且从出厂的那一天起就一直被车主妥善照料。和最初那辆"又小、又红、又丑"的法拉利相比，它过的日子可谓是天壤之别。

第四章
20 世纪 50 年代的公路车

即使是最好的布料，也只有经过裁缝的巧手才会变成一袭华袍。恩佐制造了最好的布料，而他的能工巧匠将其铸造成了法拉利。

20 世纪 50 年代中期，法拉利主要依赖宾尼法利纳和 Vignale 来设计和制造大部分公路车。Vignale 制造厂为许多杰出的战后意大利汽车制造商提供服务，其中就包括法拉利；但是，与 Touring 和宾尼法利纳相比，它的历史要短一些。1939 年，维格奈兄弟两人在都灵的格鲁利亚斯科区建立了他们的小工坊，但直到二战之后才取得了成功。在战后初期，阿尔弗雷多·维格奈从庞大的宾尼法利纳公司中招来了一些自己的前同事，将自己的工坊打造成了一家极具现代感的小型设计工作室。不久后，维格奈将工作室搬到了都灵的新场所，让安杰洛·巴尔马成为公司合伙人，并且招揽了一名前途无量的年轻设计师乔瓦尼·米凯洛蒂。接下来的两年里，Vignale 制造厂成为了一家知名的车身设计公司，并通过在 20 世纪 50 年代初为法拉利打造车身在世界舞台崭露头角。从 1950 年到 1953 年，由 Vignale 制造车身的法拉利赛车赢得了三届 Mille Miglia 1000 英里耐力赛及一届卡雷拉泛美公路赛。

410 Superamerica 是一辆彻头彻尾的公路车。它的尺寸太大，质量更是超过了 1 500 千克，这使得它在赛道上毫无优势可言。410 Superamerica 的驾控特性使其更适于在公路上进行高速巡航或在乡间旅行，而非在蜿蜒的山路和复杂的城市交通中闪转挪移。在铺装良好的柏油路上，4.9 升 V12 发动机能让这辆车的速度轻松突破 160 千米 / 时。

左页图：
在宾尼法利纳为 410 Superamerica 设计的车身上，高耸的前翼子板围绕在法拉利激进大胆的椭圆形前进气格栅两侧，流畅的线条顺着车身一路延伸，并在车门后方向上挑起。

　　法拉利的公路车型由 1953 年停产的 212 车系、短命的 340 America、342 America，以及 1953 年推出的 375 America 组成。它们是第一批在美国站稳脚跟的法拉利车型。到了 20 世纪 50 年代初，路易吉·奇内蒂已经将法拉利打造成了全美最负盛名的进口跑车与赛车品牌。

　　然而，奇内蒂并不是没有过对手——在纽约，他和另一位汽车进口商、企业家马克斯·霍夫曼竞争得难解难分。霍夫曼在纽约市中心拥有一间由弗兰克·劳埃德·怀特设计的豪华展厅，销售来自保时捷、宝马及梅赛德斯-奔驰的一系列令人惊叹的新款跑车，其中包括 1952 年举世皆惊的梅赛德斯-奔驰 300 SL 赛车的后裔，1954 年款 300 SL Gullwing Coupe。和奇内蒂一样，霍夫曼也是美国跑车界响当当的人物，两人的销售之战从各自的陈列室一直打到沃特金斯格伦的维修站，再到加利福尼亚圆石滩的汽车赛上。不过，奇内蒂有一件霍夫曼没有的法宝：他的展厅里有法拉利。

环绕式的后风挡玻璃、微微呈鳍状的后翼子板以及独特的后轮拱切割线彰显了410 Superamerica 优雅的外形轮廓。它的后翼子板切线向下延伸至门槛板,与车门一同构成了流畅的车侧线条。和之前的340 America 与 375 America 一样,410 Superamerica 的设计充分考虑了美国市场。在设计大师塞尔吉奥·宾尼法利纳还只有二十多岁时,他的父亲巴蒂斯塔·宾尼法利纳让他来负责管理20世纪50年代法拉利委托的设计业务。对于年轻的塞尔吉奥来说,这是一项很适合他的工作,而他也胜任了这一职务。他不仅管理有方,并且能够与性格反复无常的恩佐·法拉利共事,两人良好的合作关系也持续了四十余年。(图源:Thurston Hopkins/Getty Images)

1956 年问世的法拉利 410 Superamerica 是第一款着眼于美国市场的法拉利公路车型。在它之前,法拉利曾推出过一系列过渡型号。最先推出的是 340 America。这是一款相对成功的车型,尽管一共生产了 22 辆,但其中只有 8 辆可以算作公路车型。紧随 340 America 之后的是产于 1952 年末 1953 年初的 342 America。这是一款更加豪华的车型,同时也是第一辆提供左舵版本的公路车——在它之前,所有的法拉利车型都和赛车一样,只有右舵版本!直到 212 车系的生产走入尾声,法拉利才开始考虑生产左舵车型。作为 340 America 之后的过渡型号,342 America 同样是一款短命车型,仅仅生产了 6 辆车之后便被更强大的新款 375 America 取代。

375 America 的发动机排量增至 4.5 升,缸径 × 冲程为 84 毫米 ×68 毫米用三个双阻风门韦伯式 42DCZ 化油器

410 Superamerica 的内饰比之前任何一款法拉利车型都要精细。这辆车使用一台与保时捷相似的四速同步式变速箱，齿轮比与前身 375 Superamerica 不同。绝大多数 410 Superamerica 的挡位排布都会让驾驶者一头雾水：它的一挡在右前方，而四挡在左后方。

替代了 342 车型使用的 40DCF 化油器。这款更加强大的新车型主要是为了奇内蒂的北美客户设计的，而同样于 1953 年问世的兄弟车型 250 Europa 则主要面向欧洲市场。两款车都在当年十月的巴黎车展上首次亮相，除了发动机的区别外几乎一模一样——250 Europa 配备了一台更小的 3 升 V12 发动机。一年后，375 America 的生产结束，共有 13 辆车下线，其中大部分跑车的车身由宾尼法利纳设计制造。考虑到早期法拉利的产量是如此之低，我们也就不难理解为什么这些车型如今在拍卖市场上都是天价了。

20 世纪 50 年代初期，手工打造的汽车在底特律正快速成为过去式，而欧洲在战后引入的一体式车身结构进一步缩减了定制车身的需求和产能。然而，法拉利是一个例外：它选择继续遵循传统，将安装了车轮的底盘交给当地的车身制造厂，根据客户

镀铬装饰大量出现在20世纪50年代的法拉利车型上。410 Superamerica 的椭圆形进气格栅十分显眼,而分布在两侧的功能性通风口(这是第一款使用侧通风口的法拉利公路车型)、后备箱盖及前后保险杠上的镀铬装饰极大地平衡了这辆车的视觉效果。

的需求打造定制车身。在战后的头几年,法拉利主要和 Touring 制造厂及 Farina 制造厂合作。

Farina 制造厂成立于 1905 年,是都灵历史最悠久的车身制造商之一。这家公司培养出了众多才华横溢的设计师,比如马里奥·博亚诺、乔瓦尼·米凯洛蒂,当然还有法利纳家族中最小的弟弟,巴蒂斯塔·"宾尼"·法利纳(Farina)。1930 年,他创立了自己的工作室;20 年后,他接管了 Farina 制造厂的业务,并且和自己的儿子塞尔吉奥一起与法拉利开始密切合作,为那些腰缠万贯的客户们设计符合他们期望的车辆外观。

塞尔吉奥·宾尼法利纳这样回忆道:"二战结束后,我父亲在 1947 年设计出了西斯塔尼亚跑车。这是他有史以来最棒的作品,我认为它为 20 世纪 50 年代的跑车设计定下了基调;事实上,当你放眼望向任何一辆那个年代的欧洲跑车时,几乎都能够看到西斯塔尼亚的影子。

410 Superamerica 采用的 4.9 升 V12 发动机与 1951 年款 F1 赛车及 1954 年之前所有公路车搭载的发动机都类似;然而,通过使用新的缸套,这台发动机的排量达到了 5 升左右。兰普雷迪设计的这台长缸体 60 度夹角 V12 发动机排量为 4 961.57 立方厘米,缸径 × 冲程为 88 毫米 ×68 毫米,压缩比为 8.5∶1,能够在每分钟 6 000 转时迸发出 340 马力。

375 MM 是一辆纯种的赛车。图中这辆车产于 1954 年,由乔基·马斯兰驾驶参赛。

左图：
路易吉·威劳瑞希驾驶着图中这辆产于1953年的250 MM取得了蒙扎大奖赛的冠军。

右图：
恩佐·法拉利（左）与伟大的意大利设计师巴蒂斯塔·"宾尼"·法利纳在参加蒙扎大奖赛的250 MM赛车前合影。

250 MM的轴距为2 400毫米，是法拉利自212 Export（轴距为2 250毫米）和166 MM（轴距为2 200毫米）以来制造过的轴距最短的车。图中所示的这辆车是Vignalo制造的Spyder车型中最独特的之一，底盘编号为0332 MM。作为12辆敞篷车中的第9辆，这辆车于1953年4月初下线，最初被交付给了Scuderia Ferrari厂队，并且也是唯一一辆属于法拉利厂队的250 MM Spyder。尽管每辆250 MM在外观上都有所不同，但Vignale为0332 MM设计的内嵌式头灯、具有侵略性的前倾姿态及缩短的前翼子板还是让它能够脱颖而出。Vignale设计的车身抓眼的小细节还包括前翼子板的开口、后翼子板上的三角形通风口，以及门槛板上的风道。从1953年4月至1956年4月，这辆250 MM Spyder总共参加了25场比赛；其中，第一场是1953年的Mille Miglia 1000英里大奖赛，而它最终获得了组别第五名和全场第九名。在竞赛生涯中，这辆车总共获得了五次冠军及四次亚军。

第四章　20世纪50年代的公路车　77

250 MM 的驾驶舱只为最纯粹的驾驶体验而生——它采用了赛车中传统的右舵设计，装有两个大型组合仪表、桶椅及硕大的木质方向盘，并且还配备了一款全新的四速全同步式变速箱。

如今，当我回望这款车时，仍然会为它的简洁设计和协调比例所折服。它是一辆不容赘笔的大师之作。"

20世纪50年代对宾尼法利纳来说是一段重要的岁月：在这段时期，这家制造厂开始与法拉利合作。塞尔吉奥·宾尼法利纳曾自豪地说："在意大利，我敢说我们和所有的汽车制造商都有过合作。在国外，我们和法国标致、英国利兰，以及一些日本车企都有合作。我的父亲还因设计了纳什大使（Ambassador）而成为了第一位设计美国产汽车的意大利人。"然而，是恩佐·法拉利将宾尼法利纳的知名度带到了顶峰。这不是因为两家企业合作过的项目多，而是因为每一款新设计都受到了全世界跑车行家们的推崇。在过去的五十年间，法拉利几乎每款公路车型都由宾尼法利纳设计。

塞尔吉奥这样解释道："我的父亲在1951年，也就是我仅仅25岁时就让我负责与法拉利的合作项目。一个新人工程师要去负责和法拉利先生打交道，你能想象那种心情吗？知道了这一点，你就不难理解我对跑车的热爱从何而来了。他是个难对付的人，也是个伟大的人。他与我的父亲一同为我的人生引领了方向，让我爱上汽车，并愿意为此奉献一生。"

尽管宾尼法利纳在1956年之前已经为法拉利打造了多款重磅车型，但410 Superamerica 的设计可能是其中最具重要意义的。宾尼法利纳只按照最初的设计风格生产了九辆410 Superamerica，但这款车的设计语言却在之后的车型中延续了近十年。谈到410 Superamerica 最初的设计时，塞尔吉奥·宾尼法利纳说："这不是一个风格取舍的问题，而是为（美国）市场打造最合适的车型。车子不是一直在路上跑的，即使在静止时也应该让车主觉得赏心悦目；同时，街上的路人也会看到这辆车，因此需要用一些特别的设计抓住他们的眼球。这辆车必须个性鲜明，能够让所有人都看得出来这是一辆法拉利。"

1956年2月，底盘代号为0423 SA的展车在布鲁塞尔车展亮相，白色的车身与黑色的车顶形成了鲜明对比。410 Superamerica的设计吸引了许多人的关注，而它的风格将为之后的250 GT Pininfarina和250 GT Berlinetta TdF奠定设计基础，高辨识度的后翼子板扬起设计也将被250 GT Cabriolet和Spyder California传承下来。

无论在机械层面还是美学层面，410 Superamerica都取代了原先375 America的地位。它保留了早期法拉利公路车型厚重圆润的车身风格，和最早的TdF车型及来自宾尼法利纳、Vignale、Touring和Ghia制造厂的作品如出一辙。

在推出410 Superamerica之前，法拉利曾在1955年的都灵车展上展出过一辆375概念车。这辆美丽的轿跑车同样使用了白车身黑车顶的涂装，清晰地预示了宾尼法利纳将要推出的410 Superamerica车型的车身线条和配色方案。著名的法拉利历史学家安托万·普吕内认为410车型"代表了法拉利在发动机、底盘及车身设计上的重要进步"。

在1955年10月的巴黎车展上，法拉利仅仅展示了410 Superamerica的底盘和发动机，让大众更直观地认识了法拉利先进的技术；次年2月，410 Superamerica重回展台，而这一次它身披来自宾尼法利纳的华美车身。它配备了许多继承自前任车型的组件，其中就包括由兰普雷迪设

250 MM竞速取向的V12发动机排量为2 953立方厘米，缸径×冲程为78毫米×58.8毫米，能够在每分钟7 200转时爆发出240马力。该发动机每个气缸采用单个火花塞，并且配备了三个韦伯36 IF4/C四阻风门化油器。

计的V12发动机——这款发动机硕果累累，赢下过勒芒24小时耐力赛、布宜诺斯艾利斯1000千米耐力赛及卡雷拉泛美公路赛等赛事的冠军。恩佐·法拉利曾这样评价过兰普雷迪："毫无疑问，他是法拉利最多产的设计师。他从1.5升的12缸发动机开始，先是设计出了3升的发动机，然后又设计出了3.75升的、4升的、4.2升的、4.5升的和4.9升的12缸发动机。"

410 Superamerica搭载的兰普雷迪式V12发动机排量扩大到接近5升：它配备了全新的气缸套，缸径能够达到惊人的88毫米，而冲程保持68毫米不变，发动机排量因此达到了4 961.576立方厘米。这辆车的V12发动机配备了三个双阻风门韦伯42DCZ下吸式化油器，压缩比为8.5∶1，夹角为60度，能够在每分钟6 000转时提供340马力，而1958年和1959年生产的版本压缩比提高到

第四章 20世纪50年代的公路车

了9∶1，更是能在每分钟6 500转时爆发出惊人的400马力。毫无疑问，在历史的这一节点上，法拉利正在计划将车子卖到美国，对于那边的客户来说，过剩的动力是必不可少的。然而，对法拉利来说，这在当时是其有史以来为旅行车型提供的排量最大的发动机。

410 Superamerica的底盘采用了已经用在250 GT上的技术，确切地说，保留了后者的前悬架设计，使用了250 Europa GT车型上的螺旋弹簧支撑叉臂，以取代375 America车型上的单横向板簧。车辆的前后轮距也都比375车型增加了130毫米，分别为1 455毫米和1 450毫米。最早的版本底盘轴距仍为2 800毫米，而1958年和1959年生产的版本轴距缩减至2 600毫米。

宾尼法利纳设计的410 Superamerica与Boano制造的三款250 GT车型看起来十分相似。然而，这并不是什么惊人的巧合，因为两家制造厂时不时会有合作，而后者在1956年至1958年间生产了法拉利250 GT Boano/Ellena。

Superfast 1 拥有大胆的尾鳍设计及三角形一体式尾灯,即使按照宾尼法利纳的标准来看,也足够惊世骇俗。

有时,仅凭观察车身很难分辨出它来自哪家制造厂,只能通过徽章来辨别:宾尼法利纳的车子会带着 Farina 徽标,而 Boano 制造的车身上看不到工厂的标识。

在 1956 年,法拉利的 GT 车型包括 Boano 制造的 250 GT Coupe;由 Scaglietti 设计,专为追求竞赛性能的客户限量打造的轻量级车型 250 GT Berlinetta TdF;以及产量同样稀少,每月下线不超过一台的 410 Superamerica 跑车。

尽管没有两辆 410 Superamerica 完全一样,但这些由宾尼法利纳设计制造的车子都有着相近的外观,并且被认为是法拉利迄今为止视觉效果最激进的公路车型。在 1956 年,一辆 410 Superamerica 的价格高达惊人的 16 800 美元——要知道,当时美国生产的最贵的汽车是凯迪拉克的 Fleetwood 75 豪华轿车,价格也"仅仅"只要 6 240 美元!即使在一年后,凯迪拉克推出了极致奢华的 Eldorado Brougham 轿车,刷新了当时美国汽车的售价纪录,其车价也比法拉利低了整整 3 000 美元。

由于价格如此之高,法拉利一共只生产了 14 辆 410 Superamerica 也就不足为奇了。这些车的底盘编号(仅有奇数)从 0423 SA 到 0497 SA 不等。Ghia 和 Boano 也为这款车型制造了车身:Ghia 基于克莱斯勒 Gilda 和 Dart 两款概念车的灵感设计了一辆风格激进的轿跑车,而 Boano 设计了一辆敞篷车和一辆轿跑车。宾尼法利纳则设计了一辆

左页图:
1956 年,巴蒂斯塔·"宾尼"·法利纳基于编号 0483 SA 的底盘打造了一辆概念车 Superfast 1 来进行设计试水。对于这辆车,车身制造商将 Superamerica 原本的底盘缩短了 20 厘米;同时,作为最早采用封闭式头灯设计的汽车之一,Superfast 1 还采用了无 A 柱式前风挡玻璃。

第四章 20世纪50年代的公路车 81

4.9 Superfast 车型首次亮相于 1957 年的都灵车展。它采用了诸多 1956 年款 Superfast 1 概念车上的创新设计。这辆车同样出自宾尼法利纳的手笔，一经推出便成为了车展上最优雅的跑车之一。

豪华的定制版车型，名为 Superfast 1，底盘编号 0483 SA。这是一款十分特别的车型，基于缩短后的 410 Superamerica 底盘打造，搭载了 Scaglietti 设计的 410 S 敞篷车同款双火花塞赛用发动机，而设计师在车身上的其他巧思包括流线型的头灯、硕大的椭圆形前格栅及无 A 柱式风挡玻璃。

1956 年，短款的 Superfast 底盘被用于打造第二代 410 Superamerica 车型，总共生产了 7 辆。两年后，第三代车型首发亮相于巴黎车展。这一代车型在车身设计和发动机方面都有许多改动，总共生产了 12 辆左右。

让我们将视线转回 1952 年。当时的法拉利还决定继续研发短缸体科隆博式 V12 发动机。尽管尺寸更大的长缸体兰普雷迪发动机已经成功地从一台 4.5 升的大奖赛发动机被改造为适合跑车的动力系统，恩佐·法拉利仍然相信科隆博最初的设计方案具有巨大的潜力。

自引入生产以来，科隆博式 V12 发动机就一直在改进，排量从最初的 1.5 升增加到了 2.7 升。在 1952 年春季，通过对缸径和冲程的再一次调整，发动机的排量提高到了最初版本的两倍。尽管冲程仍然为 58.8 毫米，但通过将缸径从 70 毫米增加至 73 毫米，250 S 上搭载的新款发动机排量达到了 2 953 立方厘米。这台发动机配备了可靠的活塞，压缩比为 9∶1，并配备了三个韦伯 36 DCF 化油器，能够在每分钟 7 500 转时输出 230 马力。

左图：
车身上的每个细节，小至侧面的散热孔，都由手工打造。

右图：
4.9 Superfast 拥有 20 世纪 50 年代早期所有法拉利车型中最豪华的内饰之一；除却种种奢华配置之外，它还在中控台的副驾驶一侧内置了一个 AM 收音机。

改进后的发动机被搭载在一辆由 Vignale 打造车身的双座轿跑车上，其外观与更早的 225 S 类似。乔瓦尼·布拉科驾驶这辆车拿下了 1952 年 Mille Miglia 大奖赛的冠军。

在法拉利历史学家汉斯·坦纳看来，1952 年的 Mille Miglia 大赛是赛车运动历史上最伟大的比赛之一，因为在那场比赛中，布拉科单枪匹马与整个梅赛德斯-奔驰车队对抗。面对着恶劣的天气及驾驶梅赛德斯-奔驰 300 SL 赛车战无不胜的卡尔·克林，布拉科艰苦奋战到了最后一刻，数次丢失领先地位又数次夺回，直到在最后一个赛段于 Futa 山口赢得比赛。"利用他对赛程中危险路段的了解，"坦纳写道，"布拉科追赶上并且超越了梅赛德斯-奔驰。当他到达博洛尼亚时，他比克林快了 4 分钟，并在接下来的摩德纳、雷焦、艾米利亚及皮亚琴察赛段的多数时间里保持住了 4 分钟的优势。"奔驰车队在 1952 年赛季大杀四方，这场比赛是他们当年唯一一次失利。

250 S 名称中的 250 代表发动机升级后每个气缸的排量（是多少立方厘米）。这辆车先是在马拉内罗及周边作为测试平台，而后交付给布拉科用以征战 Mille Miglia 大奖赛。对于 250 S 来说，这次成功的首秀仅仅是个开始。这辆车参加的下一场比赛是勒芒 24 小时耐力赛，驾驶它的是阿尔贝托·阿斯卡里和路易吉·威劳瑞希。在比赛的大部分时间里，两

Superfast 也配备了双火花塞赛用发动机，这台发动机还用于 Scaglietti 工厂制造的竞赛版敞篷车 410 S 上。

第四章　20世纪50年代的公路车

410 Superamerica Series Ⅲ是410车系中最后一款车型。图中这辆车的底盘编号为1495 SA,是12辆车中最后一辆下线的,也是最后一辆有幸使用兰普雷迪4.9升发动机的法拉利车型。这辆Series Ⅲ的车主是前克莱斯勒设计师戴夫·卡明斯,他曾这样评价过这辆车:"这是一辆很大的法拉利,所以车身比例在外观设计中举足轻重;事实上,设计师运用了对比的方法来协调车身比例。一些基本元素是事先就确定下来的:长发动机盖、短后备箱、小驾驶舱、16英寸的大号Borrani轮毂及巨大的带有散热鳍片的制动鼓,通通装在较为紧凑的车身上。此外,Series Ⅲ的轮距比之前所有的街道版法拉利都要大,比250车系宽了足足100毫米。这辆410 Superamerica需要相当大的车轮开口,而法利纳保持了朴素的圆形轮拱造型,让Borrani轮毂成为车轮区域设计元素中的主要焦点,突出了法拉利的一项经典元素——简单与纯粹。"(图源:Don Spiro)

名车手都居于领先地位;但不幸的是,由于一些微小的机械故障,他们不得不退出比赛。但在之后,这辆车又出现在了佩斯卡拉的12小时耐力赛上,再一次由布拉科驾驶它赢得了冠军。

在1952年赛季的最后一场比赛中,250 S被带到了卡雷拉泛美公路赛的赛道上。布拉科在八个赛段中的五个赛段都居于领先地位,却因为变速箱故障而在第七个赛段不得不退出竞争。

由于250 S这款车型成绩出色,法拉利决定将这款新开发的发动机装配到一款量产车型的底盘上。然而,由于时间紧迫,法拉利只能在1952年的巴黎车展上展示光秃秃的底盘和发动机。尽管如此,250 S在这一赛季的传奇表现仍然吸引来了不少订单。最初展出于巴黎的车架在那年秋天被卖给了意大利电影导演罗伯托·罗西里尼,他将车架送到了Vignale车身制造厂那里,打造了一辆竞技型Spyder敞篷车。

量产版的250 MM配备了12个气缸头及三个四阻风门韦伯36 IFC/4化油器,动力水平相较于250 S也有所提高,从220马力(7 000转/分)提升至240马力(7 200转/分)。250 MM同时提供硬顶版和敞篷版车型,但售出车辆中的绝大多数都是由宾尼法利纳打造的硬顶车型。敞篷版车型一共生产了12辆,车身由Vignale打造,并分为了前后期两个版本。

在那时,法拉利仅仅将250 S视作一款常规的升级版车型,用以传承久经市场和时间考验的经典设计。然而250 S并不是科隆博式发动机的绝唱,而是标志着法拉利生产周期最长的系列,也就是250 GT车系的开端。在接下来近十年的时间里,有大约3 500辆法拉利公路车和赛车将搭载着设计几乎相同的发动机驶下生产线。

所有410 Superamerica的内饰配置都十分豪华。当这一车系走到第三代时，随着柔软的皮质座椅及皮革包裹的仪表板的出现，它们在装配与装饰方面也达到了新高度。这辆车的手刹安装在地台上，位于主驾前方的右侧，向驾驶员的方向偏移；然而，在仪表板的下方，这辆车还保留了用于安装早期版车型手刹的支架。很显然，这是在最后一刻做出的设计改动。（图源：Don Spiro）

这辆410 Superamerica有幸搭载了最后一台为这一车系打造的兰普雷迪4.9升V12发动机。（图源：Don Spiro）

第四章　20世纪50年代的公路车

250 TR "Testa Rossa"
——红头

"红头"指的是一种涂装颜色；确切地说，它指的是焦阿基诺·科隆博式新款V12发动机的气缸盖上覆盖的裂纹红色漆。这台发动机现在的排量已经增加到3 000立方厘米，首次亮相于1957年11月第一辆交付给客户的250 Testa Rossa上。美国西海岸的经销商和赛车手约翰·冯·诺伊曼购买了这辆底盘编号为0710的银色法拉利。为了能让这辆车参加1957年的拿骚（Nassau）速度周赛事，他将这辆车从意大利辗转运到了巴哈马，中途还经过了纽约和佛罗里达。在拿骚，这辆250 TR由里奇·金瑟驾驶，但未能完成首场比赛。不过，像这样没有完赛的情况只是极少数；更多时候，250 TR会是赢得比赛的那辆车。在1958年至1961年的20场世界跑车锦标赛中，法拉利厂队凭借这款车赢得了其中的10场，更在1958年、1960年和1961年的三届勒芒耐力赛中夺得冠军！而除了这三场官方车队取得的胜利之外，私人车队的250 Testa Rossa也在1958年的勒芒比赛中获得了第五、第六名。

跨页图：
图中的这辆银色的第二代 Testa Rossa 底盘编号为 0672，现由布鲁斯·迈耶收藏，是仅有的两辆 1957 年款 TRC 625 之一，现在称为 TRC 625/250 TR。这辆车最开始由西海岸的法拉利进口商和赛车手约翰·冯·诺伊曼所拥有，他和里奇·金瑟共同驾驶这辆车参加过南加利福尼亚的比赛。

本页图：
第一代 Testa Rossa 有着大胆的浮筒式前翼子板设计，可能是视觉效果最惊人的一代车型。1958 年，皮耶罗·卓戈驾驶 26 号车在布宜诺斯艾利斯以第四名的成绩完赛；同年，里奇·金瑟驾驶 211 号车参加了圣芭芭拉的赛事。1960 年，J.M. 加利亚驾驶着 16 号车参加了位于委内瑞拉 Cumbres de Curumo 赛道的赛事。

最早的 V12 车型采用了 Scaglietti 设计的车身，有着大胆的浮筒形前翼子板及独立于两侧，尺寸巨大的椭圆形进气格栅。后期款车型，比如图中这辆底盘编号 0672，曾经由约翰·冯·诺伊曼拥有的银色 250 TR 则让翼子板与进气格栅融为一体，整体线条更加流畅。然而，无论是前期版还是后期版的 12 缸 250 TR，都不是第一款使用 Testa Rossa 名称的法拉利。

最早的 Testa Rossa 车型搭载了一台涂有红色裂纹漆的 4 缸法拉利发动机，由早期的 Mondial 赛车演变而来。第一代（产于 1954 年）和第二代（产于 1955—1957 年）Mondial 车型都由 4 缸发动机提供动力。然而，不幸的是，它们在赛场上根本无法与排量同为 2 升的新款玛莎拉蒂赛车抗衡。首批 Testa Rossa 车型，即 Tipo 500 TRC，在 1956 年至 1957 年间生产，排量从 Mondial 车型的 1 984.8 立方厘米扩大到了 2 000 立方厘米，动力也提升至 190 马力，比一代和二代 Mondial 车型分别高 30 和 20 马力。首批 Testa Rossa 车型赢得了众多国际锦标赛，包括 1956 年和 1957 年拿骚锦标赛的 2 升组别第一名及全场第二名、1957 年 Mille Miglia 大奖赛 2 升组别冠军、布宜诺斯艾利斯和委内瑞拉两场 1000 千米耐力赛冠军；同时，在美国，500 TRC 也赢得了 1958 年美国汽车俱乐部（United States Auto Club，USAC）锦标赛的组别冠军。在法拉利于 1957 年推出了全新的 3 升 250 TR 车型后，2 升版的 Testa Rossa 也随之停产。

若要让久经沙场的科隆博式 V12 发动机重现荣光，250 TR 是一辆不二之选。这台发动机现在的排量为 2 953 立方厘米，配备六个双阻风门的韦伯化油器，能够输出 300 马力。车辆极速取决于齿轮比，最快可以超过 272 千米 / 时。

250 Testa Rossa 的车身框架采用了与梅赛德斯-奔驰 300 SL 和玛莎拉蒂 Tipo 60/61（Birdcage）类似的设计，在美得惊人的 Scaglietti 车身之下是多管式的车架结构。塞尔吉奥·斯卡列蒂不仅建造了 250 TR，还为这辆车设计了框架，也就是所谓的 "Gabbia" 或者笼式结构（这也是玛莎拉蒂的类似车型被称为 Birdcage "鸟笼" 的原因）。这种结构是一个完整的金属框架，形状与外部车身的轮廓相匹配，而外部覆盖件在成型后固定在金属框架上。直到今天，Testa Rossa 仍然被认为是设计风格最天马行空的跑车之一。

这样的车身不仅美观，还具有很实用的功能性。车头和进气格栅都很巨大，旨在尽可能多地将空气输送给制动器和散热器。凸出的浮筒形前翼子板容纳了配备整流罩的头灯，让整车外观更加引人注目，而第二代 Testa Rossa 车型更加封闭的车身设计则让它在空气动力学层面具有更大优势。

将视线投向车身之下的底盘，250 TR 的配置便和其他的 "常规款" 法拉利车型差别不大了。它配备了带螺旋弹簧的独立前悬、带弓形板簧的活动后桥、鼓刹，以及位于车身前部的四速全同步式变速箱。在传动系统方面，整辆车并没有什么惊艳的新特点，只是增加了动力，用来和 Scaglietti 车身制造厂精心打造的非凡车身相匹配。然而，对于这样一款车来说，这些已经足够了。

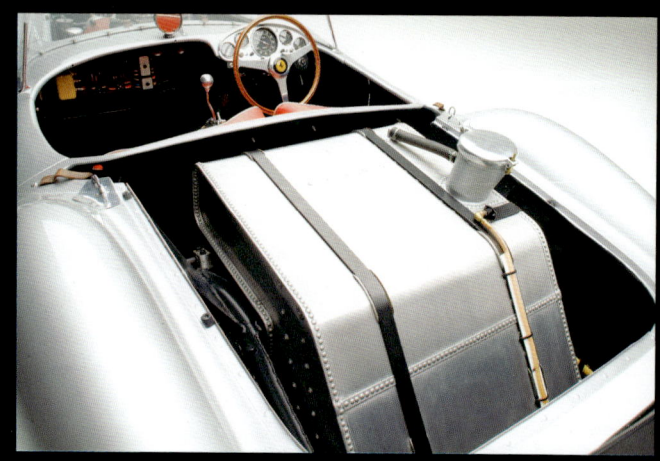

本页和右页图：
在意大利语中，Testa Rossa 的意思是 "红头"；准确来讲，它指的是焦阿基诺·科隆博式新款 V12 发动机的气缸盖上覆盖的裂纹红色漆。若要让久经沙场的 V12 发动机重现荣光，250 TR 是一辆不二之选。这台发动机的排量为 2 953 立方厘米，配备六个双阻风门的韦伯化油器，能够输出 300 马力。车辆极速取决于齿轮比，最快可以超过每小时 272 千米。值得注意的是，后舱盖内侧还有约翰·冯·诺伊曼的签名。250 TR 的油箱占据了车辆的整个后部，而加注燃料的地方位于驾驶员后方的头部整流罩上。

左上图:
Testa Rossa 的车身由摩德纳的 Scaglietti 车身制造厂打造。

右上图:
后期款 Testa Rossa 的前翼子板与车身融为一体。相较于早期款的浮筒式翼子板设计,现在的车身外观更符合空气动力学原理。

下图:
可以说,塞尔吉奥·斯卡列蒂创造了有史以来最漂亮的赛车之一。无论从哪个角度看去,250 TR 都是一辆杰作:在流畅的车身轮廓之下,是 20 世纪 50 年代最成功的发动机与传动系统组合之一。

图中的这辆银色第二代 Testa Rossa 底盘编号为 0672，现由布鲁斯·迈耶收藏，是仅有的两辆 1957 年款 TRC 625 之一，现在被称作 TRC 625/250 TR。这辆车最开始由西海岸的法拉利进口商和赛车手约翰·冯·诺伊曼购买，他和里奇·金瑟共同驾驶这辆车参加过南加利福尼亚的比赛。

约翰·冯·诺伊曼在南加利福尼亚拥有一家美国首屈一指的汽车经销店；他同时是保时捷和法拉利的进口商，而这基本就是 20 世纪 50、60 年代汽车销售行业的顶点了。当法拉利推出 500 TRC 车型时，正是冯·诺伊曼说服了恩佐·法拉利制造了两辆装载 2.5 升勒芒发动机的 Testa Rossa，而这辆 0672 便是其中的第二辆。625 TRC 搭载的是一台四缸 2.5 升勒芒发动机，而常规款的 250 TR 搭载的是从科隆博设计的型号演变而来的全新 3.0 升 V12 发动机。两辆 2.5 升车型中的第一辆于 1956 年 3 月 24 日被运送到了墨西哥汽车俱乐部，在那里停放了一段时间，直到冯·诺伊曼驾驶这辆

燃油加注口隐藏在驾驶员一侧的头部整流罩下面，位于悬臂式后舱盖下方。

与所有的法拉利赛车一样，250 TR 是一辆右舵车，换挡杆位于驾驶员的左侧。仪表板上最重要的便是尺寸巨大、位置居中的转速表，它的红线区指向每分钟 6 500 转。其余的四个仪表分别显示车辆的油温、油压、燃油量及水温。这辆车不需要配备速度表，因为计算车速和圈速是车队工作人员的事情。

车在 4 月参加了位于阿凡达罗的比赛，并且旗开得胜。之后，这辆车被运回洛杉矶的 Precision Motors，而里奇·金瑟和冯·诺伊曼在 1957 年赛季剩下的时间里继续驾驶 0672 号车征战各地。到了这一年结束时，这辆 Testa Rossa 和它的两名老练的驾驶员已经在圣芭芭拉、盐湖城、波莫纳、萨克拉门托和圣迭戈等地赢得了十一场比赛。

次年，0672 号车换装了新的 250 Testa Rossa 发动机。遗憾的是，幸运女神并没有在 1958 年眷顾这辆 250 TR 和它的两名车手。在这一年，金瑟只在墨西哥城赢得了一场比赛。两年后，他在美国的河滨市参加 Times-Mirror 大奖赛时，车子的发动机严重损坏。1961 年，冯·诺伊曼将 0672 号车卖给了他的同行，同为汽车经销商和赛车队老板的奥托·齐珀。在齐珀的车队里，这辆 Testa Rossa 开始了新的生活，而这一次驾驶它的是传奇车手肯·迈尔斯。在 1962 年 5 月位于圣芭芭拉的比赛中，这辆车首次以齐珀车队的名义亮相，迈尔斯驾驶着这辆车轻松获得了比赛冠军。同年晚些时候，迈尔斯在波莫纳比赛时也遭遇了发动机损毁的问题，齐珀决定让这辆车龄六年的赛车退休。而在那时，约翰·冯·诺伊曼也已经退出了赛车和进口业务；他在将南加利福尼亚地区的经销权出售给了大众汽车公司后选择告别赛场和商界，成为了一名非常富有的退休人士。

如今，这辆 0672 号 Testa Rossa 已经被修复到了崭新出厂时的状态，在布鲁斯·迈耶的车库里继续熠熠生辉。

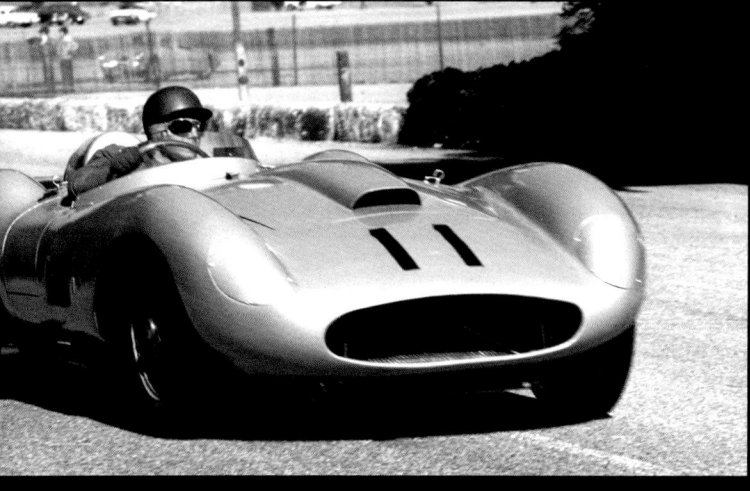

左上图：整个1957年里，里奇·金瑟和约翰·冯·诺伊曼驾驶着底盘编号为0672的赛车征战各大赛事。

左中图：1957年，金瑟和冯·诺伊曼驾驶的0672赛车相继在圣芭芭拉、盐湖城、波莫纳、圣迭戈和萨克拉门托等地赢得了11次比赛。

左下图：1959年，车主约翰·冯·诺伊曼驾驶着0672号赛车在洛杉矶县的波莫纳城市展览会上比赛。

右上图：1960年，为奥托·齐珀车队效力的肯·迈尔斯驾驶着0672号Testa Rossa赛车驰骋在河滨市国际赛道上。

右下图：金瑟（左）和约翰·冯·诺伊曼在20世纪50年代末的一场比赛前讨论250 TR的事情。

（以上图片均来源于Dave Friedman）

第四章　20世纪50年代的公路车　93

250 GT Berlinetta TdF 的诞生源起于 1955 年梅赛德斯-奔驰 300 SLR 在勒芒赛场上的事故。这次悲剧是赛车运动中的一个转折点，意味着竞赛用跑车的性能越来越接近 F1 赛车。因此，FIA 创建了新的赛车组别。有赖于宾尼法利纳的帮助，法拉利在 1956 年推出了 250 GT Berlinetta TdF，准备在全新的 GT 组别中与其他品牌一较高下。

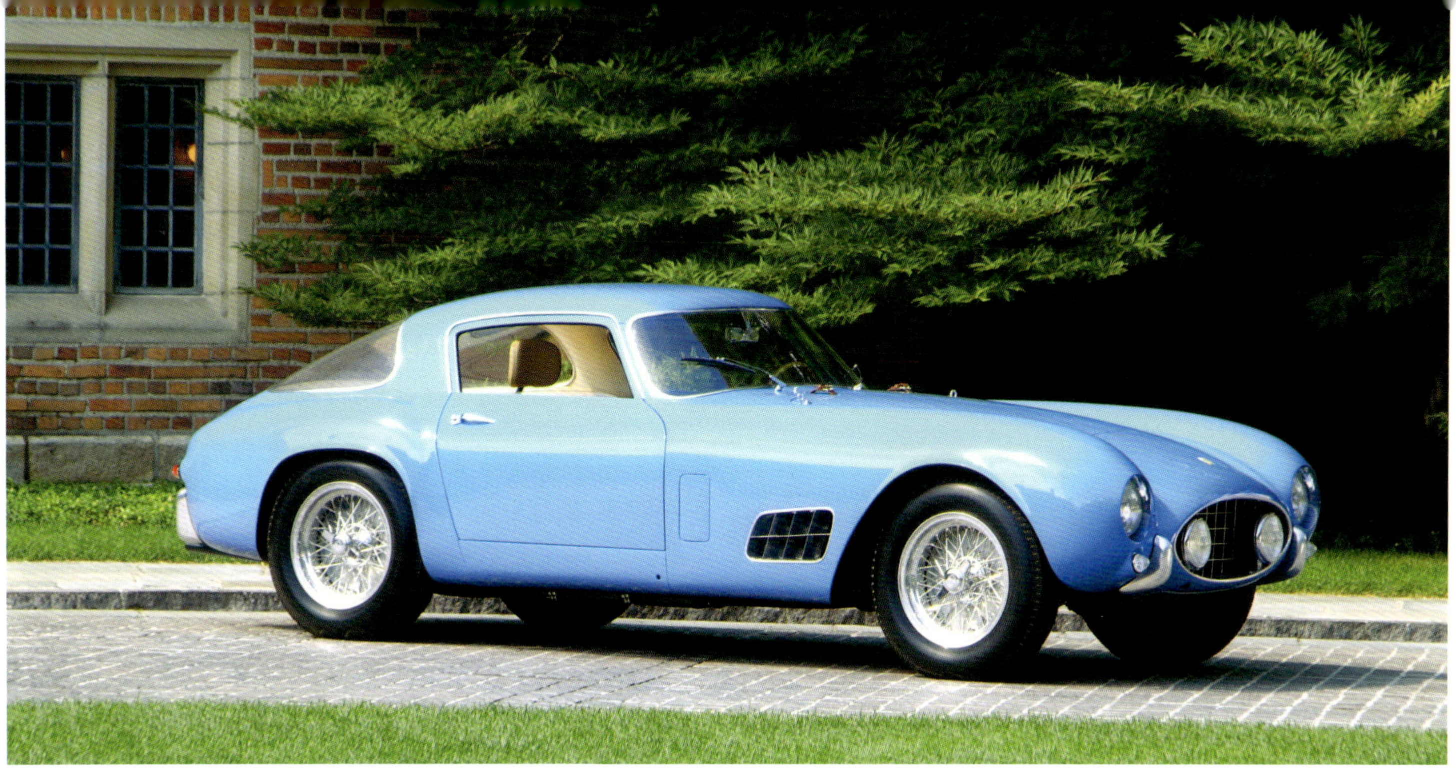

上图：
250 GT Berlinetta TdF 是一款线条流畅的硬顶跑车，专为竞赛而生。从设计层面来说，Berlinetta 指的是轻量化的流线型车身，主要考虑的是竞速取向，而这也是 Berlinetta 车型与传统轿跑车的区别。第一代的 TdF 车型——比如图中这辆由理查德·金特拥有的 1956 年款跑车——与其他任何法拉利竞赛版跑车都有所不同。

下图：
恩佐·法拉利正在观察他的机械师组装一台 V12 发动机（摄于 1953 年）。

在法拉利的车型之中，250 GT SWB Berlinetta 无疑是一款自问世以来就备受跑车爱好者推崇的稀有车型。但是，为什么这款由著名工程师吉奥托·比扎瑞尼（后来离开了法拉利，自创品牌 Bizzarrini 并推出了自己的跑车）为法拉利设计的跑车能够享有如此盛名？简单来说，这是一辆生逢其时的法拉利。它的前身是伟大的 250 GT Berlinetta TdF，而紧随其后的则是更加伟大的 250 GTO。一辆是 20 世纪 50、60 年代法拉利最重要的公路车，另一辆则是同期最重磅的赛车，而 250 GT SWB Berlinetta 便成为了连接两款车型的桥梁。

250 GT Berlinetta TdF 的设计起源于梅赛德斯-奔驰 300 SLR 赛车在 1955 年勒芒赛场上的悲剧。在那次事故中，兰斯·麦克林为了躲避迈克·霍桑所驾驶的速度更慢的捷豹赛车而紧急变道，却开到了皮埃尔·勒韦赫的行车路线上。勒韦赫驾驶的奔驰赛车重重地追尾了麦克林的奥斯汀-希利，一头冲向了护栏，瞬间爆炸解体，而勒韦赫也当场

第四章　20世纪50年代的公路车

身亡。车辆燃烧的碎片残骸飞向场边的观众，夺走了超过八十人的性命，酿成了勒芒赛事有史以来最严重的一场事故。这场惨剧同时也标志着跑车比赛的一大转折点，表明在 1955 年时竞赛用跑车在性能上已经更加接近于 F1 赛车，而非它们的公路版本。因此，国际汽车联合会（Fédération Internationale de l'Automobile, FIA）创建了新的赛车组别，并将其命名为 GT（Grand Touring）组。有赖于宾尼法利纳的帮助，法拉利在 1956 年推出了 250 GT Berlinetta TdF 跑车，准备在全新的 GT 组别中与其他品牌一较高下。250 GT Berlinetta TdF 是一款线

左图：在 1957 年的 Mille Miglia 大奖赛中，比利时赛车手、四届勒芒 24 小时耐力赛冠军获得者奥利维·珍德比恩驾驶着他的 250 GT Berlinetta TdF 赛车全速通过 Futa 山口的一个急弯。珍德比恩最终获得了总排名第三，GT 组别第一的好成绩。由于他在曼托瓦和布雷西亚两地（均在意大利）之间用时最短，他还赢得了 Nuvolari 奖。

右图：一般来说，TdF 车型的内饰只提供最基本的装饰、隔音材料和配件，因此车内噪声较大，舒适性也比较低，但还不至于让人难以忍受。由于每辆车基本上都是定制的，因此内饰也不尽相同：有些车的内饰比其他车更加豪华，而有些车的内饰可以说是一干二净，四壁皆空。图中这辆车的内饰成功结合了风格豪华与设计简洁的优点。

条流畅的硬顶跑车,专为竞赛而生。正如塞尔吉奥·宾尼法利纳多年前向作者解释的那样,从设计层面来说,Berlinetta 指的是轻量化的流线型车身,主要考虑的是竞速取向,而这也是 Berlinetta 车型与传统轿跑车的区别。在意大利语中,Berlinetta 实际上指的是"小型轿车"。一般来说,这些车的内饰只提供最基本的装饰、隔音材料和配件,因此车内噪声较大,舒适性也比较低,但还不至于让人难以忍受。由于每辆车基本上都是定制的,因此内饰也不尽相同:有些车的内饰比其他车更加豪华,而有些车的内饰可以说是一干二净,四壁皆空。

TdF(Tour de France)之名来源于在法国举办、为期十天的同名比赛,250 GT 车型在 1956 年称霸此赛事后被亲切地赋予了这一名称。这款车型一直生产到 1959 年,直至法拉利全新的 SWB Berlinetta 车型问世。

远在赛道之外的是另一款法拉利,它的名字也叫 250 GT,只不过是一款由宾尼法利纳生产的纯公路取向跑车。1958 年,宾尼法利纳在都灵郊外的格鲁利亚斯科开设了新设施,并正式将原先的名称(Pinin Farina)合并成了一个词(Pininfarina)。250 GT PF 轿跑车成为了第一款标准化生产的法拉利跑车,而 GT 之名后来也被广泛应用于各式法拉利车型上。然而,250 GT SWB Berlinetta 绝对是一款非典型的公路车。

1959 年,吉奥托·比扎瑞尼、卡洛·基蒂和毛罗·福

在发动机盖下,TdF 搭载了一台 250 GT 系列标配的发动机,能够在每分钟 7 000 转时输出 240 马力。这台 V12 发动机通过三个韦伯 36 DCF 化油器"呼吸"。

尔吉耶里三人基于 2 400 毫米的短轴距底盘研发出了首辆 250 GT SWB 原型车。新车采用了实心后桥,但独立后悬架在其安装精妙的板簧面前也难称优胜。独立前悬架采用了螺旋弹簧和叉形臂,并且配备了防倾杆,而刚性桥式后悬架采用了弓形板簧以及半径杆。

比扎瑞尼最初的目标是改善长轴距版 250 GT 的操控性能,而他在 SWB Berlinetta 上巧妙地做到了这一点。尽管

第二代 TdF 是一辆更加引人注目的跑车。它换上了大胆的新外观风格，高耸的前翼子板和后尾鳍部分让人过目难忘。TdF 车型一直生产到 1959 年，图中这辆车产于 1958 年。

Lusso 这一纯粹的公路车型有着更加柔软舒适的悬架，但竞赛版车型以牺牲驾乘体验为代价，用史硬的悬架换来了 250 SWB 超强的过弯性能。

250 GT SWB Berlinetta 首次亮相于 1959 年 10 月的巴黎车展，轴距 2 400 毫米，总长仅有 4 153 毫米。在这辆造型圆润的掀背式跑车长长的机盖下面，是一台经典的科隆博式 60 度夹角 3 升 V12 发动机。

由于整辆车经过了重新设计，长度缩短、质量变轻，同时动力输出水平也有所提高——TdF 车型在每分钟 7 000 转时能够输出 260 马力，而 SWB 车型能够在相同转速水平下输出 280 马力——250 GT SWB Berlinetta 比它的前辈们速度更快、操控更好、在赛道上更具威胁性。所有车辆都配备了四速同步式变速箱，后期款还提供了电子超速挡。同时，250 GT SWB Berlinetta 还是第一款配备了碟刹的法拉利 GT 车型（在这一点上，法拉利比它绝大多数的竞争对手都要落后）。这辆车在巴黎车展上一经亮相便成为了焦

第二代 TdF 车型采用了涂有黑色皱面漆的新中控台，仪表的排列方式也有所变化，能够让驾驶员更轻松地获取各项指标信息。

将发动机盖拆下后，可以看到围绕韦伯 36 DCF 化油器的进气箱。发动机盖上的进气口正对着这里，能够让更多的空气进入化油器。

点，订单如雪片一般涌来。持币待购的潜在车主们面临着十分令人沮丧的情况：如果他们的名字没有与赛车紧密相连，那么交车日将会遥遥无期！

宾尼法利纳为 SWB 设计的车身由 Scaglietti 在摩德纳为法拉利生产。为了让整车设计能够匹配更短的轴距，宾尼法利纳取消了车后侧的角窗，让这辆车的外观看起来更具侵略性，仿佛是一只弓起后背即将扑向猎物的野猫。在赛道上，用这样的比喻来描述 250 GT SWB 简直是恰如其分。大多数车辆的车身主体都是钢制的，并配备了铝制的车门、发动机盖及后备箱盖；不过，有一些用于竞赛的 SWB 车型也根据订单要求配备了全铝制车身。实际上，宾尼法利纳制造了某些钢制的车身组件，而铝制的车门、发动机盖和后备箱盖都是 Scaglietti 制造的。

跨页图：

与 250 SWB 一样，250 TdF 是一辆高度适用于多种场合的好车，既能在公路上行驶，又能在赛道上驰骋。图中这辆底盘编号 0971 的赛车当时停靠在 1959 年郁金香拉力赛的一处检查点。在 TdF 车型取得的众多成就中，有一项在当时还未显现，那便是为 1964 年推出的 275 GTB 车型树立了风格标杆。（图源：Revs Institute）

第四章 20世纪50年代的公路车　101

在所有的 TdF 车型中,最独特的当属这辆由 Zagato 车身制造厂设计打造的跑车。乌戈·扎加托的设计师于 1956 年设计了这款拥有"双泡形"车顶的 Berlinetta 车型,车顶线条在座椅上方呈现出两个凸起。这一元素被广泛应用于 Zagato 设计的赛车之中,其目的是给车内人员提供更大的头部空间。从后四分之三视角望去,还可以看到另外一个 Zagato 车型独有的造型特点,即后侧角窗和后风挡玻璃之间的"Z"形支柱。而当打开车门后,映入眼帘的是时尚的蓝白双色调皮革装饰及相匹配的软包仪表板——这辆车在内饰风格上也同样独具匠心。

这辆风格运动的 Zagato 跑车由一台 250 GT 系列发动机提供动力——1954 年至 1964 年间,有超过 2 500 台法拉利车型搭载了同款发动机。原车主携这辆车参加过多场赛事及展览。

无论车身是钢制的还是铝制的，250 GT SWB 的特殊赛车版本都可以配备更大的油箱，不过这样就需要将备胎安置在后风挡玻璃下方。此外，还有一些竞赛版 250 GT SWB 车型配备了调校后的 Testa Rossa 发动机及六个化油器，能够输出 300 马力。

在 250 GT SWB 推出时，它的竞品包括阿斯顿·马丁 DB 2/4 MK Ⅲ、捷豹 XK-150 S、玛莎拉蒂 3500、梅赛德斯-奔驰 300 SL，以及雪佛兰科尔维特。作为一辆公路车，250 GT SWB 难逢对手；而在赛道上，它也很快在欧洲各地赢得了一系列赛事的胜利。1960 年，SWB Berlinetta 车型赢得了英国的旅行者杯大奖赛、法国的环法大奖赛，以及在蒙莱里（Montlhery）举办的巴黎 1000 千米耐力赛。1961 年，斯特林·莫斯爵士驾驶着罗布·沃克的 SWB 为法拉利再次赢得了旅行者杯大赛冠军。事实上，在整个 1961 年赛季里，SWB Berlinetta 车型赢得了如此多的组别赛冠军，以至于在那一年赛季结束时，法拉利毫无悬念地获得了世界跑车锦标赛的 GT 组别制造商冠军。

左页图：
1959 年，吉奥托·比扎瑞尼、卡洛·基蒂和毛罗·福尔吉耶里基于 2 400 毫米的短轴距底盘研发出了首辆 250 GT SWB 原型车。新车采用了实心后桥，但独立后悬架在其安装精妙的板簧面前也难称优胜。独立前悬架采用了螺旋弹簧和叉形臂，并且配备了防倾杆，而刚性桥式后悬架采用了弓形板簧及半径杆。1961 年，图中这辆底盘编号为 2689 的车赢得了勒芒耐力赛的 GT 组别冠军。法拉利工厂仅仅打造了五辆轻量化赛车用来参加当年的勒芒比赛，而这辆便是其中之一。

250 GT SWB Berlinetta 首次亮相于 1959 年 10 月的巴黎车展，轴距 2 400 毫米，总长仅有 4 153 毫米。在这辆造型圆润的掀背式跑车长长的机盖下面，是一台经典的科隆博式 60 度夹角 3 升 V12 发动机。

第四章　20世纪50年代的公路车

上图：
所有法拉利的仪表板都为功能性而生，但不是每辆法拉利的仪表板设计都光彩照人。作为一辆纯种的赛车，250 GT SWB 的内饰简洁而实用。

下图：
燃油加注口位于左后翼子板上。为了防止汽油溅出落到排气管上造成危险，左侧排气管上方安装了一个防溅板。

凭借超过 240 千米 / 时的最高时速，法拉利 250 GT SWB Berlinetta 是当时最快的跑车之一。同时，它也是一辆当之无愧的驾驶者之车，具有灵活的操控性能和出色的平衡性，既能全速通过每一个弯道，又能在直道上贴地飞行。正如一位车手所写的那样："这款车在高速驾驶时既轻松又舒服，并且还十分稳定。"汉斯·坦纳则认为"无论是公路版的 Lusso 车型还是竞赛版本，250 GT SWB 都能够在赛道和林荫大道上一样如鱼得水；在这一方面，这辆车胜于在它之前或之后的任意一款法拉利。"从 1959 年末到 1963 年初，两个版本的 250 GT SWB 总共生产了不到 200 辆。

图中的这辆车来自布鲁斯·迈耶的收藏，是所有 250 SWB 车型中最著名的车之一。这辆底盘编号为 2689 的厂队赛车装有超轻型车身，同时也是五辆专为勒芒赛事打造的赛车之一。它获得了 1961 年勒芒 24 小时耐力赛 GT 组别冠军、1961 年蒙扎大奖赛总冠军、1961 年蒙莱里 1000 千米耐力

在 250 GT SWB 的发动机盖下，260 马力蓄势待发。这台发动机的排量为 2 953.21 立方厘米，缸径 × 冲程为 73 毫米 ×58.8 毫米，压缩比为 9.2∶1，由三个韦伯 38 DCN 化油器将油气混合物输送到发动机内。

赛冠军、1962 年布鲁塞尔杯总冠军、1962 年斯帕 500 千米耐力赛全场第二名，以及 1962 年纽博格林 1000 千米耐力赛组别第二名。

与此同时，这些特殊的竞赛版车型还配备了动力更强的发动机及特大号的韦伯 46DCF 化油器。它们的输出功率提高至 285 马力，在勒芒的慕尚大直道记录下的最高时速为 256 千米。

纵观法拉利早期的历史，从马拉内罗的工厂驶出了无数像 SWB Berlinetta 这样的传奇车型。公路车入得围场，赛车亦可用于日常。在 20 世纪 50 年代及 60 年代早期，无论拥有哪一款法拉利 250 GT 车型，几乎都是一桩两全其美的好买卖。

现任车主布鲁斯·迈耶为这辆赢得了 1961 年勒芒耐力赛的法拉利制作了特别海报。一长串的获胜记录让它成为了所有 250 GT SWB 中最负盛名的赛车之一：除了勒芒的胜利之外，它还获得了 1961 年蒙扎大奖赛总冠军、1961 年蒙莱里 1000 千米耐力赛冠军、1962 年布鲁塞尔杯总冠军、1962 年斯帕 500 千米耐力赛全场第二名，以及 1962 年纽博格林 1000 千米耐力赛组别第二名。

1961 年的勒芒赛场上，250 GT SWB 赛车 24 小时昼夜不息，赢得了这场赛车马拉松的组别冠军。

——Gran Turismo Omologato

美丽而凶狠——谈到 250 GTO 时,这样的描述是颇为贴切的。无论是动是静,这辆车看起来都蓄势待发,浑身散发着几乎无法被驯服的力量。全速前进时,这辆车能够破风而行,仿佛在完美的真空环境中飞驰。

在许多人看来,法拉利 250 GTO 有着所有汽车中最优美的造型。这是法拉利在 20 世纪 60 年代的典范之作,车名中的 GTO 指的是 Gran Turismo Omologato(Omologato 在意大利语中意为"认可、认证")。大多数 250 GTO 的车身由塞尔吉奥·斯卡列蒂设计,并由摩德纳的 Scaglietti 车身制造厂打造。该工厂距离法拉利的工厂只有几英里远。

250 GTO 于 1962 年问世,一经推出便成为了法拉利当时顶级的公路车和赛车。到 1964 年为止,仅有 39 辆 250 GTO 下线,这也使得它成为了法拉利最稀有和最名贵的车型之一。现如今,这款车在拍卖市场上的价格往往不会低于千万美元。

实际上,250 GTO 是产于 1959—1962 年间的 250 GT SWB Berlinetta 的改进版本。它配备了一台经过升级的 3 升 V12 发动机,配有六个双喉管韦伯 38 DCN 化油器及一台五速全同步式变速箱,用以替代 250 GT SWB 使用的四速变速箱,在每分钟 8 400 转时能够输出至少 300 马力。

由于发动机更深地安装在重新加强过的底盘上，同时更加靠近防火墙，250 GTO 有着更低的重心，全车的质量平衡和动力分配也因此趋近于完美。当这辆车的 300 马力和流线型外观相结合时，其表现令人难以置信。在弯道中，250 GTO 的姿态十分稳定；而在直道中，它的表现简直无车能敌。

　　法拉利开发 250 GTO 的主要原因之一是因为 250 GT SWB 的车身设计限制了它的空气动力学性能，使其极速无法突破每小时 248 千米——或者也可以说，250 GT SWB 的钝车头没法撞开前方的空气墙。因此，250 GTO 是一辆更加伸展的 SWB 车型，从设计之初便把空气动力学性能作为指导方针。负责监督设计工作的是 Scaglietti 工厂的吉奥托·比扎瑞尼。作为比萨大学的毕业生，他被允许使用学校的风洞，而 GTO 的许多造型改进都源自他在比萨大学的工作。250 GTO 的车身设计了许多通风口和开口，用以冷却从发动机舱到制动器的各个部位，同时也降低了空气阻力系数。最终，这辆车的极速从 248 千米/时提高到了 272 千米/时；对于像菲尔·希尔和奥利维·珍德比恩这样的车手来说，这一提升将带给他们制胜的关键优势。

250 GTO 时尚的溜背式造型和后扰流板设计成为了之后许多跑车的灵感来源。后翼子板上的开口是用来给制动器散热的。

为了让车子更好地破风而行,250 GTO 有着更高的车顶线条和前风挡玻璃,这让它的姿态比 250 GT SWB 看起来更具攻击性。侧后翼子板高高隆起,包裹住收进车内且尺寸更大的后轮;车头降低,以便让风顺畅地从更高的风挡玻璃顶部和两侧滑过。同时,更低的车头还有助于消除侧滑现象,而这一问题有时会影响 250 GT SWB 的操控表现。250 GTO 的车尾线条干脆利落,顶部有一个明显的鸭尾式扰流板,使得它在气流中像其他法拉利 GT 车型一样流畅。发动机盖的前部有三个半月形的开口,四个轮子的后面都有鳃状的通风口,让这辆蓄势待发的赛车看起来就像是追逐猎物的鲨鱼一样凶猛。

为了让这辆车符合 FIA 的参赛认证要求,法拉利需要生产出 100 辆样车。然而,当车辆在 1962 年进行认证时,恩佐·法拉利生产出的汽车数量还不到要求产量的三分之一。当 FIA 的人诘问恩佐是否打算制造剩下的车以满足最低产量时,他的回答让机构主管们大吃一惊:"这种车的市场已经饱和了,而且,这世界上也没几个人能够驾驭这辆猛兽!"这便是法拉利拒绝别人的方式,也只有他有资格这样说;一旦他决定说"不",那便再无回旋的余地。

考虑到法拉利工厂将 250 GTO 看作吉奥托·比扎瑞尼和塞尔吉奥·斯卡列蒂在 1961—1962 年间改进研发出的"升级版"250 GT SWB Berlinetta，FIA 统计了当时下线的 250 SWB 车型数量，默许了恩佐·法拉利的态度，没有再多过问就批准了 250 GTO 车型的认证，同时也为历史上最伟大的 GT 车型之一敞开了大门。

事实上，恩佐·法拉利的观点不无道理，因为 250 GTO 和 250 GT SWB 车型都采用了相同的管状车架设计，都配备了独立前悬和活动后桥。相比于 SWB 车型，250 GTO 的升级点包括干式油底壳润滑系统、全新的五速变速箱，以及更加流线型的车身。当然，恩佐·法拉利的话也不是完全准确的，但又有谁敢质疑"指挥官阁下"呢？

如人们预料的那样，250 GTO 在赛场上几乎无人能挡。从 1962 年到 1964 年，250 GTO 连续三年为法拉利赢得了备受瞩目的世界跑车锦标赛制造商冠军，总共在 28 场比赛中取得了 20 次第一名、15 次第二名和 9 次第三名！

有许多人都认为法拉利 250 GTO 是有史以来最美丽的汽车。尽管这一观点存在争议，但 250 GTO 无疑是汽车史上最伟大的十款车型之一。它的外形设计无与伦比，无论在过去还是现在都没有哪款跑车能与之媲美。尽管距离最后一辆 250 GTO 下线已经过去了差不多 60 年，它的性能仍然令人赞叹不已。250 GTO 已经成为了法拉利迄今为止

250 GTO 的内饰与豪华二字毫不沾边，只为纯粹的竞速需求而生。尽管内部装饰十分简单，但它的主驾驶仪表板和方向盘还是和其他的 250 GT 车型一样的。它配备了轻量化的赛车座椅，外面由皮革包裹，而内饰的其他部分则是涂漆的金属材质。值得注意的是，它的手刹安装在地台的侧边，位于脚踏板的右侧。

左上图：
1963年勒芒24小时耐力赛开赛时的24号赛车。

右上图：
24号车在1963年的勒芒比赛中取得胜利。

下图：
这是24号车的胜利，也是法拉利在勒芒历史中书写的又一页重要篇章。

以上图片均来源于Chip Connor）

最稀有、最令人心驰神往的公路赛车。

在本文中展示的引人注目的红色250 GTO在1963年6月的勒芒24小时耐力赛中获得了组别第一名及全场第二名。它的一生堪称梦幻：作为一辆厂队赛车，它一上场便获得了胜利，从来没有出过事故，并且历任车主都对它关爱有加。世界赛车冠军、前法拉利车手菲尔·希尔曾亲自修复过这辆车。如今，这辆满载荣光，底盘编号为4293 GT的法拉利250 GTO隶属于威廉·E.康纳的收藏。

500 Mondial
——4 缸法拉利

图中这辆车是最早的六辆 500 Mondial 之一，车身由宾尼法利纳制造，隶属于法拉利厂队。在 1953 年的 Mille Miglia 1000 英里大奖赛中，一辆 500 Mondial 表现出色，获得了全场第二名的好成绩。这些赛车在 1954 年十分成功，在北非的卡萨布兰卡、阿加迪尔及达喀尔都赢得了组别冠军。后来，迈克·霍桑和翁贝托·马乔里·在蒙扎的 Supercortemaggiore 大奖赛中取得了辉煌的胜利，甚至击败了排量更大的 3 升赛车！

如今，12 缸的法拉利车型备受人们的推崇，以至于我们常常忘记在 20 世纪 50 年代还有一款搭载了 4 缸发动机的小法拉利，也就是本文中的 500 Mondial 车型。在 1952 年和 1953 年，阿斯卡里曾经驾驶着十分成功的 2.0 升单座赛车为法拉利赢得了锦标赛冠军，而 500 Mondial 简单来说就是这些单座赛车的跑车版本。它的发动机由兰普雷迪设计，配备了双顶置凸轮轴、双磁电动机点火系统、干式油底壳润滑系统、凸轮式滚子摇杆从动件及两个韦伯 40 DCO A3 化油器。这些部件协同工作，在每分钟 7 000 转时将至少 160 马力输送到后轮上。

500 Mondial 是十分成功的 2.0 升单座赛车的跑车版本。它的发动机由兰普雷迪设计,配备了双顶置凸轮轴、双磁电动机点火系统、干式油底壳润滑系统、凸轮式滚子摇杆从动件及两个韦伯 40 DCO A3 化油器。这些部件协同工作,在每分钟 7 000 转时能够将至少 160 马力输送到后轮上。

500 Mondial 的动力通过多片式离合器和安装在底盘后部的四速变速器传递给车轮。与单座 2.0 升赛车一样,它的前悬架采用了不等长叉臂,而后悬架则采用了横向板簧支撑的 de Dion 式后桥。

图中的这辆车底盘编号为 0418,是法拉利保留供厂队使用的六辆赛车之一。法拉利一共生产了 34 辆 500 Mondial,前 17 辆由宾尼法利纳制造车身,后 17 辆由 Scaglietti 制造车身。

在 1953 年的 Mille Miglia 1000 英里大奖赛中,一辆 500 Mondial 表现出色,获得了全场第二名的好成绩。这些赛车在 1954 年十分成功,在北非的卡萨布兰卡、阿加迪尔及达喀尔都赢得了组别冠军。后来,迈克·霍桑和翁贝托·马乔里在蒙扎的 Supercortemaggiore 大奖赛中取得了辉煌的胜利,并且击败了排量更大的 3 升赛车!

在整个 20 世纪 50 年代早期,私人车队也在继续使用 500 Mondial 征战四方,续写它们在赛道上的辉煌。这也让它成为早期法拉利车型中最受人青睐,知名度却最低的车型之一。

第五章
Dino——悼念恩佐之子

"我从未想过一个儿子能够给父亲留下遗产，但我的儿子做到了；因为只有在他离世后，我才充分意识到他的一切美好。他知道自己将不久于世，但从未将自己无尽的千钧苦痛加之于我，或者去看望他的好友身上。"

——恩佐·法拉利

如果没有 Dino 这款车，法拉利这一品牌的传奇故事便是不完整的，尽管这是一辆菲亚特而非法拉利。宽而言之，Dino 之于法拉利就像 914 之于保时捷一样（在欧洲，914 不属于保时捷品牌，而是归于大众旗下），是由另一家公司制造的低价姊妹车型。

对于恩佐·法拉利来说，制造 Dino 的原因不是出于规模经济效益的考量，而是一些非常私人的理由；事实上，也正是这些原因促使他决定在 1963 年撰写自己的回忆录。"我的儿子迪诺（Dino）的死，"法拉利写道，"促使我在悲痛中停下来反思。在令人无法呼吸的哀伤中，我回顾了走过的漫漫长路。随着我的人生在我身后延伸开来，我决定在这场与自己的对话中找到某种解脱，并且希望这一切不要来得太晚。我与自己在孤独中对话，在我生命中最悲伤的阴影下对话。"

V6 Dino 车型的投产，是为了纪念"指挥官阁下"恩佐·法拉利的儿子。他在 1956 年去世。

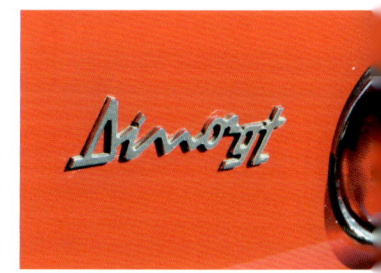

由宾尼法利纳设计的法拉利 Dino 拥有运动跑车历史中名列前茅的优美曲线，这也是 Dino 能够长盛不衰的原因之一。206 GT 是唯一一款采用了铝制车身的 Dino，由宾尼法利纳设计，Scaglietti 制造，而发动机盖下的硅铝合金发动机由菲亚特生产。Dino 于 1969 年初开始量产。它们的车身上没有法拉利的徽标，仅有的两处表明其法拉利身份的地方是尾灯旁边的 Dino GT 字样，以及后轮拱前方的宾尼法利纳标识。这些跑车轴距长 2 336 毫米，车身采用焊接钢管框架，配备四轮独立悬架和盘式制动器。

恩佐写道:"他天生就与赛车结缘,成为了一名狂热的赛车爱好者,对其他所有运动都不感兴趣,在驾驶我给他的各种车辆时展现出了高超的技术。第一辆车是台小巧的菲亚特 Topolino 500,之后是一辆菲亚特 100 TV,最后是一辆 2.0 升的法拉利,而他时不时会把这辆车带到摩德纳赛道上试驾。他对赛车的热情让我担忧,倒不是因为他可能遇到的危险,而是因为他的健康状况不稳定,我担心他会让自己太过劳累。"

尽管阿尔弗雷多·"迪诺"·法拉利先天就患有肌肉萎缩症,但他继承了父亲不屈不挠的意志。他成功完成了学业,并且获得了工程学学位,但在 20 多岁时,由于健康状况不断恶化,不得不长时间卧床休养。恩佐·法拉利与其挚友维托里奥·亚诺(20 世纪 20 年代法拉利从菲亚特挖走的天才工程师)则会陪着迪诺,讨论他设计的全新 1.5 升赛用发动机。迪诺甚至在意大利杂志《速度》(Velocità)上发表过一篇关于自己设计的高性能 V6 发动机的文章,并分为上下两部分刊登。"出于机械效率的原因,"法拉利写道,"(迪诺)最终认定这台发动机应该是 V6 构造,而我们也认可了他的决定。"五个月之后,迪诺与世长辞,而恩佐·法拉利也造出了他儿子设计的发动机,装在了 156 Dino 上。

"他是一个心态出奇平静的年轻人。比如说,当我为某些事情担忧时,他总能成功地用话语安慰我。他虽然年

首款 Dino 车型 206 GT 搭载了一台 180 马力的 65 度夹角 V6 发动机，排量为 1 987 立方厘米，缸径 × 冲程为 86 毫米 × 57 毫米。246 GT（如图所示）和 246 GTS 的发动机排量为 2 418 立方厘米，缸径 × 冲程为 92.5 毫米 × 60 毫米，输出功率提高至 195 马力（每分钟 7 600 转时）。

龄不大，却总能在恰当的时刻说出恰当的话，"法拉利这样写道。尽管迪诺的死是不可避免的，但当他最终被病魔打倒时，这件事对他的父亲来说仍然宛如晴天霹雳，几乎改变了恩佐·法拉利的一生。为了纪念迪诺，法拉利在十年的时间里不仅研发出了 156 发动机，还开发了一整条迪诺发动机序列，适用范围包括 F1 赛车、F2 赛车、竞速赛车，以及 GT 公路车。

"我从未想过一个儿子能够给父亲留下遗产，"恩佐写道，"但我的儿子做到了；因为只有在他离世后，我才充分意识到他的一切美好。他知道自己将不久于世，但从未将自己无尽的千钧苦痛加之于我，或者去看望他的好友身上。他是一个高尚而慷慨的小伙子，不仅仅因为他为拮据的朋友花钱买书和订阅技术类期刊。我的儿子为我留下了伟大的精神遗产，更重要的是教会了我一个道理：任凭年岁增长，我们始终是孩子，直到面对巨大的悲痛时，才会在一瞬间学会何谓良善、何谓牺牲、何谓博爱、何谓责任。并且他也告诉了我们，对于一个目睹着生命进入倒计时的年轻人来说，生活的意义是什么。"

搭载 V6 发动机的 Dino 206 GT 首次亮相于 1966 年都灵车展，其 2.0 升 V6 发动机后来升级到 2.4 升，变成了更为人熟知的 Dino 246 GT。宾尼法利纳设计的 Dino 虽不像法拉利的 V12 车型那样拥有强大的性能，但它有极具风格的外观及灵活平衡的驾驶特性。先行推出的是 Berlinetta 型双门跑车，随后推出了敞篷的 GTS 型号。（图源：Klemantaski Collection/Getty Images）

1965 年，宾尼法利纳为第一辆由中置 V6 发动机驱动的 Dino 公路车设计了车身。这辆原型车名为 Dino 206 GT Speciale，参加了 10 月举办的巴黎车展。第二辆名为 Dino Berlinetta GT 的原型车于 1966 年在都灵车展上展出；与前一款车型一样，它的发动机也被纵向放置在了后轴前方。第三辆原型车同时也是最终版本，于 1967 年 11 月举办的都灵车展首次亮相。这辆车的发动机由菲亚特生产，横置在驾驶员身后，并且通过一台五速变速箱与驱动桥构成一个单体。次年，另一辆原型车在布鲁塞尔展出。1969 年初，Scaglietti 制造厂开始投产 Dino。到这一年年末，共生产了约 150 辆 Dino 跑车，每辆车都装有手工打造的全铝制车身，造型无与伦比。

这些跑车的发动机来自菲亚特，并且有一点很不寻常：它们是第一批仅有偶数底盘编号的量产法拉利车型——除极个别情况外，法拉利的公路车通常只会有奇数编号。

1969 年末，Dino 246 GT 取代了 206 GT，并一直生产到了 1974 年。

第五章 Dino——悼念恩佐之子

本页上图：
Dino 的尾部造型再次成为了 20 世纪 70 年代众多跑车的灵感来源。长长的帆形侧面板和内弯的后风挡是它的标志性设计。

本页下图：
只需要看一眼这位模特时尚的发型和服装，就能知道她和 Dino 都是 20 世纪"时髦活跃的 60、70 年代"的产物。某种程度来说，Dino 也是当时的流行文化象征，在许多电影和电视节目中都有出镜。（图源：Trinity Mirror / Mirrorpix / Alamy Stock Photo）

跨页图：
由宾尼法利纳设计的 Dino 曾经启发了许多后来的跑车设计，但没有哪款能像这辆车身由 Scaglietti 打造的跑车一样独特。在原本应该装有法拉利徽标的地方，Dino 的名字熠熠生辉，而车主经常会将 Dino 的标识换成法拉利的跃马标志。在这些跑车上，看不到法拉利或者菲亚特的名字。

第五章　Dino——悼念恩佐之子　125

Dino 的仪表板凸显了当时法拉利的风格,并且与之后的新款法拉利 365 GTB/4 Daytona 几乎一模一样。

同时,它们也是第一批没有跃马标识或者法拉利名称的车辆,仅仅在发动机盖下方的车身右侧角落印有"Dino GT"的字样。

206 GT Speciale 的机械基础是 206 型发动机,该发动机曾为 1966 年赛季的赛车小批量生产过。这台紧凑的 V6 发动机装有四根顶置凸轮轴,而这一设计源于 1961 年的 1.5 升 F1 赛车发动机。第一台冠以迪诺之名的发动机被用于一辆单座的 F2 赛车;在这之后,无论是用于赛车还是公路车,所有的 V6 发动机都被归到迪诺系列名下。206 的名称代表了发动机的总排量(20 分升或 2 升),以及气缸数(6 缸)。

法拉利如果想把迪诺的发动机用于 F2 赛事,就需要满足一项条件:该发动机必须来源于总产量不低于 500 辆的大规模量产车。因此,法拉利与菲亚特达成协议,让后者生产五百台发动机,并且安装在能够快速满足认证要求的车型上。对于法拉利来说,这是一种仓促但有效的解决方案。

举世无双的凯斯·穆恩是英国谁人乐队（the Who）的鼓手，以其狂放有力的演奏风格、激进大胆的驾驶方式及放荡不羁的生活作风而闻名。在他脚下的是一辆损毁严重的法拉利 Dino，身后则是他拥有的其他"玩具"，其中包括数辆劳斯莱斯和梅赛德斯-奔驰。（图源：Jack Kay/Getty Images）

尽管 Dino 的发动机被视作菲亚特出品，但这台发动机的下部分组件——例如油底壳、变速箱、传动轴和差速器——均来自马拉内罗的法拉利工厂。因此也可以说，这些发动机既来自菲亚特，又来自法拉利！迪诺发动机后来被用于多种车型上，包括菲亚特 Dino Pininfarina Cabriolet，菲亚特 Dino Bertone Coupe、F2 的单座赛车，当然还有法拉利 Dino 206 GT、246 GT，以及 246 GTS。据估计，206 GT 仅仅生产了不到 100 辆之后就被更强的 246 GT 取代。二者的外观几乎相同，但是全新的数字编号表明 246 GT 的排量增大到了 2.4 升，而这是通过将缸径 × 冲程增大到 92.5 毫米 × 60 毫米实现的。更大的排量也带来了更强的动力：206 GT 能在 8 000 转 / 分时输出 180 马力，而 246 GT 能在 7 600 转 / 分时就输出 195 马力，并且峰值扭矩也有提升，在 5 500 转 / 分时可以达到 225 牛米。动力通过一台五速全同步变速箱传递到后轮。另一大变化是轴距。206 GT 的轴距为 2 278 毫米，而 246 GT 的轴距和早期

Dino 246 GTS 于 1972 年推出，配备了可拆卸的 Targa 式车顶，作为最后一款 Dino 车型于 1974 年停产。为满足赛事规则要求，法拉利原计划生产 500 辆 Dino，但 206 GT、246 GT 及 246 GTS 的产量总和远远超过这个数字——到 Dino 系列停产时，已经有超过 4 000 辆车下线，其中有 1 200 辆是产于 1972 年至 1974 年间备受人们欢迎的 246 GTS。

Dino 原型车的轴距长度相同，为 2 339 毫米，增长了 61 毫米。

Dino 横中置的发动机布局为宾尼法利纳的车身设计师提供了一片全新的天地，也催生了这辆车最具代表性的特征之一。除了是第一辆采用中置发动机的法拉利 GT 跑车之外，Dino 的特色还包括凹面的垂直后风挡玻璃，包裹着发动机舱的前部。这使得车顶两边的线条能够以引人注目的角度滑落，形成线条流畅的帆形侧面板，并一路伸展到后翼子板最高点的后方，让车顶的轮廓得以延长伸展开来。铝制的车身产自摩德纳的 Scaglietti 工厂，进一步增强了 Dino 和法拉利的紧密联系。如果说 Dino 美轮美奂的外观还不足以吸引潜在客群，那它的价格也必定能够让人驻足：在 1970 年，客户仅需支付 13 400 美元就能买到一辆 Dino 跑车。

菲亚特是意大利历史最悠久、规模最大的汽车制造商之一，尽管在美国并不是很出名，但它在意大利的地位就如同通用汽车在美国一样。它是这个国家最大的汽车制造商，如今旗下拥有阿尔法·罗密欧、蓝旗亚、法拉利等众多品牌［2021 年 1 月 16 日，

菲亚特克莱斯勒集团（FCA）与标致雪铁龙集团（PSA）正式合并为 Stellantis 集团——译者注］。在这家都灵的汽车制造商一百余年的历史中，与其他品牌的伟大合作屈指可数，而和恩佐·法拉利在 Dino 车型上的合作无疑是其中的一个高光时刻。

第一批 Dino 中的绝大多数都在意大利本土及其他欧洲国家销售，不过路易吉·奇内蒂也在 1969 年将一些车卖到了美国。1969 年末，206 GT 被 246 GT 取代，后者一直生产到了 1974 年。1972 年，配备了可拆卸 Targa 式车顶的 Dino 246 GTS 上市，并作为最后一款 Dino 车型于 1974 年停产。为满足赛事规则要求，法拉利原计划生产 500 辆 Dino，但 206 GT、246 GT 及 246 GTS 的产量总和远超这个数字——到 Dino 系列停产时，已经有超过 4 000 辆车下线，其中有 1 200 辆是产于 1972 年至 1974 年间备受人们欢迎的 246 GTS。

1973 年推出的 Dino 308 GT4 2+2 座跑车搭载了一台衍生自迪诺发动机系列的 V8 发动机，而这台发动机同样是 Dino 历史上举足轻重的一笔。这款车的外观由博通设计，风格与最初的 Dino 车型大不相同。1974 年，路易吉·奇内蒂的北美赛车队甚至将一辆这款车送上了勒芒赛场。这款 Dino 的另一个版本是排量为 2 升的 208 GT4，不过仅在欧洲销售。1976 年，全新的法拉利 308 GT 取代了 308 GT4，也为 Dino 车系的历史画上了句号。

第六章
成长于美利坚——20世纪60、70年代的法拉利

20世纪60、70年代，一代美国人正在长大。他们蔑视权威、藐视政府，不把财产放在眼里。他们对法拉利跑车、蜿蜒的山路和V12发动机的轰鸣回响知之甚少。

20世纪60年代早期，法拉利推出了一款又一款令人惊叹的公路车：410 Superamerica、250 GTB Lusso、Spyder California、500 Superfast……这些名字令车迷们朝思暮想，同时也为跑车历史留下了不可磨灭的绚烂印迹。*Road & Track*、*Sports Car Graphic*、*Motor Trend*等汽车杂志不断地向法拉利致以敬意，它们的测评文章让车迷读者渴望在自家车库里也拥有一辆法拉利跑车。然而，有能力实现这个梦想的人寥寥无几。在20世纪60年代，法拉利已经成为世界上最昂贵的汽车之一，在某些情况下也是最豪华的汽车之一。

谈到20世纪50年代的法拉利时，人们第一时间想到的绝非"奢华"二字；然而，到了60年代，恩佐·法拉利已经意识到他的车辆需要满足更多样化的客户群体的需求。1964年，法拉利推出了500 Superfast，而这也标志着法拉利正式迈入豪华跑车的领域。

1957年推出的法拉利250 GT Cabriolet Series I风格时尚，与当时传统的跑车造型截然不同。

就法拉利的标准来看，250 GT Cabriolet 的内饰不可谓不豪华。车内配备了皮革包裹的座椅、中控台、车门板和脚踢板，以及能够防眩光的黑色磨砂面仪表板。

这款跑车的前身是 400 Superamerica——一台提供了更加豪华舒适内饰的法拉利，有别于那些更加传统、具有赛车血统的公路车。奢华的 Gran Turismo 风格始于 410 Superamerica，但是直到 Superfast 系列问世，法拉利才真正改进了驾乘体验与内饰，将公路车与赛车的特性完美结合到一起。

除了纯种的赛车之外，20 世纪 50 年代生产的每辆法拉利公路车在硬件上都可以称得上奢华。然而，在许多客户看来，法拉利制造的这些敞篷跑车（Spyder）和双座硬顶跑车（Cabriolet）似乎存在某种妥协：这些车型的取向更加遵循法拉利的赛道传统，而不像战后早期生产的阿尔法·罗密欧那样注重豪华和舒适。整个 60 年代，路易吉·奇内蒂都在针对这一点与恩佐·法拉利争辩不休，而这一分歧可能也是两人在当时关系不和的背

左图:
出自宾尼法利纳之手的这辆车有着充满攻击性的车头,其特点是头灯与车轮拱线相融合,并且覆盖在有机玻璃灯罩下,与之前 250 GT 赛车上的设计一样。进气口占据了发动机盖面积的近三分之一,粗壮的镀铬垂直防撞块位于前格栅两侧,与前翼子板的形状相得益彰。

右图:
250 GT Cabriolet Series I 搭载了一台由科隆博设计的 60 度夹角 V12 发动机,缸径 × 冲程为 73 毫米 ×58.8 毫米,排量为 2 953 立方厘米。采用单顶置凸轮轴,斜置气门装有滚子从动件和摇臂。发动机装有三个双阻风门的韦伯式化油器,压缩比为 8.5∶1,可在每分钟 7 000 转时输出最大功率 240 马力。

后原因。

到了 20 世纪 50 年代后期,人们越来越想要一辆行李空间更大、内饰更加豪华的汽车,而这些需求都是法拉利的纯血赛车所满足不了的。意大利的那些顶级车身制造厂时不时会推出精美的双座或四座定制车身,但总的来说,法拉利并不是一辆豪华车。

直到 1961 年,由宾尼法利纳设计的 250 GT 2+2 跑车问世后,法拉利才开始转向 lusso 风格,也就是美国人眼中的豪华风格。到 1963 年底,250 GT 已经交付了 950 余辆。对法拉利品牌而言,这样的单车型销量实属惊人;而对恩佐·法拉利而言,他终于顿悟了。

本页图:
宾尼法利纳设计的 250 GT Cabriolet 也是 1958 年巴黎车展上法拉利展台的明星。

早在 1957 年,法拉利就开始批量生产 250 GT Cabriolet,这也是法拉利的第一款带可活动顶篷的敞篷车。第一辆由宾尼法利纳设计的样车在 1957 年的日内瓦车展首次亮相。尽管发动机盖下搭载了一台功率高达 240 马力的科隆博式 V12 发动机,这辆车的初衷并不是参加比赛。除了悬架、调校和非常豪华的内饰之外,250 GT Cabriolet 与那些赛车之间并没有太大区别。这也许是法拉利在 20 世纪 50 年代末期在两种极端取向间达成的最佳折中方案。

250 GT Cabriolet 的底盘与同时期生产的 Boano 轿跑车完全相同,均采用由椭圆形钢管焊接而成的梯形车身框架,并且配备了独立前悬架、活动后桥及鼓式制动器。

这些早期车型的设计虽然称不上一鸣惊人,但也十分耐看,其特点是引人注目的前格栅、

跨页图:
在 1958 年的日内瓦车展上,法拉利展出了三款不同的跑车,而宾尼法利纳设计的敞篷车位居展台中央。

第六章 成长于美利坚——20 世纪 60、70 年代的法拉利

400 Superamerica 提供了更加豪华的内饰及更多舒适性配置，这使得它有别于那些更加传统、具有赛车血统的公路车。奢华的 Gran Turismo 风格始于 410 Superamerica，但在昙花一现的 400 Superamerica 系列身上，法拉利并没有真正成功地改进驾乘体验与内饰，也没能将公路车与赛车的特性完美结合到一起。

由宾尼法利纳设计的 Superamerica Superfast IV 于 1962 年推出，是 Superamerica 系列中最具情调的车型。这一车系在 1964 年被 500 Superfast 所取代，而它的车身风格部分演化自 Superfast IV 的设计。

覆盖在有机玻璃灯罩下和前轮拱线条融为一体的头灯，以及粗壮的镀铬垂直防撞块。宾尼法利纳设计的车头有一个特别扁平的进气口，占据了发动机盖接近四分之三的长度，看起来十分显眼。这一特征结合头灯与保险杠的设计，让整辆车从前面望去极具进攻性。前期版车型生产了大约 24 辆，每辆车的设计都基本相同，而后期版（在 1958—1959 年间生产了 12 辆）则采用了一体式的前保险杠，并且将没有安装灯罩、看起来更加低调的头灯移到了车头的两个角落，使得前脸更加方正。据估计，Series I 的总产量大约在 40 辆，所有车的钢制车身均来自宾尼法利纳。

尽管 250 GT Cabriolet 完美折中了赛车和公路车的特性，并且更强调后者的属性，远在纽约的路易吉·奇内蒂还是希望能够销售一款外观风格更具侵略性的 GT 敞篷跑车。而奇内蒂并不是唯一一个呼吁恩佐·法拉利让宾尼法利纳重新设计外观，让工程师们重新调校底盘和悬架，再打造一辆新车的人。法拉利在西海岸的经销商，赛车手约翰·冯·诺伊曼也认为，250 GT Cabriolet 不是他的客户想要的那种法拉利。在他看来，一辆具有轻量化 Berlinetta 特点的敞篷车将会在美国大受欢迎。恩佐·法拉利采纳了他们的建议，并批准生产一个特殊的车型系列，即

在生产公路车的同时,法拉利还在 20 世纪 60 年代早期生产了两款非凡的赛车,其中第一款是 250 GT SWB。
(图源:Bob Masters Classic Car Images/Alamy Stock Photo)

250 GT SWB 是一款风姿绰约的跑车,既能够在赛道驰骋,又适合日常公路巡航——在 20 世纪 60 年代,能同时胜任这两种用途的跑车寥寥无几。
(图源:Klemantaski Collection/Getty Images)

250 GT Spyder California。第一批车型于 1958 年 5 月开始限量生产,基于长轴距的 GT Berlinetta 底盘打造,并一直生产到了 1960 年。

全新的车身由宾尼法利纳设计,而制造地点再一次回到了 Scaglietti 位于摩德纳的工坊。250 GT Spyder California 一共生产了长、短轴距两个版本:长轴距版一共生产了不到 50 辆,而短轴距版的总产量也在 50 辆左右。后者采用了更轻的钢铝混合材料车身,于 1960 年推出,并一直生产到了 1963 年。

(图源:GP Library Limited/Alamy Stock Photo)

在恩佐·法拉利看来，由乔托·比扎里尼和塞尔吉奥·斯卡列蒂在1961—1962年间升级改造的250 GTO仅仅是250 GT SWB的"升级版"，而这也是他拒绝制造足够数量的250 GTO以符合赛事认证要求的理由。250 GTO装载了一台改进了的3升V12发动机，配有六个双喉管韦伯38 DCN化油器，以及一台五速全同步变速箱（用以替代250 GT SWB上的四速变速箱），能在每分钟8 400转时输出至少300马力。

短轴距版250 GT Spyder California基于250 GT SWB Berlinetta的同款底盘打造，性能更上一层楼。它的轴距比长轴距版的Spyder California要短上200毫米。短轴距版车型的操控性能基本与竞赛取向的硬顶跑车相同，并且像第一代的Spyder车型一样，它们是货真价实的运动跑车。

路易吉·奇内蒂的北美赛车队使用这辆车参加了1959年的勒芒24小时耐力赛，由鲍勃·格罗斯曼和费尔迪南德·塔瓦诺驾驶，并以全组别第五名的成绩完赛。有些California Spyder也配备了赛用发动机，并且根据客户的定制需求安装了全铝制车身——普通版车型除了车门和后备箱盖之外，其余部分都是钢制的。

在 20 世纪 50 年代末 60 年代初,路易吉·奇内蒂希望能用一辆风格更有侵略性的 GT 敞篷车来吸引更多客户,而法拉利在西海岸的经销商约翰·冯·诺伊曼也有这样的需求。两个人都认为 250 GT Cabriolet 不是他们的客户想要的那种法拉利。1958 年,恩佐·法拉利听取了两人的建议,批准生产一个特殊的车型系列,即 250 GT Spyder California。第一批车型于 1958 年 5 月开始限量生产,基于长轴距的 GT Berlinetta 底盘打造,并一直生产到了 1960 年。图中是一辆产于 1960 年的 SWB 短轴距版车型。

第二批次的 Spyder California 基于短轴距版的 GT Berlinetta 底盘打造，并且进行了一系列的机械和设计改进。图中的这辆车还配有选装的可拆卸硬顶。

竞赛版 Spyder California 取得的最佳战绩之一来自里奇·金瑟和霍华德·希弗里，他们在 1959 年的赛百灵 12 小时耐力赛中驾驶这辆车取得了 GT 组别第一名、全组别第九名的好成绩。次年，另一辆由乔治·斯卡拉蒂和卡罗·阿巴特驾驶的竞赛版 Spyder California 也夺得了这项赛事的 GT 组别冠军。

长轴距版 Spyder California 总共生产了三个版本。第一个版本，也就是在使用全新的长轴距版 250 GT Berlinetta 同款发动机和底盘之前，大约生产了七辆。据估计，第二个版本的车型在 1958 年底至 1959 年底间大约生产了 27 辆，绝大多数竞赛版车型就来自这一批次。第三个版本的车型换装了来自 250 Testa Rossa 的外置火花塞 V12 发动机，并且首次配备了盘式制动器。同时，宾尼法利纳也对升级款的 Spyder California 进行了细微的造型改动，包括为缩短宽度而重新打造的后翼子板造型，新的后备箱盖，以及新的一体式尾灯。

第六章　成长于美利坚——20 世纪 60、70 年代的法拉利　**147**

本页图：
侧面的通风口是 Spyder California 的造型特点之一，尽管不是每辆 Spyder California 都具有这一特征。

左页图：
短轴距版车型的轮距更宽，并且也是第一批从杠杆式减震器换成可调节伸缩式减震器的车型。

本页图：
似曾相识的一幕——法拉利和保时捷在赛道上（以及公路上）争夺霸权。图中是一辆法拉利 SWB 250 Spyder 和保时捷 Spyder 对决，驾驶员与地点均未知。凭借着短轴距和合金制车身，这辆能够合法上路的法拉利竞争力不容小觑，即使面对车身更轻，更注重赛道表现的保时捷也毫不逊色。
（图源：George Phillips Photograph Collection/Revs Institute）

右页图：
宾尼法利纳对升级款 Spyder California 的造型只进行了细微的改动，包括为缩短宽度而重新打造的后翼子板造型，新的后备箱盖，以及新的一体式尾灯。

短轴距版 Spyder California 于 1960 年 3 月在日内瓦车展首发亮相。这款车配备了新的缸盖以及更大的进气阀门，最大功率提高了 20 马力，可在每分钟 7 000 转时输出 280 马力。竞赛版的发动机使用了更大的进气阀门，高升程凸轮轴及更轻的连杆和活塞，使得最大功率进一步提升至 300 马力。短轴距版车型的轮距更宽，并且也是第一批从杠杆式减震器换成可调节伸缩式减震器的车型。

无论是长轴距版还是短轴距版，Spyder California 都是法拉利最早的"驾驶者之车"之一。它具备卓越的速度和操控性能，同时又足够舒适豪华，适合日常驾驶。最后一辆 Spyder California 于 1963 年 2 月在美国售出，底盘编号为 4167 GT。

在 Scaglietti 生产 Spyder California 系列的同时，法拉利也开始进一步差异化 Cabriolet 系列，并在 1959 年推出了 250 GT Cabriolet Series II，与 Spyder California

同时生产到了1962年。该车型仍然基于长轴距底盘打造，用料比一代车型更加豪华，造型与宾尼法利纳设计的双门跑车相似，但没有车顶。它是当时最奢华的敞篷法拉利之一。

"在那个年代，意大利的各大公司基本上都不将敞篷车视为高性能的快车，"小路易吉·奇内蒂说道，"在他们看来，高速领域是那些封闭式双座跑车的天下，是属于那些车身轻盈，车体呈流线型的赛车的。"

也许是因为他是一名地道的意大利人，恩佐·法拉利有着不同的看法。他说："体育爱好者通常会选择GT轿跑车。总的来说，他是一名收入可观的绅士，驾驶技术还不错，并且相信自己能够'几乎像赛车手一样'开车。事实上，其中一些客户确实会带着自己的车参加比赛；如果他们没有在头两场比赛之后就放弃的话，便可能会对赛车运动产生持续数年的兴趣。而这些坚持参赛的客户最终将会成为法拉利的常客。"

接下来，恩佐·法拉利解释了年龄更大的客户所扮演的角色，并将其称为"五十来岁的有钱人"。谈到这些人时，他说道："这批客户人数众多，根据市场调查显示，80%的法拉利车主都已经年过半百。他们购买法拉利是为了实现自己长久以来的梦想，既希望通过这些车来奖励自

本页图：
Spyder California 在 GT 组别的长距离耐力赛中表现格外出色，譬如图中的赛百灵12小时耐力赛。图上的这辆赛车由霍华德·希弗里和里奇·金瑟在1959年驾驶参赛，总共完成了171圈，最终获得全组别第九名。
（图源：Tom Burnside Photograph Collection/Revs Institute）

左页图：
Spyder California 的仪表板外形和配色与早期的宾尼法利纳 Cabriolet Series I 车型看起来一模一样；不同的是，前者的内饰相比之下没有那么豪华，并且装有更多实用性组件。

到了20世纪60年代,马拉内罗工厂的流水线运转不息,根据恩佐·法拉利的标准来看,当时的装配速度已经可以称得上是"大规模生产"。

短轴距版 Spyder California 于1960年3月在日内瓦车展首发亮相。这款车配备了新的缸盖及更大的进气阀门,最大功率提高了20马力,可在每分钟7 000转时输出280马力。竞赛版的发动机使用了更大的进气阀门,高升程凸轮轴及更轻的连杆和活塞,使得最大功率进一步提升至300马力。

己一步步获得的财富地位,又希望通过它们来重拾一点年少轻狂的时光。"法拉利认为,在一周的辛勤工作后,这些人"坐在我打造的动力强劲、反应灵敏的车内手握方向盘,在支配汽车的驾驶快感中找到一种舒缓身心、重返青春的方式。"他还补充道:"事实上,这些跑车可以凭借强大的加速性能给驾驶员带来充足的安全感,尤其是在超车的时候。我们都知道,现在的马路十分拥挤,如果想要安全而干脆地超车,就一定要快;而法拉利有着火箭一般的加速性能,是为数不多的能让驾驶员瞬间完成超车的汽车之一。只要速度够快,就不存在风险。"

最后,法拉利谈到了那些对赛车或者法拉利的历史都没有多大兴趣的客户:"那些对汽车运作原理一窍不通的人会购买法拉利,只不过是冲着它类似于车界貂皮的地位罢了——如果是Superamerica的话,大概相当于毛丝鼠皮。

底盘编号为 1803 的这辆车是第一辆下线的 250 GT SWB Spyder California。敞篷版 SWB 车型的底盘规格与 SWB Berlinetta 硬顶跑车几乎相同。由于轴距只有 2 400 毫米，整体车重比 LWB Spyder California 更轻，这款生产于 1960—1963 年间的 SWB 也因此成为了整个系列中操控最好、造型最吸引人的车型。

实际上，这样的客户并不是很多，远远小于人们的想象。在法拉利，我们每年接待的这类客户很少，他们几乎每次都带着足以吸引全车间机械师目光的美丽女郎。和这些客户商讨车辆的细节内容需要很多耐心，而问题主要集中在车身颜色、内饰颜色以及各种内部选配件上。"法拉利评价说，这些下订单的车主有时会陷入"非常尴尬的境地，而情况常常令人啼笑皆非。这些问题从来不会出现在专业车手的身上，因为车子是他们用以谋生的工具。"

在美国，情况几乎相反，后两类人群占了法拉利车主的大多数。体育爱好者是奇内蒂和冯·诺伊曼的客户基础，但不是最主力的消费人群。在纽约，奇内蒂的客户们迫切需要一款风格激进的敞篷车；而在西海岸，情况也是如此。

"恩佐·法拉利先生在极不情愿的情况下默许了为美国市场制造这些车，"小路易吉·奇内蒂说。"然而十分讽刺的是，"他带着毫不掩饰的微笑补充道，"250 GT Spyder California 实际上成为了当时在美国卖得最好的法拉利车型！"

第七章
进军北美

> 如果说是谁让法拉利在美国市场上与其他任何进口跑车都迥然不同，
> 那个人便是路易吉·奇内蒂。

1956 年，法拉利逐渐在美国站稳脚跟，北美赛车队（North America Racing Team，NART）的故事也在这一年拉开了帷幕。到了 20 世纪 60 年代初，北美赛车队在赛场上的威名已经从美国的东海岸传到了西海岸。然而，这支车队存在的最大意义是对恩佐·法拉利产生了影响。

在那时，250 GT Berlinetta Lusso 是法拉利和宾尼法利纳自 410 Superamerica 以来设计最为大胆的车型。它的外观看起来就像是 250 GTO 的旅行版本，被许多人认为是有史以来最漂亮的法拉利。只不过，在 20 世纪 50、60 年代，还有很多车型也收到了这样的赞美，其中就包括 250 GTO。

250 GT Berlinetta Lusso 是塞尔吉奥·宾尼法利纳及其员工在新十年中推出的第一款当代法拉利公路车型。这款车的车身由一系列优雅的曲线组成，从前翼子板一直延伸到上翘的后扰流板，并且没有用任何多余的镀铬来进行装饰。谈到新设计时，安托万·普吕内认为宾尼法利纳借此脱离了之前的"立体派时期"——绝大部分 250 GT 车型和 410 Superamerica 都是这一时期的设计产物。不过，250 GT Berlinetta Lusso 实际上传承了许多原先的设计。Lusso 的头灯整合在翼子板中，而这一元素直接取自 250 GT Cabriolet Pininfarina Series I，甚至保险杠的形状也源于早期 Cabriolet 车型的设计。Lusso 与过往车型设计的不同之处是在后翼子板的处理上：它的线条从风挡玻璃的支柱开始，一直延伸到车门顶部，直至与缩短的后备箱盖，即整个设计中唯一的平面相接。普吕内指出，Lusso 的设计"完全符合斯图加特工业大学威纳巴·卡

275 GTS/4 NART Spyder 是路易吉·奇内蒂和塞尔吉奥·斯卡列蒂共同缔造的杰作。这辆车基于 275 GTB/4 打造，车身来自 Scaglietti 制造厂，是一辆专供美国市场的车型。

250 GT Berlinetta Lusso 的发动机和底盘只是当时法拉利的平均水平,但它的车身则是宾尼法利纳在 20 世纪 60 年代最伟大的设计成就之一,时至今日仍然被不少人誉为有史以来最优雅的法拉利车型。史蒂夫·麦奎因曾经拥有过一辆 1963 年款的 250 GT Berlinetta Lusso,底盘编号 4891 GT。这辆车涂装了一种名为 Morrone Colorado 的暖色调淡棕色金属漆,是他的妻子奈丽送给他的 34 岁生日礼物。(图源:Silver Screen Collection/Getty Images)

姆教授提出的空气动力学理论,并且已经在法拉利和宾尼法利纳先前打造的 250 GTO 车型上得到了验证。"

塞尔吉奥·宾尼法利纳回忆说,在公司拥有能够测试空气动力学效果的风洞之前,他常常会把一条条羊毛粘在车上,然后把车子开到高速公路上,观察羊毛的摆动幅度。这种检查新设计空气动力学效率的方法虽然原始,但却很好用——就像是穷人版的风洞烟雾试验。"乍一听,这好像是一件很有乐趣的事,因为每个人都喜欢把车子开得飞快;但是,当你不得不这样做时,情况就不一样了,"宾尼法利纳这样说道,"我们花了七年的时间来设计、制造、测试,直至 1972 年正式启用自己的风洞。"然而,在设计 Lusso 的那个时代,他们只能在车身上粘满羊毛,一遍又一遍地在高速公路上飞驰。

第七章 进军北美

250 GT Berlinetta Lusso 的风格为之后许多车型的设计带来了启发,而它的车尾部分更是被 275 GTB 忠实地继承了下来。狭窄的 C 柱是它的设计特色之一,让这辆车的玻璃看起来就像环绕在四周一样,同时也为驾驶者减小了视野盲区。

  250 GT Berlinetta Lusso 不仅以流线型的车身轮廓开创了 60 年代的空气动力学风潮,还配备了法拉利在当时最为豪华的内饰。宽敞的驾驶舱内,驾驶员和乘客坐着的是两张货真价实的桶椅,由柔软的意大利皮革手工缝制包裹而成。不同以往的是,速度表和转速表位于中控台的中央,而尺寸较小的二级仪表则位于方向盘背后。这一独特的仪表设计是 Lusso 车型的特色。在座椅的后面,Lusso 还配备了一个完整的行李架,以及一个不大不小的后备箱,这使得它成为第一款能够携带足量行李出游的法拉利公路车。得益于这一点,250 GT Berlinetta Lusso 也成为了奇内蒂能够卖给美国客户的那种车:他们希望拥有一辆威名远扬的法拉利,但又不想在舒适性上做出妥协,觉得那些基于 250 GT 赛车打造的绝大多数车型开起来都太难受。除了出色的造型和内饰设计外,250 GT Berlinetta Lusso 也是当时

上图：
从侧面看去，250 GT 的翼子板线条流畅优雅，从头灯一路延伸到缩短了的后备箱盖上。它的造型开创了 20 世纪 60 年代的流线型设计风潮，同时也让"年事已高"的 250 GT 系列底盘再度焕发生机。在两年的生产周期中，大约有 350 辆 250 GT Berlinetta Lusso 驶下生产线。

下图：
250 GT Berlinetta Lusso 的内饰很有特色：它的主仪表一反常态地位于中控台中央，或许是为了让乘客也可以知道车子跑得有多快！对于当时的法拉利来说，Lusso 车型的内饰十分豪华。它有着精心打造的皮革装饰和地毯，中控台也由哑光面黑色皮革包裹，为车内增添了豪华感和实用性。

在 275 GTB 和 275 GTB/4 的生产过程中,存在着短鼻款和长鼻款两种车型,其中后者拥有尺寸略微增大的后窗以及外露的后备箱铰链。1966 年,法拉利携图中这辆由宾尼法利纳制造的 275 GTB/4 原型车参加了巴黎车展。在这辆原型车上,你能够看到许多前文提及的车型特点,包括外露的后备箱铰链。275 GTB 的底盘采用了久经验证的梯形焊接钢管框架,轴距仅为 2 400 毫米,配备了四轮独立悬架、不等长叉臂、螺旋弹簧及伸缩式减震器。

车门打开的幅度刚好能够让你坐进车内，调整好驾驶姿势。这是法拉利自 212 Vignale Inter 和 Export 车型以来制造的又一款极致豪华的旅行跑车。仪表板、车门板、可调节的运动座椅、中控台、变速箱地台……车内各处都由皮革包裹，目之所及皆是法拉利慷慨的用料。皮革的气味几乎令人陶醉，而视觉效果也让人十分满意。这一类型的跑车从未如此奢华。

速度最快的跑车，在发动机每分钟 7 400 转时极速可达每小时 240 千米。

当最后一辆 Lusso 车型在 1964 年底驶离马拉内罗工厂时，法拉利的一个新时代也拉开了帷幕。250 GT 系列走入了历史，取而代之的是配备了全新发动机的 275 GT 系列。同时，也正是 275 GTB 这款车点燃了恩佐·法拉利与老路易吉·奇内蒂之间一场从未彻底平息的争论。

1964 年，搭载了双凸轮轴发动机的 275 GTB 问世。在 60 年代的传奇法拉利硬顶跑车之中，它是第一款同时向客户提供公路版和赛道版配置的车型。

在化油器方面，客户可以选择安装三个韦伯化油器（这也是通过了 FIA 参赛认证的 GTB 车型的配置），或者是一列排开的六个韦伯 40 DCN/3 化油器，后者能够让发动机的制动功率达到近 300 马力。在车身材料方面，客户也可以选择钢铝混合车身（普通版车型）或是全铝合金车身（竞赛版车型 GTB/C）。时尚的 14 英寸 Campagnolo 铸造合金轮毂再现了 1963 年 Tipo 156 F1 赛车上的设计，并作为标准配置提供，不过客户也可以选配更加传统的 Borrani 多

275 GTB 搭载了一台由科隆博设计的 60 度夹角双凸轮轴 V12 发动机，排量为 3 285.7 立方厘米（每气缸 273.8 立方厘米），能够在每分钟 7 500 转时输出 280 马力。

辐条轮毂。

在《法拉利买家指南（插图版）》(*Illustrated Ferrari Buyer's Guide*) 一书中，历史学家迪恩·巴彻勒指出："275 系列标志着法拉利的设计理念正在从稍加修饰的公路赛车转变到舒适豪华的通勤工具上。由于底盘结构的改变——主要得益于四轮独立悬架——275 车系不仅比它们的前辈车型更快，还更加舒适。"

275 GTB 搭载由科隆博设计的 60 度夹角 V12 发动机，进气量为 3 286 立方厘米，缸径 × 冲程为 77 毫米 ×58.8 毫米，配备了三个韦伯化油器，能够在每分钟 7 600 转时输出 280 马力。它是法拉利造车哲学的终极体现：这是一辆适于比赛的公路车，即便和纯种赛车相比也几乎毫无妥协。考虑到赛用需求，法拉利还小批量生产了大约 12 辆 275 GTB/C（competizione）。这些纯粹的赛车大幅简化了配置，配备了干式油底壳发动机以及质量更轻的金属车身。

而在 275 GTB 问世两年之后，一款搭载了四凸轮轴发动机，动力更强大的车型在巴黎车展首发亮相。

本页图：
GTB/C 在制造中使用了质量很轻的合金。它的铝制车身比一般车型更薄，并且除前风挡玻璃外，所有玻璃都使用了有机玻璃。从外观上看，GTB 和 GTB/C 车型仅有的两个明显区别在于后者通常配备尺寸更大的 Borrani 辐条式轮毂，以及稍微向外凸出的车轮拱。在 1966 年 5 月至 8 月间，法拉利一共生产了 12 辆 275 GTB/C。

跨页图：
法拉利在 1966 年春季推出了 275 GTB/C 车型，以满足赛车客户的需求。尽管 275 GTB/C 的外观与普通 GTB 车型看起来基本类似，二者在机械层面可以说有着泾渭之别。需要注意的是，这款双凸轮轴 GTB 车型的发动机盖并没有中央的隆起部分，可以通过这一点将其和 GTB/4 车型区分开来。

　　法拉利很少是第一个引入技术创新的厂商——毕竟捷豹自 20 世纪 40 年代末以来就一直在它们的量产车与赛车中提供双顶置凸轮轴发动机。长期以来，法拉利一直满足于仅提供单顶置凸轮轴发动机（尽管这是一台 V12 发动机）；然而，这种"不思进取"却在 20 世纪 60 年代初变得难以为继。当时，有越来越多的欧洲品牌都开始在自家的跑车发动机盖下搭载四凸轮轴发动机。在英国，捷豹不再是一家独大，因为阿斯顿·马丁也开始使用同类型发动机；而在意大利，除了阿尔法·罗密欧和玛莎拉蒂开始创新外，还多了一家新品牌，兰博基尼。可以说，恩佐打造双顶置凸轮轴发动机或多或少是受到了竞争形势所迫。只不过，一旦他决定下场，谁能笑到最后可就不好说了。

　　275 GTB 搭载的四凸轮轴发动机衍生自 1965 年赛季 275 P2 和 330 P2 原型车分别搭载的 3.3 升和 4.0 升发动机，而这两台机器采用的科隆博式设计又可以往前追溯到 1957 年。新的发动机有变化，但不是单纯地为了变化而变化。有意思的是，如果将 1947 年生产的第一款搭载 12 缸发动机的 125 车型与 1964 年的 275 GTB 作比较就会发现，在短短的 17 年间，法拉利 60 度夹角 V12 发动机

第七章　进军北美　　**169**

的功率质量比提升了超过 140%！在此之前，法拉利从未向公众销售过与赛车如此相像的公路车：它配备了双顶置凸轮轴发动机、干式油底壳润滑系统、六个双喉管韦伯化油器，能够在每分钟 8 000 转时输出 300 马力。

这款全新的四凸轮轴发动机首次亮相于 1966 年 10 月在巴黎车展上展出的改款 275 GTB 车中。这辆 GTB/4 原型车的底盘编号和发动机编号均为 8769 GT，车身由宾尼法利纳设计，Scaglietti 制造（几乎所有 275 GT 的车身都在那里生产）。

塞尔吉奥·宾尼法利纳为 275 GTB 和 GTB/4 设计的醒目外观借鉴了赛车 250 GTO 的元素，同时在车尾又参考了 GTB Lusso 的设计。他的设计取得了巨大成功。275 GTB 的车身有着人们能够在公路车上想象到的一切特征：向下延伸的长发动机盖、小巧的椭圆形进气口、带灯罩的流线型头灯、发动机盖上明显的凸起、短车尾，以及溜背型车顶线条——所有这些都和倾斜安装，大角度弯曲的风挡玻璃完美地交相呼应。

275 GTB/4 是一辆无与伦比的多用途跑车，即便是那些最为熟练的司机在驾驶它时也不能掉以轻心。作家斯坦利·诺瓦克在他撰写的《法拉利——40 年长路》（*Ferrari—Forty Years on the Road*）中写道："像所有顶级法拉利车型一样，驾驶 GTB/4 会让人不由自主地集中精力来发挥这辆车的最大潜能，而它也会做出相应的回应。驾驶者越是全情投入，车子的表现就会越让人惊喜。和大多数法拉利一样，这辆车是为那些认真的驾驶者设计的。"资深赛车手，前世界冠军菲尔·希尔曾这样形容 275 GTB/4："为日常而打造的 250 GTO。"

尽管有的爱好者对这一点持不同意见，认为 250 GTO 和 Berlinetta Lusso 也能获此殊荣，但大多数人都同意 275 GTB 和 GTB/4 才是法拉利有史以来生产过的最好看的 Berlinetta 车型。法拉利一共只生产了大约 280 辆四凸轮轴版本车型。然而，在所有的 275 GTB/4 车款中，最稀有的并不是 Berlinetta 版本，而是 NART Spyder。它们并不完全由法拉利打造，是迄今为止最富争议的法拉利车型。

在《我的骇人欢愉》（*My Terrible Joys*）一书中，恩佐·法拉利几乎没有提到过奇内蒂的名字；然而，如果没

275 GTB/C 车型有着外露的快速加油口。

有他，恩佐可能就没有那么多好写的东西了。在庆祝完93岁生日后不久，法拉利传奇真正的缔造者路易吉·奇内蒂先生于1994年因心脏病与世长辞。历史不会忘记他。作为一名经销商和进口商，奇内蒂远比恩佐更了解美国市场。为了满足顾客们的需求，他不仅会挑战"指挥官二世"的决策，有时还会自费生产特别版法拉利车型！

北美赛车队（NART）是法拉利车队的一个独立分支；当恩佐·法拉利决定不以自己的名义参加比赛后，北美赛车队偶尔也代表厂队参赛。多年来，NART这四个字母已经成为了美国赛车运动中最家喻户晓的缩写之一，汇集了马里奥·安德雷蒂、丹·格尼、马斯顿·格里高利、佩德罗·罗德里格斯和里卡多·罗德里格斯、保罗·奥谢、里奇·金瑟、菲尔·希尔、斯特林·莫斯、鲍勃·邦杜兰特、山姆·波西、吉姆·金伯利、布莱恩·雷德曼、丹妮斯·麦克格奇等多名传奇车手。从1956年至1982年，北美赛车队在26年间参加了200多场赛事，旗下拥有150余名车手，其中就包括奇内蒂的儿子小路易吉·奇内蒂。

由于两人交情甚笃，法拉利允许奇内蒂在北美赛车队中使用跃马标志；然而，有关车队的所有决定都是奇内蒂一人提出的，而他常常发现自己和恩佐·法拉利意见相左。两人的脾气都十分固执，有时能够达成共识，有时则完全不能。

1967年问世的NART Spyder是奇内蒂和法拉利最著名的分歧产物之一。在路易吉看来，"Spyder"和"Convertible"

275 GTB/C的发动机配有高升程凸轮轴、250 LM同款气门、加强版活塞、特殊的曲轴设计，以及全新的韦伯40 DFI 3化油器。作为一款纯粹的竞赛车型，GTB/C配备了干式油底壳发动机润滑系统及独立油罐。

是两种完全不能互换的车型，每种都有自己特定的用途。当奇内蒂还是一名赛车手时，他曾经驾驶166 MM赢得过勒芒比赛，而Spyder就是像这辆166 M一样没有车窗和车顶的敞篷赛车。"Convertible"则指的是一般的敞篷车，配有可折叠车顶和可升降车窗。到了20世纪50年代末，两种车型之间的区别逐渐模糊，而这也是奇内蒂促使法拉利先是在1958年推出长轴距版250 GT Spyder California，而后又在1960年推出短轴距版车型的原因。两款车型在美国都卖得很好。

到了1964年，法拉利的产品线已经分为了四种车型。打头阵的是豪华的500 Superfast，它继承了法拉利在20世纪60年代初通过410 Superamerica和400 Superamerica树立的豪华形象。在它之后的是造型优美的330 GT 2+2，以及美得令人惊叹的275 GTB和GTB/C Berlinetta车型。然而，排在最后的275 GTS则是一辆让人提不起激情的车，名字里

所谓的"Spyder"也只是个噱头。这辆车基于GTB的底盘打造,但是有着风格完全不同的车身设计。它没有保留塞尔吉奥·宾尼法利纳为275 GTB打造的精致的车身线条,风格看起来更加保守。在奇内蒂看来,把275 GTS这款敞篷车叫作Spyder是对这个词的滥用;同时,无论是从内涵精神还是从车身形式上看,他在北美市场上大获成功的Spyder California车型都不该有这么一个名不符实的继任者。

恩佐根本不想再为奇内蒂的美国市场制造另一款特殊车型。他认为275 GTS已经足够了。如果这辆车被视为一款常规的敞篷公路车,那也就罢了;但它不是,而奇内蒂的客户们真正想要的是一款敞篷赛车版本的275 GTB/4。

因此,奇内蒂决定在没有法拉利的帮助下自行打造这样的一款车。实际上,小路易吉·奇内蒂也曾经向父亲提议打造一款基于全新275 GTB/4 Berlinetta的Spyder车型,并认为法拉利本来就该打造这样一款车,而不是用那些见不得人的275 GTS取而代之。为了完成这项任务,奇内蒂找到了恩佐·法拉利最主要的车身制造商塞尔吉奥·斯卡列蒂,并委托Scaglietti制造厂专门为奇内蒂汽车公司和北美赛车队基于Berlinetta车型打造一系列赛道版Spyder。在改装车体方面,斯卡列蒂是一位不折不扣的艺术家,而从他位于摩德纳的工厂中驶出来的更是手工打造的大师之作。

重新命名为275 GTS/4的车型配备了一台四凸轮轴V12发动机以及六个韦伯40 DCN 17化油器,能够在每分钟8 000转时输出330马力。车身建立在经过改进的Tipo 596四轮独立悬架底盘上,发动机、传动轴和变速箱牢固地排列开来,整体结构与全新的330 GTC相同。

从外观上看,四凸轮轴车型的发动机盖中央有一条隆起,从这一点能够很容易地将它们和标准款的双凸轮轴275 GTB车型区分开来。而在驾驶体验上,两款车型的区别也很明显,驾驶员踩下油门的瞬间就能够感受到——GTB/4和GTS/4车型可以在6.7秒内从静止加速到96千米/时,极速超过240千米/时。

重新设计的275 GT车型由Scaglietti直接交付给奇内蒂汽车公司,并仅在北美销售。尽管法拉利官方几乎不承认275 GTS/4 NART Spyder这样一款车的存在,但它却成

275 GTB是第一款配备了四轮独立悬架的法拉利公路车,而275 GTB/4则是第一款配备了双顶置凸轮轴发动机的车型。GTB/4车型并没有很大的改变,至少在外观层面上与前一代基本一致,但从驾驶者的角度来看,GTB/4有着与搭载单顶置凸轮轴发动机的前代车型截然不同的个性。除了在发动机盖的中央有一条隆起之外,GTB/4与它的前代车型看起来几乎一模一样,不过它搭载了一台更强的300马力双顶置凸轮轴V12发动机。

右图:
275 GTB 和 GTB/4 车型的设计风格演变自 250 GTO 和 GT Berlinetta Lusso,从图中的后四分之三视角看去,这一点体现得格外明显。

左图:
275 GTB/4 搭载了一台科隆博式 60 度夹角 V12 发动机,压缩比为 9.2∶1,由六个韦伯双阻风门下吸式化油器提供燃料,最大功率 300 马力。

左页图:
尽管 275 GTB 和大多数法拉利车型一样,最早是作为一款公路用 GT 跑车研发的,但它在不久之后就被客户们(以及法拉利厂队)带上了赛场。法拉利也小批量生产了一些 275 GTB/C 车型,为它们配备了更加强大的 V12 发动机并减轻了车身质量。一辆 275 GTB/C 曾经赢得了勒芒 24 小时耐力赛 GT 组别的冠军;直到今天,仍然没有哪辆前置发动机赛车能够再度获此殊荣。(图源:GP Library/Getty Images)

为了法拉利最受追捧的车型之一,甚至有很多 Berlinetta 车主后来都将自己的爱车改成了 Spyder 的外形。

第一辆 NART Spyder 于 1967 年 2 月抵达美国,底盘编号 09437,车身为 "giallo solare"(意大利语中的 "太阳黄")色,与深黑色的皮革内饰形成了鲜明对比。为了让新车在北美市场打响第一炮,奇内蒂决定让这辆 NART Spyder 参加赛百灵 12 小时耐力赛。在车手人选上,他找到了平基·罗洛和丹妮斯·麦克格奇两位女车手。两人曾经在 50 年代末驾驶 OSCA 制造(全称为 Officine Specializzate Costruzione Automobili-Fratelli Maserati S.p.A.,为玛莎拉蒂兄弟在 1947 年创办的赛车与跑车制造商,于 1967 年关闭——译者注)的赛车参加过赛百灵的比赛,1961 年,麦克格奇还驾驶一辆法拉利 Berlinetta 在赛百灵赛道赢得了组别

第七章 进军北美

左图：

除了恩佐·法拉利之外，路易吉·奇内蒂可以说是法拉利历史上最重要的人物。奇内蒂将法拉利品牌带到了美国，同时以赛车手的身份赢得了1949年的勒芒赛事，为法拉利带来了早年间最伟大的一场胜利。

右图：

1956年，路易吉·奇内蒂（左二）创立了北美赛车队（NART）。在接下来的26年里，北美赛车队参加了200多场赛事，旗下拥有150余名车手，其中就包括奇内蒂的儿子小路易吉·奇内蒂。作为美国赛车运动中最家喻户晓的车队之一，北美赛车队可以说是群星荟萃，汇集了马里奥·安德雷蒂、丹·格尼、佩德罗·罗德里格斯和里卡多·罗德里格斯、里奇·金瑟、菲尔·希尔、斯特林·莫斯、鲍勃·邦杜兰特、吉姆·金伯利、布莱恩·雷德曼、丹妮斯·麦克格奇等多名传奇车手。

第一名，以全场第十的成绩完赛。然而，当麦克格奇在赛百灵驾驶 NART Spyder 比赛时，她遭遇了赛车手最大的噩梦：一个混乱无序的维修队。而造成这一切的原因可能是因为在那场比赛中，路易吉·奇内蒂没有到场监督。

"路易吉可以是一个混蛋，也可以是一名冠军。这在一定程度上取决于你有多少钱，以及你有没有当赛车手的天赋，"麦克格奇说道。"有一说一，路易吉有一种神奇的本领：他能够促使自己那些腰缠万贯的客户去资助那些家境没那么好，但是手、眼和右脚协调能力更好的人。一些富有的法拉利车主意识到了这一点，并愿意与路易吉合作，支持他的赛车项目。一些人则会不满于法拉利高昂的维护费用，并且在赛车界说路易吉的坏话；但即使让路易吉听到了，他也只会对此不屑一顾，最多像个标准的意大利人那样耸耸肩。还有的车主只是会一直付钱。他们可能并没有开过几次自己花大价钱备战勒芒或者赛百灵比赛的赛车，但他们也是赛车事业的一分子。他们的头盔与菲尔·希尔、波塔戈侯爵、佩德罗·罗德里格斯等人的头盔一起挂在维修站的墙上，因为他们也是路易吉的 NART，即北美赛车队的一部分。"谈到这里时，麦克格奇的语气十分自豪。

尽管谈到路易吉·奇内蒂时，人们经常称他为一名法拉利经销商，以及第一个将法拉利带入美国的人，但他的

小路易吉·奇内蒂想出了设计一款敞篷版275 GTB/4的主意,并将其称之为NART Spyder。这款车由Scaglietti制造厂生产,共生产了十辆,仅在美国销售。图中这辆是1967年下线的第一辆样车。

功绩远不止如此。在麦克格奇看来,"如果没有路易吉,心灰意冷的恩佐·法拉利可能永远不会在二战结束后重新开始打造赛车。"然而,历史告诉我们,法拉利确实重新开始造赛车了,并且能够通过公路车型的利润来为赛车事业提供资金。"路易吉将法拉利引入了法国和美国,并且为法拉利找到了富有的买家和天才般的车手,"麦克格奇说。"他巧妙地将这两点结合起来,确保了法拉利在战后车坛的标志性地位。他甚至发掘了菲尔·希尔,为法拉利带来了第一位美国籍世界冠军。"

"因此,也有一些顾客对此不满,觉得自己被利用了。但他们的目光实在太短浅,看不到路易吉的远大志向。1946年的那个昏暗的圣诞夜,路易吉说服了恩佐·法拉利重新开始打造赛车;他现在的目标就是要为好马配好鞍,找到合适的车手驾驶赛车参赛。对于他来说,只有当好车手开着好赛车赢得比赛时,世界才是平衡的。他的毕生志向就是实现这一夙愿,也只有他才能够做到这一点。"

麦克格奇是一位屡获殊荣的记者、作家和赛车手。1957年,当她第一次在纽约州的蒙哥马利机场驾驶一辆捷豹XK140参加比赛时,她对路易吉·奇内蒂有了特别的认识。她回忆道:"当时他笑得很开心,不停地摇着我的胳膊

NART Spyder 基于 275 GTB/4 Berlinetta 的底盘打造,这也是法拉利当时最好的车型平台。275 GTB/4 Berlinetta 本就是一辆美丽动人的车型,要将它重新设计成双座敞篷跑车并不是一件易事。然而塞尔吉奥·斯卡列蒂自有良策:他干脆利落地去除了宾尼法利纳设计的溜背形车顶,保留了流畅的后翼子板线条,并且将其和后备箱盖完美地融为一体。

说:'没准儿——(他总喜欢把'准'重读)——没准儿你应该试试来开法拉利。'当时我并没有意识到这句话的分量,因为我只是大致了解一些他在赛车界的过往经历——他曾经在阿尔法·罗密欧和恩佐·法拉利一同为车队效力、在蒙莱里创下过纪录、参加过墨西哥的公路赛事,并且赢得过三次勒芒冠军,很长一段时间都无人打破这项纪录。同时,我也不知道他是位能够发掘与培养赛车人才的伯乐。他十分真诚地夸赞了我,但我那天听完后并没有把它当回事儿。

"几年后,我确实开上了一辆法拉利。那是一辆深蓝色的短轴距版 250 GT Berlinetta,车身由 Scaglietti 打造,曾经参加过 1960 年的勒芒比赛。可我哪敢做梦拥有一辆法拉利啊!当时我是一名自由记者,住在纽约市格林尼治村一栋公寓的第五层,没有电梯。那间屋子实在是太小了,我站在厨房中心伸开胳膊就能够碰到四面的墙。我的书架都是用捡来的砖块和木板搭成的。然而,多亏了路易吉和布里格斯·坎宁安,我不敢做的梦变成了现实:我真的拥有了一辆法拉利。那不仅是我唯一的一辆车,还是我唯一珍视的东西。在那时,一辆二手的法拉利都要 9 000 美元,至于后续的维保费用那就更不用想了。大概是因为有人为我的车子付了钱,我从来没收到过一张账单。

当路易吉·奇内蒂于1956年创建北美赛车队时,恩佐·法拉利准许他使用法拉利的跃马徽标,而奇内蒂在徽标的上下两边分别加上了风格化的美国国旗和北美赛车队的缩写(NART)。

"我收到那辆Berlinetta时,正好赶上了1961年3月的赛百灵耐力赛。而这也正是路易吉的计划。和我一起的另一位车手是艾伦·伊戈尔;他是一位爵士乐手和萨克斯手,之前只在脑海中幻想过开赛车。我有一个习惯,就是在力所能及的范围内满足同伴的想法,于是我就问他是否想跟我一起在赛百灵赛道比赛。他毫不犹豫就答应了。于是,我们就开始紧锣密鼓地为比赛做准备。我让艾伦在Lime Rock的一处废弃赛道练习车技,并且让他参加了在新泽西州瓦恩兰市举办的一场小规模赛事。他有一种驾驶的天赋,而且能很好地在赛道上发挥出来。并不是所有人都能做到这一点。

"在赛百灵耐力赛上,我们以全场第十名的成绩完赛,赢得了我们的组别和GT组别的冠军。GT组别第一名的奖金与全场第一名的奖金均为2 000美元,而赢得了全场第一名的是驾驶着厂队Testa Rossa赛车的菲尔·希尔和奥利维·珍德比恩。这笔钱还没在我们的兜里捂热乎,我们就用它把法拉利运到了欧洲,参加了纽博格林的1 000千米耐力赛。和绝大多数事情一样,赛车在当时也比今天更简单,而且并不烧钱,任何有想法的人都可以参与其中。

"我是以自己的名义驾驶Berlinetta在赛百灵比赛的,但我也完全有可能以北美赛车队的名义参赛。它和今天的赛车界所理解的那种'车队'并不一样,更像是在街角的球场临时组织起来的篮球队——只不过,在这个街区里,竞争可是相当的激烈。在参赛前,路易吉会先思考哪些车手有时间、他想给哪些车手更多上场机会,以及哪些车主

第一辆 NART Spyder 配备了美制单位的仪表；根据 Road & Track 杂志的测评，这款车的最高时速可达每小时 240 千米。NART Spyder 的内饰符合法拉利的一贯传统：简洁实用，没有花哨的装饰，只有最基本的配置以及手工缝制的皮革面中控台。这辆车的座椅由黑色皮革包裹，内饰主色调也是黑色，与柔黄色的外观形成了鲜明对比。同时，275 系列车型配备的大尺寸金属换挡杆也很引人注目。

资金更充裕，然后根据这些信息安排上场的车辆和人员。他可能会让一位有希望夺冠或者已经夺过冠的车手和一个有钱的客户搭档，后者可能会在驾驶座上开得足够尽兴，也可能为了比赛而上场不了多久。这需要周密的计划：比赛的最终目标是为了赢，这就意味着更优秀的驾驶员会在比赛中开更久的车。然而，有的客户财力雄厚，以后的比赛还需要靠他们支持，因此又不能让他们觉得自己被怠慢了。人员调配是一种杂技般的艺术，而路易吉堪称大师，"麦克格奇回忆道。

"因此，只要是路易吉提名参赛的车手，都会被归入北美赛车队名下。只要他想，他可能会在任意一场赛事中派出七八个车组参赛。我确定其他人和我一样，都没意识到自己是在代表北美赛车队比赛，"麦克格奇说，"我们只是开着一辆和路易吉有关的赛车参赛罢了。在我事后看来，当时的北美赛车队确实具备正经赛车队的组织架构。事实上，多年之后，那些习惯于对过去的事件进行整理并称之为'历史'的人编制了一份名单，里面汇集了所有曾为北美赛车队效力过的车手，而我的名字也位列其中。直到看到'麦克格奇'四个字时，我才意识到自己也曾经是北美赛车队的一部分。这份名单群星荟萃，里面包括许多振聋发聩的名字：菲尔·希尔、丹·格尼、斯特林·莫斯、里奇·金瑟、约翰·苏尔特斯、罗德里格斯兄弟、吉姆·霍尔、马里奥·安德雷蒂……"

丹妮斯在北美赛车队中最出名的座驾是那辆最先问世的 275 GTS/4 NART

上图:
NART Spyder 使用的 Tipo 226 V12 发动机基于法拉利车队在 1965 年使用过的 275 P2 原型赛车的发动机打造。与之前 GTB 车型搭载的 3.3 升发动机相比,气缸两侧的双顶置凸轮轴是这台发动机在设计层面较为明显的主要变化之一。在经过改进后,这台 V12 发动机能够在每分钟 8 000 转时输出 330 马力,通过图中展示的六个韦伯 40 DCN 17 化油器获取燃料。像图中这样化油器裸露在外的视角是不多见的。

下图:
第一辆 NART Spyder 防火墙上面的车身铭牌仍然将其标识为一辆硬顶版 275 GTB/4。

Spyder,尽管从严格意义来说,它甚至都不算是北美赛车队的参赛车辆!在参加赛百灵比赛的前一年,北美赛车队的车手马里奥·安德雷蒂在一个叫作韦伯斯特弯的弯道发生了事故,致使两名观众死亡。诉讼使得路易吉第二年无法参赛;事实上,因为这几桩官司,他甚至都无法踏入佛罗里达州。"他把那辆 Spyder 交给了我(我觉得当时我可能只为了那辆车付了 1 美元),然后我带着这辆车报名了赛百灵 12 小时耐力赛,"麦克格奇说,"当时,我住在佛蒙特州北部的 Sugarbush 雪场附近,所以我把'NART'的标识取下来,敲掉了'A'里面的横线,然后把它倒着放回去,就变成了'NVRT'——North Vermont Racing Team,北佛蒙特州赛车队。我是不是跟你讲过,当时做事情比今天简单多了?

"但是我们有赞助商,这在那个年代是很罕见的。雪铁戈(Citgo)石油公司购买了我写的《你是名女司机吗?》(Are You a Woman Driver?)一书,并在加油站与牛排刀之类的东西一起作为赠品送给那些给油箱加满的顾客——那时候在加油站的体验也和今天大不相同。同时,雪铁戈还扩展了合作范围,赞助了参加赛百灵比赛的那辆 275 GTS/4 赛车。我认为他们给路易吉支付了 6 000 美元。

"尽管如此,由于路易吉并未到场,车队工作人员的安排还是相当杂乱无章的,至少一开始是这样。"随着比赛的进行,其他五辆法拉利都因为各种原因退赛,只剩下麦克格奇驾驶着淡黄色的敞篷车在赛道上飞驰。而在五辆赛车相继退赛后,原本无事可做的法拉利技师们纷纷涌入麦克格奇的车组,希望

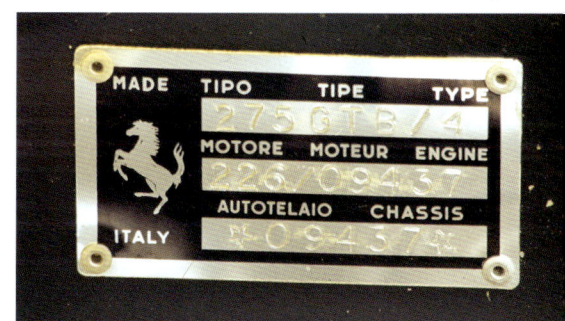

第七章 进军北美　181

丹妮斯·麦克格奇是美国最早的女性职业赛车手之一，同时也是第一位驾驶275 GTS/4 NART Spyder参赛的车手。她在1967年的赛百灵耐力赛中第一次驾驶了这辆搭载了四凸轮轴发动机的敞篷跑车。（图源：Dave Friedman）

能够为他们出上力，避免法拉利品牌在赛场上全军覆没。

"我不知道在那次灾难性的进站时，这些技师在不在场，是否真的帮上忙。当时，车子的四条轮胎都被卸了下来，但是只能找到三个用来更换的新轮胎！所以，这辆车在换完胎后，我带着三条新轮胎和一条橡胶都要磨没了的轮胎继续参赛，直到后面才再次进站更换。也许那次额外的进站耽误了太长时间，足以让我们把获得组别冠军的机会拱手相让，因为比赛实在是太激烈了。但其实还有一件事刺激到了最终夺冠的谢尔比美国（Shelby American）车队，至少他们的首席技师是这么告诉我的——'我们可不想被女人打败！'"

"这辆黄色的 NART Spyder 是路易吉委托 Scaglietti 为美国市场打造的 25 辆特别款宾尼法利纳敞篷车中的第一辆。实际上，最后只造出来了 10 辆车，"麦克格奇说道。"在 10 辆车中，我们这辆是仅有的两辆使用全铝制车身的赛车之一，也是唯一一辆已知参赛过的车。

"恩佐不喜欢敞篷车，但是路易吉喜欢。恩佐不喜欢黄色的车，但路易吉喜欢。路易吉曾经笑着告诉我，恩佐说他'造了辆出租车出来！'但是路易吉相信，如果他的车更容易被记分员看到，那么他就会赢得四次勒芒比赛，而不是三次。他认为他的深色赛车曾经在阴雨天被记分员少数了一圈，而如果算上这一圈的话，他本可以再获得一次胜利。所以，他认为一辆黄色的赛车更容易被记分员记录下来。"

在参加了赛百灵耐力赛后，这辆 NART Spyder 又出演了由史蒂夫·麦奎因（他购买了第六辆 NART Spyder）和费·唐纳

酸，"她说。麦克格奇还透露了另一件巧合：在史蒂夫·麦奎因离开纽约成为电视电影明星之前，两个人曾经在格林尼治村交往过一段时间，并且当时的爱车都是 MG TC。

"后来，这辆赛车几经转手，售出所得帮助建立了杰克逊维尔的 Brumos 保时捷车队，至少我听车队的主要负责人鲍勃·斯诺德格拉斯是这么说的。在 2005 年的圆石滩车展上，这辆车以 360 万美元的价格成交，超过了那一周任何一场拍卖会上的任何一辆车。我将它开上了展台，而副驾驶的乘客是小路易吉·奇内蒂。

"没准儿老路易吉看到了这样的场景，会微笑着耸耸肩呢！"

在赛百灵的比赛结束后，奇内蒂立刻将这辆 NART Spyder 送到了 Road & Track 杂志那里进行测试。1967 年 9 月刊的一篇文章记录了这辆车令人印象深刻的表现：它的极速高达 248 千米/时，能够在 14.7 秒内跑完四分之一英里（静态起步），尾速为 158.4 千米/时。Road & Track 杂志称它为"世界上最令人满意的跑车"。

尽管 NART Spyder 一共只生产了十辆，很难称得上是一款"量产车"，但这个数目在法拉利车型中不算是一个小数字。如果考虑到这是一款工厂原本无意制造的车，产量就更加可观了。幸运的是，多亏了路易吉·奇内蒂有着打造一辆正统 Spyder 的高瞻远瞩，如今我们才能够亲眼见到这款特殊的 275 GTS/4。

薇主演的 1968 年版"龙凤斗智"（The Thomas Crown Affair）。为了适应电影需要，这辆车被涂成了更加上镜的酒红色。之后，在 1987 年，这辆车在佛罗里达州的谢尔顿公司进行了全面修复，车身颜色恢复为出厂时的淡黄色，并赢得了美国法拉利俱乐部 25 周年纪念优雅竞赛的最佳展车奖。巧合的是，麦克格奇正是这场活动的特邀总司仪，也是她为这辆车颁发了奖杯。"看到这样的场景，往事涌上心头，很难不让人鼻

从赛车手做到赛车进口商，再从进口商做到赛车队经理，路易吉·奇内蒂深知如何让他的车手及赛车激发出全部的潜能。这张图摄于 1963 年的戴通纳赛道，在奇内蒂身边的是车手佩德罗·罗德里格斯。

奇内蒂家族与北美赛车队

R. L. 威尔逊

尽管我直到 25 岁才拿到驾照，但由于我对赛车运动和 20 世纪 50 年代之后的法拉利都有着浓厚的兴趣，我和北美赛车队及奇内蒂家族，即路易吉·奇内蒂和小路易吉·奇内蒂（人们常常亲切地叫他 Coco）父子二人都建立了亲密的友谊。

我的第一辆法拉利是 246 GT Dino。作为法拉利车主，我会把车子从位于纽黑文东部哈德莱姆的家开到奇内蒂汽车公司维修保养。有一次，奇内蒂的妻子玛丽恩问我是否在雨中驾驶过 Dino（并且不建议我这样做）。还有一次，迈尔斯·戴维斯的经纪人把这位传奇爵士小号手的白色 246 GT 带过来保养。奇内蒂家族销售的法拉利和其他高性能车型有着令人难以置信的客户群体，而这也是恩佐·法拉利在 1946 年与路易吉·奇内蒂达成协议的原因之一。他曾经告诉我，他在大约 19 岁时就和恩佐·法拉利成为朋友了！

路易吉·奇内蒂曾经向我出售过一辆法拉利 F2 赛车。这辆了不起的车是他在 20 世纪 60 年代末引进的五辆同款赛车之一，售出后的数年间一直是我位于哈德莱姆的办公室最吸引人的藏品。我仍然记得，当这辆车被推出他位于格林尼治的展厅时，他不忍看下去，转身走进了办公室。这辆美丽的性能机器已经在他那里展示了很多年，他对那辆车有很深的感情。在路易吉看来，性能车顶端的那些车，即赛车，是有灵魂的。多年以来，直到老路易吉去世前几天，我都会常常从他们父子二人口中听到许多两人关于赛车的冒险故事，以及他们跟顶尖的跑车品牌和金字塔尖的客户打交道的经历。

1981—1983 年间，我是奇内蒂的车队在勒芒 24 小时耐力赛的赞助商之一。作为赛事中出钱出力的一分子，我们可以住在专门为车队和赞助商在勒芒一处安静的地方租赁的乡村别墅中，并且可以和车队一起用餐，与奇内蒂的车队一同前往赛道，同时还配有专门的赛事出入许可证。

每年，奇内蒂的用车都是一辆 512 BB。这辆专车经由法拉利工厂特别调校过，车身上印着包括卡地亚在内的赞助商。凭借着摄影许可证，我可以自由地进入车队的维修站，并且在赛道周围走动（呼啸而过的赛车速度超过每小时 320 千米，不知道今天的安保人员是否能允许摄影师再像这样长时间走动）。只要安全负责人向你招手示意通行，你甚至可以横穿慕尚大直道的尽头。

对于路易吉·奇内蒂父子二人来说，在勒芒的这一周就像是回老家一样。作为官方摄影师，我常常会拍摄数千张照片。老奇内蒂先生还会经常让我给他和他的老朋友拍照，其中一些人认识的年头可以追溯到他在 20 世纪 30 年代初代表阿尔法·罗密欧在巴黎参加的第一场比赛。

在 1982 年的那个赛季，车队在勒芒的一座修道院举办了一场盛大的晚宴，来庆祝路易吉驾驶阿尔法·罗密欧赛车赢得勒芒首胜五十周年。这是一场重要的活动，所有的达官贵人都前来参加，以旧世界欧洲人独有的派对方式来庆祝。

那一年的晚些时候，北美赛车队的一些车手在纽约市的 Wave Hill 庄园出席了由 *Road & Track* 杂志赞助支持的 50 周年纪念晚宴，再次庆祝了奇内蒂在勒芒赛场上的首次胜利，以及他非凡的汽车生涯。来宾包括丹·格尼、菲尔·希尔、卡罗尔·谢尔比、吉姆·金伯利、丹妮斯·麦克格奇、鲍勃·格罗斯曼等一百多名赛车手、客户和老朋友（还有卓拉·阿尔库斯·邓托夫、雷内·德雷福斯、约翰·维茨、比尔·鲁格等人）。没能到场的马里奥·安德雷蒂、里奇·金瑟、珍妮特·格思里、斯特林·莫斯等人也寄来了最诚挚的祝愿。人们还缅怀了已故的哈里·谢尔、格拉汉姆·希尔、罗德里格斯兄弟及波塔戈侯爵——他们都是北美赛车队曾经的成员。和许多人一样，侯爵的赛车生涯也是由路易吉推动的：在巴黎丽兹酒店的酒吧里，路易吉告诉波塔戈侯爵赛车比赛马更刺激，从而说服了后者加入赛车运动。

哈佛大学霍顿图书馆稀有书籍收藏处著名的图书装订师阿诺·沃纳用皮革精心装订了这本漂亮的剪贴簿。每位来宾都在书中签了名，同时书中还有一些老照片和新闻剪报。在晚宴的另一位主人小路易吉·奇内蒂对其中内容进行介绍后，我向众宾展示了这本册子。

几年之后，小路易吉·奇内蒂搬到了哈德莱姆，成为了我的邻居——我们经常会在我办公室的大屏卫星电视上观看大奖赛，常常一起参加社交活动，并且时不时会在法拉利俱乐部的聚会或者赛事中碰面。小路易吉的五十岁生日也是在我位于哈德莱姆的房子庆祝的。超过 75 位参加派对的老朋友们都在我的留言册上签了名，其中包括"60 分钟"（*60 Minutes*）节目的主持人之一莫利·塞弗。之后，老路易吉先生的出现阻止了本来不可避免的食物大战——小路易吉·奇内蒂对这项活动的喜爱几乎人尽皆知。

多年之后，在撰写《伯莱塔世界》（*The World of Beretta*）时，我了解到法拉利也有一支猎枪射击队，并且还会时不时造访伯莱塔位于特伦比亚山谷加尔多内的主工厂。伯莱塔公司的执掌者，乌戈·古萨利·伯莱塔本人也是一位车迷，还曾经见过恩佐·法拉利。

在我和兰登书屋出版社签订写作合同后，伴随我首次访问伯莱塔公司的还有小路易吉·奇内蒂、本书作者丹尼斯·阿德勒，以及我们共同的好友史蒂夫·费耶尔斯塔德［著有《枪支价值蓝皮书》（*Blue Book of Gun Values*）一书］。那一次，我们在法拉利的工厂度过了一天，还被允许在费奥拉诺赛道上试驾法拉利最新款的车型（我坐在路易吉驾驶的那辆车上——他的驾驶风格十分老练，对乘客来说既紧张又刺激）。

在和奇内蒂家族共事多年之后，有一点逐渐明晰，那就是奇内蒂父子二人都有自己独一无二的生活方式和志趣。而奇内蒂与北美赛车队的故事还远远没有讲完。奇内蒂家族拥有超过一万件赛事藏品；这些照片、奖杯和纪念品帮助我们记录了从 20 世纪 20 年代一直持续到今天的这段独特而精彩的赛车旅程。老路易吉先生告诉我，Coco 曾经在加拿大的一场方程式比赛中与吉尔·维伦纽夫驾驶一样的赛车同场竞技过，而他击败了维伦纽夫。他确信自己的儿子本可能会是一名世界一级方程式赛车冠军。然而，Coco 是老路易吉的独生子，而他肯定也会因此有所顾虑，无法全情投入到赛车事业之中。任何了解小路易吉·奇内蒂的人都会被他渊博过人的汽车知识所折服。能够成为奇内蒂家族故事的一部分，即便只是站在镜头后面，我也始终与有荣焉。

法拉利最伟大的赞助者之一是拥有多家旅馆和赌场的百万富翁威廉·哈拉。1961 年,哈拉和法拉利在意大利马拉内罗的工厂前留下了这张合影。哈拉通过自己的人脉和客户圈子向外推广法拉利,对品牌发展起到了重要的助力作用。

公路车:立足北美,面向世界

得益于奇内蒂家族的影响力,法拉利在美国的销量和知名度节节攀升,北美地区也成为了推动法拉利持续成功的最重要市场之一。因此,从 20 世纪 60 年代末到 70 年代再到今天,法拉利生产的许多车型都是针对美国买家设计的。

尽管当时的 Lusso 车型比它的前任都要更加接近于一辆真正的旅行跑车,并且非常适合美国市场,但当时的法拉利已经开始基于 400 Superamerica 研发一款真正的豪华车型。两款车型在 1964 年同时在产。400 Superamerica 的造型同样由宾尼法利纳设计,汲取了 60 年代初几场车展上主流的风格元素,其中就包括在 1960 年的都灵车展上轰动一时的 Superfast Ⅱ。

400 Superamerica 的造型启发了 1964 年推出的 500 Superfast。几十年来,法拉利车主和跑车爱好者们一直对它的设计争论不休。在批评者看来,400 Superamerica 的外形丑陋而不协调,一位评论者曾写道:"先用手或者一张纸把车的前半部分遮住,然后再把后半部分遮住,你就会发现两边根本不像一辆车。"而在支持者那边,有的人认为这辆车是当时最激动人心的设计之一。两种观点各执一词,或许是因为他们对 400 Superamerica 的评价都不够客观,但 500 Superfast 无疑是一辆公认更好看的车。它有着更加柔和的车身线条、垂直向下的尾部、裸露的头灯,以及更

500 Superfast 的车名直译过来就是"超级快",而它光滑的流线型风格也和名字十分相称。它的车身设计最早起源于宾尼法利纳设计的一辆展车,部分元素来源于 250 GT Berlinetta Lusso 及它的前代车型 400 Superamerica。

加优雅的 C 柱和后风挡玻璃。

在打造 500 Superfast 车型时,塞尔吉奥·宾尼法利纳保留了流线型轿跑的美学线条并对其进行了修改调整,以更加精细的方式将其和 250 GT Berlinetta Lusso 的线条结合,而后者是法拉利和宾尼法利纳在造型设计上的一座高峰。

在 1964 年 3 月的日内瓦车展上,500 Superfast 首次亮相。作为 400 Superamerica 更大、更豪华、动力更强的继任车型,500 Superfast 的发动机盖下装配了一台基于科隆博和兰普雷迪的设计改进后的 60 度夹角 V12 发动机。为了与美国市场广受推崇的 4 960 立方厘米排量发动机达到同一水平,发动机的排量从原先 Superamerica 车型的 3 967 立方厘米提高到了 4 962 立方厘米。通过采用 1950 年由兰普雷迪设计的长缸体 60 度夹角 V12 发动机的 108 毫米气

第七章 进军北美

在设计新款车型时，宾尼法利纳在很大程度上依赖于已有的法拉利造型元素。比方说，500 Superfast 的翼子板通风口和 400 Superamerica 上面的设计相似，而这款车的通风口又继承自更早的 410 Superamerica 车型；同时，它的翼子板线条也和 250 GT Berlinetta Lusso 一脉相承。已故的设计大师塞尔吉奥·宾尼法利纳曾说："创造一种新设计并不总是一件容易的事。一方面，如果你太过于墨守成规，遵循老的设计不放手，那么设计出来的东西就可能和自己之前的作品重合度过高，缺乏新意；另一方面，我认为我也做对了一件事，那就是抵挡住了过度创新的诱惑，没让自己设计的每一辆车都看起来过度激进。"

通过使用木质饰板来装饰仪表板和中控台，500 Superfast 拥有了当时所有法拉利车型中最豪华的内饰。

缸中心距离，以及大型科隆博 V12 发动机的机械布局，这台混合了二者设计的发动机得以大幅提高排量，缸径 × 冲程为 88 毫米 ×68 毫米。

1956—1959 年生产的 410 Superamerica 车型使用的兰普雷迪发动机与新款的 500 Superfast 缸径和冲程相同。大型的科隆博 V12 发动机则与 400 Superamerica 同期问世，缸径较小（77 毫米）而冲程更长（71 毫米），排量为 3 967 立方厘米。通过与兰普雷迪发动机采用相同的气缸尺寸，500 Superfast 如今能够在每分钟 6 500 转时输出强劲的 400 马力，与 50 年代的 410 Superamerica 车型水平相当。同时，改变压缩比也提高了输出功率。兰普雷迪发动机的压缩比是 8.5 ∶ 1，在每分钟 6 000 转时能输出 340 马力，而后来的发动机压缩比为 9 ∶ 1，能够输出更强的 400 马力。500 Superfast 的发动机压缩比为 8.8 ∶ 1，与搭载科隆博发动机的 400 Superamerica 相同，但后者在每分钟 7 000 转时只能输出 340 马力。同时，值得注意的是，虽然早期的 400 Superamerica 有着更高的压缩比（9.8 ∶ 1），并且和 500 Superfast 一样能够输出 400 马力，但它达到这个马力

第七章 进军北美　　191

跨页图：
330 GTC 的设计惊人地融合了三款法拉利车型的车身风格——在它的身上，你能够找到 400 Superamerica、500 Superfast 及 275 GTS 的影子。正如已故的法拉利历史学家迪恩·巴彻勒所说的那样，"这种组合本来可能会是一场灾难。"然而，330 GTC 却成为了法拉利最吸引人的双座轿跑车之一。

本页图：
330 GTC 的车身后部设计常出现在诸如 330 GTS 这样的法拉利敞篷车上，然而这种风格放在它身上居然也十分的合适。事实上，330 GTC 比 330 GTS 还要早半年问世。

所需的转速也更高。兰普雷迪和科隆博发动机都配备了三个双阻风门韦伯下吸式化油器。

在 1964 年，500 Superfast 拥有当时法拉利乘用车中最强大的发动机。第一代车型生产了大约 25 辆，配备了源自 400 Superamerica 的四速全同步变速箱，同时配有电子超速挡。第二代车型在 1965 年末至 1966 年末中间生产了 12 辆，与第一代相比几乎没有变化，不过在前翼子板两侧增加了散热孔，并且换装了五速全同步变速箱，其中第四挡是直驱挡。

500 Superfast 轴距长 2 650 毫米，比长轴距版 400 Superamerica 的轴距还要长 50 毫米；前轮轮距 1 407 毫米，后轮轮距 1 397 毫米，均略宽于 400 Superamerica。两辆车在悬架部分的设计大同小异：前悬配备了独立不等长叉臂、螺旋弹簧及伸缩式减震器，后主动轴则使用了弓形板簧及伸缩式减震器。除了发动机不同外，500

左图:

在 1956 年的 410 Superamerica 之后,前翼子板上的鳃状开口成为了法拉利的一大设计特征。宾尼法利纳对此不断修改,并在 330 GTC 上呈现出十分有艺术感的效果。

右图:

330 GTC 借鉴了 500 Superfast 的内饰设计,在中控台上部使用了木质饰板,而下部仍然用皮革包裹。这辆车提供了许多便利功能,电动车窗(按钮在点烟器两侧)只是其中之一。图中这辆车还选装了空调。

Superfast 的机械规格与 1964 年推出的 330 GT 几乎一模一样。

在当时,500 Superfast 是法拉利有史以来推出的最豪华的车型。正如历史学家汉斯·坦纳在 1974 年所写的那样,这辆终极前置发动机法拉利"是为了那些想要在性能机器中获得劳斯莱斯般豪华体验的人准备的"。然而,没有人能比安托万·普吕内更加精准地概括这款车:"毋庸置疑,法拉利和宾尼法利纳联手打造了这辆属于法拉利的'布加迪 Royale'。"

330 GTC 装载了与 330 GT 2+2 相同的 300 马力科隆博式 V12 发动机，排量均为 3 967 立方厘米。这些车型配备了与差速器一体的五速全同步变速箱。

作为马拉内罗的旗舰级轿跑车，500 Superfast 的内饰自然也十分豪华：车内使用了柔软的皮革，并且在仪表板和中控台上下都使用了手工打磨的木质饰条。电动车窗和 AM/FM 收音机都作为标准配置提供。

当第 37 辆 500 Superfast 驶下生产线时，法拉利限量生产轿跑车和双座硬顶跑车的历史也随之告一段落。Superfast 车型和它的同类成为了这一时代的绝唱，也为意大利跑车历史中永远难忘的一章画上了句号。

1966 年，随着 330 GTC 和 330 GTS 车型的问世，法拉利在豪华 GT 车型方面达到了 60 年代的新高度。

本页图：
老路易吉·奇内蒂先生有着悠久而精彩的职业生涯。这张图摄于 1991 年，在他身旁的是最新款的法拉利 Testarossa。1994 年，在他庆祝完 93 岁生日后不久，奇内蒂先生与世长辞。

右页图：
尽管他的父亲对此有所顾虑，小路易吉·奇内蒂仍然成为了一名职业赛车手，并且在 1971 年的勒芒 24 小时耐力赛中驾驶着一辆 365 GTB/4 Daytona 赛车赢得了组别冠军（图中展示的是 1973 年这辆车参加勒芒时的赛况）。本书作者可以为奇内蒂的驾驶技术做担保，因为他曾经和奇内蒂在意大利的费奥拉诺赛道上一同测试过新款法拉利。（图源：Bernard Cahier/Getty Images）

330 GTC 车型首次亮相于当年三月的日内瓦车展，是一辆"集百家之长"的终极混合体法拉利：它的底盘源自 275 GTB，发动机与 1964 年问世的 330 GT 2+2 同款，由宾尼法利纳设计的外形则是将 400 Superamerica 与 500 Superfast 的空气动力学元素和 275 GTS 的车身造型结合而成的。正如法拉利历史学家迪恩·巴彻勒所说的那样："这种组合本来可能会是一场灾难。"然而，在宾尼法利纳的匠心巧手之下，两款 Berlinetta 与一款 Spyder 车型的设计元素交相呼应，最终造就了这辆光彩照人的非凡跑车。

在当时，330 GTC 是一辆真正的现代化法拉利。它配备了四轮独立悬架、不等长叉臂、螺旋弹簧与伸缩式减震器、四轮碟刹及与差速器一体化的五速全同步变速箱。一台科隆博 V12 发动机能够为车辆输出 300 马力。

330 GTC 比其他任何车型都更好地结合了 V12 发动机的澎湃动力及旅行车的纯粹奢华：它很快、很舒适、也很安静，甚至可以选配空调。

成为所有人心目中的理想车型从来不是一件易事，但法拉利通过 330 GTC 成功地向这一目标迈出了坚实的一步。这辆车的生产周期从 1966 年中持续到 1968 年末，随后更换了升级版的 4.4 升发动机，重新命名为 365 GTC，并一直生产到了 1969 年底。

20 世纪 70 年代即将来临，而法拉利也在研发一系列全新的公路车和赛车。这些车型将再次在设计、性能与工程领域取得新的突破。在 275 GTB/4 首次亮相于巴黎车展法拉利展台正好两年后，全新的 365 GTB/4 Daytona 车型问世。从那一刻起，一切将走向未知。

1972 年，法拉利北美分公司也达成了一项新的销售协议。在美国东部，奇内蒂家族与阿尔·加思韦特成为了合作伙伴；而在西部，冯·诺伊曼兄弟的 Competition Motors 退出后，著名汽车收藏家和赌场业主比尔·哈拉带着自己位于内华达州里诺市的 Modern Classic Motors 入局，成为了新的法拉利进口商。

美国是奇内蒂为法拉利一手搭建起来的舞台。随着新的十年即将开始，真正的继任者即将登台亮相。而这一次，法拉利将用前所未有的跑车和赛车震撼汽车界。

第七章 进军北美

第八章
20 世纪 70 年代新面貌

没有什么车比法拉利更适合红色——那抹红色是如此令人心醉神迷，声浪高亢悦耳，速度快到能把人紧紧按在驾驶位上。同时，也没有哪款法拉利比 365 GTB/4 Daytona 更适合红色。这辆车能够让年轻人为之驻足，并重新思考自己的未来，将它加入人生的梦想清单。

在法拉利的语言中，Berlinetta 和 Spyder 是最重要的两个词。在人们确切地了解一款车的年份或具体型号之前，这两个词便定义了车型的本质。而法拉利 365 GTB/4 也是如此。对于许多藏家来说，这个系列的车型是区分这两种设计的终极范例。

1968 年，法拉利 Daytona Berlinetta 车型在欧洲亮相；次年，敞篷版的 Spyder 车型问世。实际上，在巴黎车展上展出的原型车是宾尼法利纳设计的第三版 Daytona 车型，但它也是第一款使用 365 发动机的原型车，并且与量产版车型已经十分相像。这辆车基于 275 GTB 的底盘打造，每一处车身面板和玻璃的设计都和之后的量产版 365 GTB/4 不同，而且它也是唯一一辆由宾尼法利纳制造车身的 Daytona。量产车的车身均由 Scaglietti 制造厂生产。

自法拉利在 20 世纪 40 年代末开始生产公路车以来，Berlinetta 设计已经演变成这个品牌最受欢迎的车身形式之一，无论在公路车型还是在竞赛车型中皆是如此。多年来，法拉利的造型设计要求每辆车都有动感的格栅及醒目而充满进攻性的外观，这一点在 250 MM、340 Mexico、TdF、250 GTO 等车型上均有体现。然而，在全新的 Daytona 车系上，塞尔吉奥·宾尼法利纳和他的设计师团队准备剑走偏锋，设计一款与过去所有法拉利都不一样的新车，并且破天荒地弃用了已经成为品牌特征的椭圆形前格栅。

对于塞尔吉奥·宾尼法利纳来说，打破传统是一个艰难的决定。十多年来，他为法拉利设计的车型都遵循着家族化设计语言，无论车与车之间有着多大的不同，人们都能一眼认出来它们是法拉利。250 GTO、250 GTB Lusso 和 275 GTB 是法拉利第一批大幅推进空气动力学设计的车型，但它们的身上仍然保留了传统的法拉利造型特点。当宾尼法利纳开始为全新的 365 GT 系列发动机和传动系统设计车身时，他坚信空气动力学效率和车辆的机械性能一样重要。因此，他决定在车头用一条风格犀利的细线替换掉充满进攻性的传统椭圆形格栅，让散热器进气口在车鼻下方形成一条水平的缝隙。一下子，他就将法拉利原本令人畏怖的大嘴换成了一抹阴险狠毒的奸笑。

这种全新的车头设计也带来了一个以前从未有过的问题，那便是头灯应该安置在什么地方。

本页和右页图：
图中两辆车分别是最先下线的 1968 年款 365 GTB/4 Berlinetta（红）和 1969 年款 365 GTS/4 Spyder（黄）。两辆原型车的车头均安装了有机玻璃灯带，而头灯隐藏在玻璃之下。这一设计十分惊艳，但却不符合美国的法规。

在过去的二十多年里,车头灯一直是前翼子板设计中的一部分;然而,365 GTB/4 并没有延伸到车头的前翼子板,至少没有传统意义上的轮拱部分。这种窘况引出了法拉利历史上第二次最具戏剧性的设计风格转变——从此,融入在前翼子板线条中的头灯不见踪影。

在 365 GTB/4 上,宾尼法利纳选择将头灯安装在透明的矩形灯罩之下,隐藏在车头的线条中。小尺寸的水平保险杠位于散热器进气口的两侧,上面是藏在灯罩下的停车指示灯,橙色的圆形侧灯则位于两侧的翼子板上。在 1968 年的夏末秋初,至少有一辆包含这些改动的原型车被造了出来。而在最终版的设计中,头灯的位置比原先的设计略微靠后,但现在整个车头被一条透明的塑料灯带覆盖。这条灯带由有机玻璃制成,大约 203 毫米宽,从车头中心一直左右延伸到两角,将停车指示灯和侧灯集成在一起,并最终止于轮拱前方。在灯组边缘及四个头灯上面,灯带基本上是透明的,并且在有机玻璃内侧有着白色的垂直细线条;在中央部分,灯带的内部被涂成了黑色(白色垂直细线依然存在),仅在正中心保持透明,以展示镶嵌在车身上的矩形车标。

在 Daytona 车系最初的设计方案中，头灯隐藏在透明的塑料灯带下面。然而，这种动感的新设计不符合美国联邦当局对车头灯高度的要求，这就意味着出口版本的车辆必须对车头进行更改。于是，法拉利不得不设计出第二种方案：在这个版本中，车头的碘化物头灯位于一个可收回的外壳之中，不开灯时车头的效果与塑料灯带版无异，而开灯时头灯则会"弹出"（类似于科尔维特的设计）。所有最初在美国销售的车型都使用了第二种外观方案。

然而，激进的新头灯绝对不是 365 GTB/4 上唯一值得称道的设计。它的发动机盖由一系列复杂的曲线构成，是整辆车上制造工艺最复杂的部件之一。在机盖两侧大约中间偏后的地方，两个凹陷的通风口位于车辆的低压区域，车头的空气通过散热器之后就从这里排出。为了与风挡玻璃的底边线条相适应，发动机盖的末端需要微微弯曲，这让整个部件的制造工艺变得更加复杂。发动机盖与风挡玻璃之间的缝隙在两侧只有几分之一英寸宽，而在发动机盖中心线的位置则有数英寸宽（1 英寸≈25.4 毫米）。与此同时，发动机盖沿后边缘急剧向上弯曲，在辅助散热之余，理论上能够将气流引导至风挡玻璃上方，而不是让气流直接撞在玻璃上。

Daytona 的原型车（如本页大图所示）有着与量产版车型不一样的后备箱设计：它的后备箱开口没有一直延伸到尾灯之间。这辆车基于 275 GTB 的底盘打造，每一处车身面板和玻璃的设计都和之后的量产版 365 GTB/4 不同，而且它也是唯一一辆由宾尼法利纳制造车身的 Daytona。

365 GTB/4 Berlinetta 在戴通纳赛事、勒芒耐力赛、沃特金斯格伦大奖赛与环法耐力赛上成绩斐然,而在赛百灵和斯帕赛道上则没有取得那么好的成绩。在 SEFAC Ferrari 的历史中,Daytona 是最后一款伟大的前置 V12 发动机车型。此图摄于 1972 年的勒芒赛场,图中两辆缠斗的 GT 组别 Daytona 赛车均属于北美赛车队。(SEFAC 即 Societa per Azioni Esercizo Fabbriche Automobile le Corse 的缩写,是法拉利股份有限公司在 1960—1969 年间使用的名字;在这段时期,恩佐·法拉利将公司 50% 的股份转让给了菲亚特,后者负责生产法拉利的公路车型)(图源:Bernard Cahier/Getty Images)

弯曲的发动机盖在包围风挡玻璃下端时形成的巨大缝隙具有双重作用:它既能为发动机舱提供额外的散热通道,同时又能够将雨刷器藏匿在车身线条之中。从理论角度来说,雨刷器不应该出现在前风挡的视野中:它们不仅会在玻璃上形成恼人的反射,如果不隐藏在弯曲的发动机盖后面的话,还会破坏整车的空气动力学效果。然而,为了能够清理风挡玻璃,这一组件实际上还是无法从发动机盖上完全移除的。

工厂的新闻稿指出,宽大的双曲面风挡玻璃有着"极其流线型的线条",并且以大角度向后倾斜。在玻璃和车身的连接处,原本应该外露的橡胶垫条凹嵌在玻璃下面,目的是为了让车身线条更加流畅,而环绕在玻璃四周的是一条亮面的细金属条。

在 1968 年 10 月的巴黎车展上，法拉利与宾尼法利纳向世界展示了全新的 365 GTB/4 Daytona。在当时，它是法拉利有史以来最贵（价格接近 20 000 美元）和最快（官方宣称时速可达 278.4 千米 / 时），而 1970 年 Road & Track 杂志的一篇测评证明法拉利所言不虚，实测误差不到 1.6 千米 / 时的公路车型。图中是 1968 年展出的原型车。第一份工厂销售手册同时以三种语言印刷：法语，意大利语和英语。

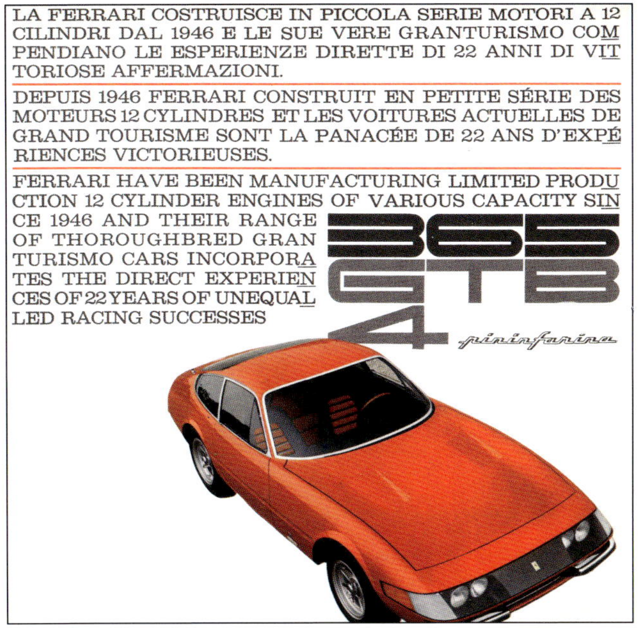
LA FERRARI COSTRUISCE IN PICCOLA SERIE MOTORI A 12 CILINDRI DAL 1946 E LE SUE VERE GRANTURISMO COMPENDIANO LE ESPERIENZE DIRETTE DI 22 ANNI DI VITTORIOSE AFFERMAZIONI.
DEPUIS 1946 FERRARI CONSTRUIT EN PETITE SÉRIE DES MOTEURS 12 CYLINDRES ET LES VOITURES ACTUELLES DE GRAND TOURISME SONT LA PANACÉE DE 22 ANS D'EXPÉRIENCES VICTORIEUSES.
FERRARI HAVE BEEN MANUFACTURING LIMITED PRODUCTION 12 CYLINDER ENGINES OF VARIOUS CAPACITY SINCE 1946 AND THEIR RANGE OF THOROUGHBRED GRAN TURISMO CARS INCORPORATES THE DIRECT EXPERIENCES OF 22 YEARS OF UNEQUALLED RACING SUCCESSES
365
GTB
4
pininfarina

AUTOTELAIO. Cambio posteriore a 5 velocità tutte sincronizzate e silenziose, comandate con leva centrale - Sospensioni anteriori e posteriori a ruote indipendenti a quadrilateri trasversali - Differenziale autobloccante a lamelle, incorporato nel cambio - Telaio tubolare - Direzione ed articolazioni indipendenti, guida a sinistra; a destra se richiesta - Freni a dischi ventilati sulle 4 ruote, comandati da pompa idraulica con stantuffi coassiali. Due circuiti completamente separati e servofreno; freno meccanico sulle ruote posteriori mediante comando a mano - Passo mm 2400 - Carreggiata anteriore mm 1440 - Carreggiata posteriore mm 1425 - Peso a vuoto della vettura carrozzata kg 1200 - Serbatoio carburante in lega leggera lt 128 - Consumo carburante ogni 100 km lt 20/23 - Ruote fuse in lega leggera con pneumatici 215/70 VR 15X - Condizionamento d'aria, radio, ruote a raggi: a richiesta.
CHASSIS. Boîte AR à 5 vitesses, synchronisées et silencieuses, commandées par levier central - Suspensions AV et AR à roues indépendantes, à traverses quadrilatères - Différentiel autobloquant à lamelles, incorporé dans la boîte de vitesses - Châssis en tubes d'acier - Direction à articulations indépendantes, conduite à gauche; à droite, à demande - Freins à disques ventilés sur les 4 roues, actionnés par pompe hydraulique avec plongeurs co-axiaux. Deux circuits séparés et servofrein; frein à main sur les roues AR, avec commande mécanique - Empattement 2400 mm - Voie avant 1440 mm - Voie arrière 1425 mm - Poids à vide: 1200 kgs - Réservoir d'essence, en alliage léger: 128 lt - Consommation de carburant par 100 kms: 20/23 lt - Roues en alliage léger coulé, avec pneus 215/70 VR 15X - Système d'air conditionné, radio, roues à rayons à demande.
CHASSIS. Rear mounted gearbox with five all synchromesh and silent speeds, operated by a central floor lever - Front and rear suspension with independent wheels and transverse members - Limited-slip differential, embodied in the gearbox - Tubular frame - Worm and peg steering, left-hand drive; right-hand drive optional - Ventilated disc brakes on the 4 wheels, operated by a hydraulic pump and coaxial plungers. Two separate circuits and brake booster; hand brake on the rear wheels operated by lever - Wheelbase 94.4 in - Front track 56.6 in - Rear track 56.1 in - Dry weight 2650 lbs - Capacity of the ligh alloy fuel tank 28 Imp gal - Fuel consumption 13/14 miles per Imp gal. - Cast light-alloy wheels - Tyres size 215/70 VR 15X - Optional: Air conditioning, radio, wire spoke wheels.

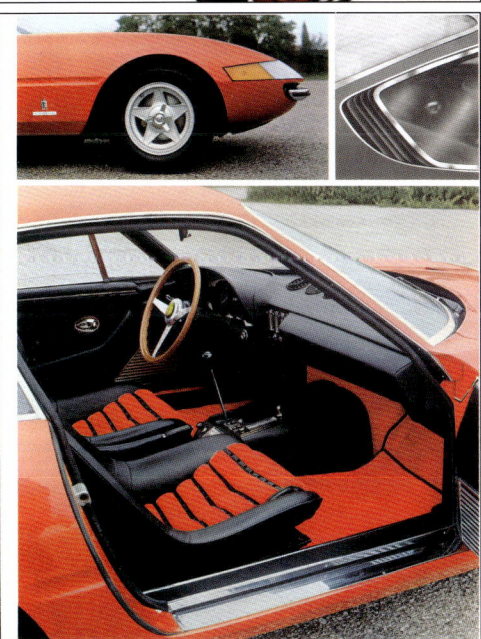

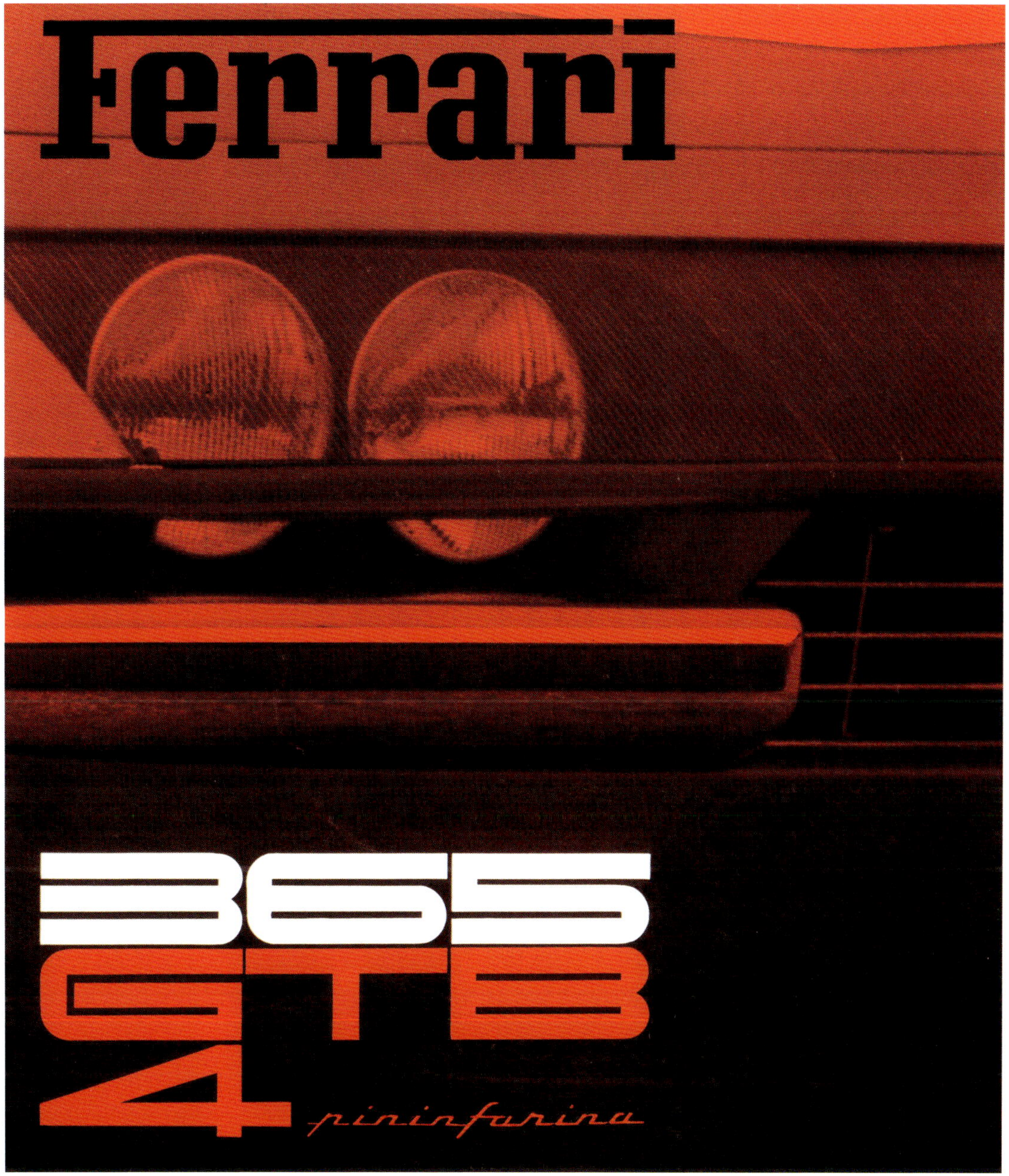
Ferrari
365
GTB
4
pininfarina

耶茨，格尼，炮弹飞车法拉利
史黛西·布莱德利

1971年11月15日午夜时分，八组驾驶员聚集在纽约市31街的红球车库（Red Ball Garage），准备参加首届炮弹贝克穿越美国纪念杯赛（下文简称"炮弹飞车赛"）。这项赛事的名字来源于多次横穿美国的著名赛车手乔治·艾尔文·"炮弹"·贝克，目标是打破他在38年前创下的纪录：1933年，他用时53小时30分钟从东海岸的纽约开到了西海岸的洛杉矶，而这一次，车手们要更快。

布洛克·耶茨是 Car & Driver 杂志的一名作家，同时也是炮弹飞车赛的创始人。这是一项计时赛，并且如耶茨所解释的那样，"在比赛过程中，车辆不限、路线不限、并且车速不限。从起点驶到终点用时最短的参赛者将赢得比赛胜利。"炮弹飞车赛与当时美国的个人主义思潮和赛车精神不谋而合，同时又对当时的政治氛围做出了直接回应。

20世纪60、70年代，美国的环境与今天并没有太大差别：民生、种族与政治领域动荡不安，抗议活动司空见惯。尽管炮弹飞车赛的规模并不大，但它仍然有力反抗了联邦政府强制执行的安全法规、严苛的保险政策，以及诸如拉尔夫·纳达尔和他的著作《任何速度都不安全》（Unsafe at Any Speed）所宣扬的针对汽车的危言耸听。

因此，从背景来看，炮弹飞车赛并不仅仅是一场"唯一规则就是没有规则"的极致自由的赛事。它追求车手在高速长距离行驶时的卓越表现，同时也对束缚驾驶员自由、限制人权、自颁布以来层层加码的美国法律法规竖起一根大大的中指。

炮弹飞车赛的初衷始终是"带什么车就开什么车"：它鼓励车手发挥出自己的驾驶水平，而不是对车辆做什么花里胡哨的改动。这一点在1971年的首届比赛中表现得尤为明显。参赛车辆并不是清一色的高速赛车，而是可以说百花齐放——队伍里包括一辆雪佛兰厢式车、两辆道奇厢式车、一辆凯迪拉克帝威轿车、一辆1969年款AMX、一辆Travco房车、一辆MGB GT，以及一辆1971年款法拉利365 GTB/4。

实际上，车手们开的是什么车并不重要——车手本身及他们的技术才是定义这项比赛本质的关键。每一组驾驶员都对赛车、速度、耐力与安全规则等概念了然于胸。尽管这项比赛看起来很随意，但它说到底仍然是一件需要严肃对待的事情。不过，参赛的法拉利365 GTB/4却是个不折不扣的异类，它的两名驾驶员也大有来头：丹·格尼是美国最伟大的赛车手之一，而布洛克·耶茨是炮弹飞车赛的发起者。两人和他们的法拉利将成为其他七组参赛者虎视眈眈的对象。

艾尔文·"炮弹"·贝克曾多次驾驶摩托车和汽车打破横跨美国的最快纪录。此图摄于1923年,照片中的他坐在一辆奥兹莫比尔 Model 30A 中,四周被庆祝他从纽约抵达洛杉矶的人群环绕。贝克的传奇经历为耶茨后来的炮弹飞车赛提供了灵感。(图源:Hirz/Getty Images)

(图源:PictureLux/The Hollywood Archive/Alamy Stock Photo)

法拉利 365 GTB/4 是一款后驱的 GT 跑车，整车造型宛如一颗子弹，生产于 1968—1973 年间，配备了一台前置 4.4 升 V12 Tipo 251 发动机，最大功率 357 马力。由于法拉利在 1967 年的戴通纳（Daytona）24 小时耐力赛中用这款车包揽了前三名，因此它的名字里也有一个非正式名称"Daytona"。得益于强劲的四凸轮轴发动机，这辆车的极速可达每小时 278.4 千米，0～96 千米/时加速仅需 5.4 秒。它是宾尼法利纳的产物，造型由列奥纳多·菲奥拉万蒂设计，被认为是当时最快的公路车。

为了满足美国的法律法规，这辆底盘编号为 14271 的 Sunoco Blue 色（该颜色来自美国太阳石油公司，是一款经典的赛车色——译者注）法拉利 Daytona 赛车加装了消音排气，并且换装了弹出式头灯。借给两人车辆的是柯克·F·怀特；他是费城的一名进口车经销商，同时与路易吉·奇内蒂合作将法拉利车型引入美国。除了上文提到的改动外，这辆车基本上是原装的，仅仅加装了五点式安全带、赞助商标识及黄色的细线。布洛克和丹的名字也贴在驾驶员一侧的车门上。

丹·格尼并不是一开始就确定参赛的。最初，他答应参加炮弹飞车赛，但随后又拒绝了，担心会遭到赞助商的反对和公众的审视，并且还提到了比赛的不合法性。于是，布洛克不得不赶紧寻找替代车手，他接触了菲尔·希尔和绰号"老爹"的唐·加里特。然而，就在比赛前夕，格尼打电话告诉布洛克他会参加。他会从加利福尼亚搭乘红眼航班赶到纽约参赛。

挤进法拉利狭小的座舱后，丹和布洛克两名身高超过 1.8 米，体重超过 90 千克的魁梧壮汉准备与其他车手一决高下。午夜时分，他们驶离了纽约的红球车库，向着国土另一端的加利福尼亚州进发。一路上，他们吃了几块奶酪、一些口香糖、巧克力棒、花生、维 C 片，喝了几瓶佳得乐和一暖瓶咖啡，差点在亚利桑那州的一座桥开上冰面，加了九次油，领了一张超速罚单。在行驶了 4 628 千米后，两人抵达了位于加利福尼亚雷东多海滩的波托菲诺旅馆，以 35 小时 54 分钟的新纪录赢得了炮弹飞车赛的胜利。

1971 年的炮弹飞车赛成为了美国历史上最著名的非法公路比赛之一。这项比赛在日后为无数的电影激发了灵感，其中就包括 1981 年的"炮弹飞车"（The Cannonball Run）。同时，它也在全球范围内催生了一群狂热的追随者，吸引着一代又一代车手去打破最初的完赛时间纪录。

而法拉利 365 GTB/4 无疑是那场比赛中最耀眼的一辆车。在比赛结束后，柯克·F·怀特试图以 15 000 美元的优惠价格把车卖给格尼和耶茨。不巧的是，当时的两个人都没有那么多钱，并且都因为心有余力不足而懊丧不已。今天，这辆车属于布鲁斯·麦考的收藏，估值已经超过了 300 万美元。它仍然保持着比赛时的状态，保留了独特的 Sunoco Blue 蓝色车漆和黄色的条带装饰，并且参加过美国各地的展会和汽车活动。炮弹飞车赛及其中的车手和车辆不仅激发了人们的想象力，同时还永远改变了美国人对跨州公路竞速赛的看法，而这辆法拉利便是最好的见证者。

365 GTB/4 Daytona Berlinetta 优雅的线条重塑了法拉利的设计标准。图中这辆黄色的欧洲版车型装有不符合美国市场法规的有机玻璃灯罩。(图源：Heritage Images/Getty Images)

Daytona 的车顶线条有着十分明显的倾斜角度，使得车身后部呈现出溜背式外观，并一路滑落至后备箱盖和巨大且几乎纯平的后风挡玻璃上。后风挡玻璃的安装方式与前风挡玻璃类似，四周都有一条闪亮的细金属条环绕。溜背式设计的车尾被后备箱盖所占据。原型车的后备箱盖仅仅在车尾的上部开口，而量产版车型的后备箱盖面积更大，开口一直延伸到了两对圆形尾灯之间。

除了几款特例之外（其中最著名的是 1962 年的 250 GT Lusso），法拉利的 Berlinetta 车型都因为后方视野不佳而声名狼藉，然而 Daytona 却是辆例外。在设计 365 GTB/4 时，宾尼法利纳使用了线条较高的侧窗，让它从腰线一直向上延伸到水平的车顶下，使得驾驶员拥有更好的肩后视野。两侧的车门玻璃上都设置了前通风三角窗，而在后窗的外侧是一组被涂成黑色的月牙形出风口。整个玻璃窗的四周都被一圈亮面细金属条环绕，同时在车窗上方的雨挡处还有一条额外的金属装饰，目的是为了更加凸显车顶的线条。总的来

除了在车头采用了科尔维特风格的弹出式头灯外，美国版与欧洲版车型在设计上完全相同。车头灯在抬起时会产生气流扰动，使得空气无法从流线型的发动机盖上平滑地流向车尾。（图源：Heritage Images/Getty Images）

说，大面积的玻璃有助于减轻车辆后半部分的视觉冲击性，并且显著改善了驾驶员的视野。

在宾尼法利纳看来，Daytona 的车身上应尽可能减少一切不必要的装饰；因此，窗框边缘的金属饰条可能是全车唯一的镀铬饰件。这辆车甚至都没有常规的门把手，取而代之的是位于车门窗下部与之平行的旋转式门把手，看起来就像是窗框饰条的一部分。锁孔位于每扇车门的后端正中心，而这也是宾尼法利纳唯一容许能够影响车身流畅线条的"小瑕疵"。

　　365 GTB/4 最显著的设计特征之一是位于车身中部的凹线。无需使用镀铬装饰，这条细细的凹槽就能够在车身上下部之间创造出视觉分割的效果。它包围了车侧和车尾，从前轮拱延伸到后轮拱，再从后保险杠上面贯穿整个车尾。这一条凹线的灵感来自长刀或刺刀上面的血槽。由于门槛板处的急剧内收，Daytona 的车侧也显得更窄了一些，轮拱中间的部分呈现出几近桶形的效果。

全新的 Daytona 车型填补了当年早些时候 275 GTB/4 Berlinetta 停产所留下的空缺，一经推出便成为了巴黎车展上的焦点；然而，有意向的客户却没法提到现车，因为法拉利直到 1969 年下半年才开始将它大规模量产。尽管这是第一辆在生产时就充分考虑到美国法规的法拉利跑车，最先上市的却是欧规版车型，而大洋彼岸的美国客户直到 1970 年年中才能买到符合美国标准的车型。1972 年，随着新的美国进口商接管了法拉利进口业务，这款车才真正开始大规模销售。

Daytona Berlinetta 有着精心设计的豪华内饰。在 20 世纪 60 年代末，它的时髦程度丝毫不输车辆外观。

上面的三张图展示了 365 GTB 车型在生产周期中使用过的不同型号空气滤清器。左侧的图展示的发动机属于早期款 GTB/4 车型，右下角的图展示的则属于 GTS/4 Spyder 车型。

在巴黎车展上展出的那辆 365 GTB/4 很可能是宾尼法利纳打造的最后一辆 Daytona 原型车，外观采用了明亮的法拉利竞速红，并配有红黑相间的内饰。这台底盘编号为 11795 的原型车一直保存在工厂里，直到 1970 年 12 月被卖给了法拉利厂队的 F1 赛车手阿尔图罗·梅尔扎里奥。如今，这辆车已经归私人藏家所有。

讽刺的是，当法拉利想要把 Daytona 卖到美国时，这款车最吸引人的特点，那覆盖有一整条有机玻璃灯带的头灯，却成为了最大的阻碍——它的车灯不符合美国联邦政府规定的车灯最低高度要求。因此，法拉利不得不为了出口到美国市场的版本设计第二种车头。在这种设计中，碘化物头灯隐藏在一对可收缩的外壳后面，关

上图：
无论从车头还是车尾看去，365 GTB 都同样美丽；无论在欧洲还是美国，人们都认为它是20世纪60年代末期最强的法拉利车型。

灯时能够模仿出欧规版车型的效果，而开灯时则会以类似于科尔维特的方式"弹出来"。只不过，头灯一旦开启，车头就不再是一个无缝的流畅平面，宾尼法利纳心心念念的空气动力学效果也就被破坏了。

而这款新车的创新之处并不仅仅在车身上。为了满足美国联邦政府在1968年开始施行的排放新规，法拉利的工程师们还需要设计出一款更加高效，能够清洁燃烧的发动机。

365 GTB/4 的命名规则遵循了法拉利的惯例，即以单个气缸的排量为基础，后面跟着一组进一步定义车型的字母和数字。因此，可以从名字看得出，这款新的双座硬顶跑车每个气缸的排量为 365 立方厘米（总排量为 4 390.35 立方厘米），是一款 Berlinetta 型 GT 跑车，并且配备了一台四凸轮轴发动机。

下图：
到了20世纪60年代末，恩佐·法拉利已经是世界上最著名的跑车与赛车制造商，而法拉利这个名字也被五湖四海的人们用各种语言传颂。这张图摄于法拉利位于马拉内罗的工厂大门前。

第八章 20世纪70年代新面貌

硬顶版推出后，敞篷版紧随其后——Daytona 365 GTS/4 敞篷车首发于 1969 年，但直到 1971 年才正式开售。图中的这辆原型车（底盘编号 12851，亮相于法兰克福车展）是唯一一辆配备了欧洲版有机玻璃灯罩与隐藏式头灯的样车，而量产版车型使用的都是弹出式头灯。当然，也有一些使用了欧洲版车头的 Spyder 车型存在于世，但它们要么是车主后期改装的，要么是从欧洲版 Berlinetta 车型改装成的敞篷车——在 20 世纪 80 年代，这种做法并不鲜见。（图源：Picture alliance/Getty Images）

新款 60 度夹角双顶置凸轮轴 V12 发动机源自焦阿基诺·科隆博和奥雷利奥·兰普雷迪早年间的设计。这台符合联邦法规的发动机排量为 4.4 升，配备了六个韦伯 DCN20 40 毫米双喉管化油器，能够在每分钟 7 500 转时提供 352 马力，通过一台与差速器集成的采埃孚全同步五速变速箱将动力输出到后轮上。

与 275 GTB/4 一样，365 GTB/4 Daytona 也采用了由不等长叉臂、液压减震器、螺旋弹簧与前后防倾杆组成的四轮独立悬架。全车的四个轮子都配备了邓禄普的通风碟刹。

在外壳之下，梯形的焊接钢管车架支撑着车身。Berlinetta 车型的轴距为 2 400 毫米，前后轮距为 1 437 毫米，比一般车型要更宽，与 4 425 毫米的车身长度形成了鲜明对比。

365 GTB/4 一经推出便成为了法拉利在当时 21 年的生产历史里最贵和最快的公路车。根据官方的数据，这款要价接近 20 000 美元的跑车最高时速可达每小时 278.4 千米，而 *Road &*

Track 杂志的测评数据证明法拉利所言非虚：在测试中，Daytona 仅用 5.9 秒就从静止加速到了每小时 96 千米，最高时速为每小时 277 千米。

在 Daytona Berlinetta 车型成功问世后，敞篷版 Spyder 车型的研发工作也开始进行，并在 1969 年首次与公众见面。尽管制造 Spyder 车型在某种程度上已经成为了一种法拉利的传统，但去除 365 GTB/4 的车顶仍然是一件有点不合理的事情。因为在设计之初，Daytona 车型就充分考虑了欧洲的高速公路，是法拉利有史以来空气动力学效果最好的一款公路车。根据宾尼法利纳的说法，无论是在整体线条还是车身细节方面，Daytona 的外形都是根据在都灵理工大学的风洞中测试出的结果设计研发的。对于这款车来说，流线型设计和发动机盖下面那台精致的 V12 发动机一样，都对车辆性能至关重要；如果削减了车顶，原有的空气动力学优势也将随风而逝。由此可见，制造一款 Daytona Spyder 并不符合逻辑。但是，谁说造车就一定要考虑逻辑合理性呢？

"在欧洲，当我们想到跑车时，脑子里最先浮现的一定是一辆 Berlinetta；相反，对于美国人来说，跑车在很多情况下指的都是敞篷的 Spyder，"塞尔吉奥·宾尼法利纳解释道。Daytona 系列的总产量为 1 383 辆，其中有 122 辆是 Spyder 车型——不出所料，里面有 96 辆都销往了美国。

本页图：
Spyder 车型的内饰与 Berlinetta 版 365 GTB/4 完全相同；当然，头上肯定不会有车顶，侧面也没有角窗。

右页图：
在机械层面上，Berlinetta 版与 Spyder 版完全相同，前者表现出始终如一的优秀性能，而后者由于造型的缘故，空气动力学效率有所降低，极速也因此受到影响。同时，敞篷版车型为了增强车身强度，在结构上也有一些变化，因此比 GTB/4 车型更重。365 GTS/4 的价格更是令人"不堪重负"——在 1973 年，它的价格为 26 000 美元。

另一款365 GT
——California Spyder

在法拉利于1951年推出了340 America后，公司开始频繁地用美国市场的元素为车辆命名。1956年，410 Superamerica问世；随后，第一款Spyder California又在1957年12月首发亮相。

在所有名字里带有"California"的车型中，最稀有的无疑是365 California Spyder。它是于1964年推出，广受赞誉的500 Superfast车型的继任者。对于法拉利来说，两者都是举世罕见，经由手工打造的高性能豪华车。而从生产数量上来说，365 California比500 Superfast还要稀少：从1966年10月到1967年7月，10个月的周期中仅有13辆车下线，外加一辆产于1966年7月用于参加日内瓦车展的原型车。

从名字上看，365 California Spyder与传奇的双座车型250 GT Spyder California有关联；但从设计层面来说，它更接近四座的Superfast车型，尽管它是一辆敞篷车而非硬顶轿跑车。

在设计365 California Spyder的时候，塞尔吉奥·宾尼法利纳正计划通过推出全新的365 GTB/4 Daytona来摆脱传统的法拉利风格。因此，它的设计站在传统与未来的十字路口，既包含了宾尼法利纳经典的设计元素，又能体现新兴的空气动力学设计潮流。

365 California Spyder是法拉利历代惊人设计的结合体。这辆2+2座敞篷车汇集了多款车型的设计元素：在它的身上，你能够看到时髦的500 Superfast、豪华的330 GTC（本身就是一个设计大杂烩），以及流线型的206 Dino的影子。而在集百家之长的车身之下，California Spyder搭载了一台强劲的新款4.4升V12发动机，能够输出320马力。和其他的豪华款车型一样，365提供助力转向、电动车窗和空调系统。

尽管365 California Spyder的底盘并没有什么特别之处，基本与330 GT 2+2完全相同，但它是当时唯一一款能够坐进四个人的法拉利敞篷车。宾尼法利纳打造了非凡的车身设计，为它配备了弹出式头灯、Dino风格的横跨车门和后翼子板的进气口，以及非典型的大尺寸倾斜尾灯，让它即使在法拉利车型中也显得独树一帜。

图中的这辆车底盘编号为10077，是该系列最后生产的四辆车之一，自1981年以来就被洛杉矶内瑟克特汽车博物馆收藏。在当时的汽车中，没有几辆能够在这里与其他伟大的欧美经典车共处一室，而它却能获此殊荣，其重要性可见一斑。

365 GT California Spyder的内饰毫不吝啬地使用了大量抛光木饰板，座椅由手工缝制的皮革包裹。它是20世纪60年代最豪华的法拉利车型之一。

365 GT California Spyder 是法拉利历代惊人设计的结合体。这辆 2+2 座敞篷车汇集了多款车型的设计元素:在它的身上,你能够看到时髦的 500 Superfast、豪华的 330 GTC(本身就是一个设计大杂烩),以及流线型的 206 Dino 的影子。宾尼法利纳为 365 GT California Spyder 打造了非凡的车身设计,为它配备了弹出式头灯、Dino 风格的横跨车门和后翼子板的进气口,以及非典型的大尺寸倾斜尾灯,造就了这款 60 年代唯一的四座法拉利敞篷车。

第九章
公路车纪元——20世纪80、90年代

F40 是那种会召唤你，乃至强迫你迈入驾驶舱的车子——前提是，你有足够的胆量握住方向盘，并有能力在道路上驯服它，就像一名经验老练的骑手面对不羁的野马那样。

一直以来，赛车都是法拉利在公路车设计上几乎所有创新的源泉。其中，最重要的创新之一是在 1964 年研发出来的水平对置发动机。法拉利的第一台水平对置（V 形 180 度夹角）发动机是一台 12 缸的 1.5 升 F1 赛车发动机，压缩比为 11:1，配备了卢卡斯燃油喷射系统，在转速达到惊人的 11 000 转时能够输出 210 马力。

水平对置发动机的"boxer"之名本身源自活塞的往复运动，一前一后的样子就像两名拳击手在对抗。然而，这个术语最早来源于德国，那里的工程师用这个说法来描述早期保时捷和大众车型 4 缸发动机的布局——它们也采用了水平对置设计。

1974 年推出的法拉利 365 GT4 BB（Berlinetta Boxer）是法拉利第一款中置发动机的量产跑车（不包括由菲亚特提供发动机的 Dino）。它搭载了一台量产版的 4.4 升赛用发动机，位于驾驶员与后轴之间，能够在每分钟 7 200 转时输出 380 马力。

365 GT4 BB 是全新一代中置 12 缸发动机车型的开山之作，而这一系列车型将持续生产二十多年。它的车架主体结构由钢材制成，前舱盖、车门与后发动机盖是铝制的，车身下部的面板则是用玻璃纤维制成的。和其他车型一样，这款车的设计仍然由宾尼法利纳操刀，实际的车身生产交由位于摩德纳的 Scaglietti 制造厂负责。

512 BB 的车身风格在 365 GT4 BB 时期就已经确立，但宾尼法利纳对它的外观进行了更新。设计公司在格栅下方增加了一个扰流板，让车辆的前端看起来更加方正，同时在后轮前方的车身下侧加装了 NACA 气道。

在塞尔吉奥·宾尼法利纳看来,"一辆法拉利应该始终向外界展示自己的发动机,因为那就是它的心脏。"这句格言在 512 BB 上面体现得淋漓尽致:它精雕细琢的发动机罩就像是艺术品一样,只为凸显下方的那颗澎湃之心。而在机盖的下面,基于福尔吉耶的设计打造的水平对置 V12 发动机不仅看起来美轮美奂,全油门输出时的性能表现同样让人印象深刻。

上图：
512 BB 的双圆形透镜尾灯是法拉利历史中最著名的灯组设计。在之后的车型中，它还会一次又一次地出现。

下图：
365 GT4 BB 和 512 BB 都不是什么小跑车：它们的轴距长 2 500 毫米，比之前的 275 GTB/4 和 365 GTB/4 长了约 100 毫米。修长的前悬与后舱的高度凸显了全车总长。

365 GT4 BB 搭载了法拉利最新的悬架技术，配备了不等长叉臂、螺旋弹簧、伸缩筒式减震器和前后防倾杆。迪恩·巴彻勒在他对这款车型的评价中写道："（这辆车的）悬架对那些热衷于驾驶的人来说是极好的。低速时，它的方向盘十分沉重，但随着车速不断加快，转向手感也逐渐变得轻盈。同时，这款车前轻后重的分配布局（43∶57）通常会导致转向过度，但悬架系统又被刻意设计得容易导致转向不足；二者相互抵消，让车辆变得灵活而易于操控。"

365 GT4 BB 是许多年来法拉利第一款真正能够让驾驶员体验到赛车般驾驶感受的公路车。这款车一直生产到了 1976 年，直到 512 BB 接替了它的位置。与前辈相比，512 的车身风格看起来几乎没有变动。宾尼法利纳对它的外观进行了更新，在蛋盒形前格栅下方增加了一个阻风板，同时在后轮前方的车身下侧加装了 NACA 气道。其他的变化包括 512 BB 著名的双圆形尾灯组，这一设计在 1995 年的 F512 M 上再次出现。

512 BB 与 365 GT4 BB 一样，都采用了混合材质的车身结构：车身主体由钢材制成，前舱盖、车门与发动机盖板由铝材制成，车身下部面板用的则是玻璃纤维。这一材料也造就了两款车型最独特、最令人难忘的设计特征，即上下两部分车身之间明显的分界线。在 365 GT4 BB 上，下部车身只能选择哑光黑色；而在 512 BB 上，车主可以选择上下同色车身。

512 BB 搭载了一台由福尔吉耶里设计的 180 度夹角 V12 发动机，通过将缸径从 86 毫米扩大至 87 毫米、冲程从 71 毫米扩大至 78 毫米，发动机排量从 365 GT4 BB 的

本页图：
对于一款在性能与操控方面更接近赛车而非公路车的车型来说，512 BB 为驾驶员和乘客提供了超规格的内饰舒适配置和装饰。

左页图：
车身上使用的玻璃纤维为 365 GT4 BB 和 512 BB 带来了最独特的设计特征——上下两部分车身之间明显的分界线。在 365 GT4 BB 上，下部车身只能选择哑光黑色；而在 512 BB 上，车主也可以选择上下同色车身。

1981—1984 年生产的法拉利 512 BBi 宣告了一段疯狂时代的落幕。在当时,它是普通驾驶员能接触到的性能最强大的公路车型。BBi 用博世(Bosch)的 K-Jetronic 燃油喷射系统取代了 512 BB 上使用的四个 40IF3C 化油器。它的输出功率没有变化,但是所需转速更低:512 BB 在每分钟 6 800 转时能够输出 340 马力,而 BBi 在每分钟 6 000 转时就能达到相同的动力水平。

4 390 立方厘米扩大到了 4 942 立方厘米。尽管改进后的水平对置发动机输出功率实际上减少了 5.2%,从 380 马力降到了 360 马力,但是相比于 365 车型(7 200 转/分),512 BB 的最大功率转速(6 200 转/分)更低。一来一去,最后得到了更强的性能。

尽管有私人车手驾驶过 365 和 512 上场参赛,但他们并没有取得什么辉煌成绩,两款车型在赛场上也只是昙花一现。然而,它们无疑是法拉利在当时推出过的最好的公路车。关于 512 BB,迪恩·巴彻勒这样写道:"这些水平对置跑车开起来无与伦比,存在于世的理由便是带给人们驾驭终极 GT 运动跑车的纯粹快感。"尽管

作为法拉利历史上生产周期最长的车型,308 系列从 1974 年一直生产到了 80 年代,并通过不断升级改进演变成 308 GTBi 和 308 GTB Qv 车型。

第九章 公路车纪元——20 世纪 80、90 年代

本页图：
1980年，法拉利北美分公司取代了奇内蒂-加思韦特进口公司和 Modern Classics，成为美国唯一的法拉利进口商；两年后，公司决定允许通过美国的法拉利经销商售卖欧洲版的400i车型，并在马拉内罗的工厂向客户交车。在当时，法拉利、兰博基尼、梅赛德斯-奔驰等品牌的欧洲版车型都只在灰色市场上出售，而这一决定让美国的法拉利经销商首次与独立进口商享有了同等地位。

左页图：
法拉利最长寿的公路车之一是一位不折不扣的"闲游雅士"。400 GT 于1976年推出，并在1979年和1985年相继推出了升级型号400i GT 和412。它们是首批配备了自动变速箱的全尺寸2+2豪华旅行车。

距离512 BB 问世已经过去了三十多年，这款线条锐利、中置发动机的跑车仍然是最令人向往的法拉利车型之一，即使在静态时，它们看着仍然像是在以320千米/时的速度飞驰。

设计上的不断进化造就了许多法拉利最杰出、最受人喜爱的公路车，但没有哪一款能像308 GTB 和 GTS 那样家喻户晓。它们可能是有史以来最为人熟知的法拉利，而这要部分归功于汤姆·塞利克主演的电视剧《夏威夷神探》（*Magnum, P. I.*）。此外，308 系列也是法拉利多年以来价格最低的新车，而那些涌入经销商的汽车爱好者们还发现，它是这个品牌有史以来最实用的驾驶者之车。

在308的设计上，宾尼法利纳的设计师将246 Dino 与365 GT4 BB 的长处结合在了一起。依照当时法拉利的常规布局，这款车也使用了四轮独立悬架，由一台位于驾驶员身后的横置四凸轮轴90度V8发动机驱动。每分钟7 700转时，发动机能够精神抖擞地输出255马力，由一台五速变速箱将动力传递到车轮上。1977年，308推出了敞篷版本，其可拆卸的车顶部分与246 Dino 和保时捷911 Targa

400i 是当时最豪华的法拉利,也是首款与梅赛德斯-奔驰、宝马和玛莎拉蒂在豪华旅行车领域同场竞技的车型。这款车既可以选装来自通用的自动变速箱,也可以选择传统的五速手动变速箱。与1976—1979年间生产的400 2+2车型相比,400i 的内饰经过了完全的重新设计。车主可以选装前后双区空调。

的设计类似。

作为法拉利历史上生产周期最长的车型，308 系列一直生产到了 20 世纪 80 年代，并陆续推出升级版车型，包括 308 GTBi、308 GTB Qv（Quattrovalve），以及 328 Berlinetta 和 328 Spyder。

另一款法拉利最长寿的公路车之一——400 GT 则是一位不折不扣的"闲游雅士"。这款车型于 1976 年推出，并在 1979 年和 1985 年相继推出了升级型号 400i GT 和 412。它们是法拉利首批配备了自动变速箱的全尺寸 2+2 豪华旅行车。不幸的是，由于未满足特定安全标准及美国环境保护局（EPA）的排放认证，首发车型没能进入美国市场。

1980 年，法拉利北美分公司取代了奇内蒂-加思韦特进口公司和 Modern Classics，成为美国唯一的法拉利进口商；两年后，公司决定允许通过美国的法拉利经销商售卖欧规版的 400i 车型，并在马拉内罗的工厂向客户交车。只要车主在意大利驾驶过这些车，他们就可以按照美国关于个人进口境外二手车的规定把自己新提的"二手车"运回国内。

在当时，法拉利、兰博基尼、梅赛德斯-奔驰等品牌的欧洲版车型都只在灰色市场上出售，由独立公司对这些车型进行调整改装，让它们符合美国的排放法规。然而，他们出售的这些车型不在美国经销商的保修范围之内。法拉利提供工厂交付运输的这一决定让美国的法拉利经销商首次与独立进口商享有了同等地位，并且让至少一款欧规版车型从灰色市场上消失。此外，法拉利还为车主提供了完整的工厂保修服务，可以在美国任何一家官方经销店进行维修保养。

总的来说，20 世纪 80 年代的灰色市场进口时期并不是什么美国汽车业界的光辉时刻。有的欧洲版车型没有按照美国道路的相关法律法规进行调整，还有的车型则是不符合排放标准。因此，相当多的进口商被罚款，还有的关

再怎么豪华，400i 也是一台法拉利：它搭载了一台排量为 4 823 立方厘米的 60 度夹角 V12 发动机，能够在 6 400 转时输出 310 马力。1982 年 9 月，它的动力水平又得到了进一步提升，最大功率提高了 5 马力。

左页、跨页图:
1993年2月27日,348 Spider车型在加利福尼亚州的比弗利山庄首发亮相。在发布活动上,法拉利还展示了从工厂运来的多辆赛车,并且在罗迪欧大道举办了经典车展。

本页图:
1993年,塞尔吉奥·宾尼法利纳主持了法拉利348 Spider的全球发布会,一同主持的还有当时法拉利美国分公司的总裁兼首席执行官吉安·路易吉·布伊托尼,以及法拉利的主席兼首席执行官卢卡·克劳德洛·迪·蒙特泽莫罗。

348 Spider 是法拉利自 1974 年 365 GTB/4 Daytona Spyder 停售后推出的第一款双座敞篷跑车,也是法拉利有史以来推出的第一款中置发动机双座 Spider 车型(需要注意的是,法拉利在 Daytona 时期仍然使用的是"Spyder",但在之后的车型中就把拼写改成了"Spider")。348 Spider 是 1989 年推出的 348 TB/TS 的进化版车型,动力来源于一台技术成熟的 90 度夹角轻型合金 V8 发动机。

法拉利挑战系列赛（Ferrari Challenge Series）让那些符合美国运动汽车俱乐部（SCCA）认证标准的车手能够将自己的348（图中展示的是一辆 Speciale Berlinetta）和之后的F355赛车带到赛道上与其他人同场竞技。这一赛事激发了车主们对于法拉利品牌引以为傲的赛车传统的热情与欣赏，同时还让他们有机会了解自己的爱车在实际比赛中能够有多大的潜力。

门歇业，有时候车辆也会被当局查封扣押。

400i 是当时最豪华的法拉利，也是首款与梅赛德斯-奔驰、宝马和玛莎拉蒂在豪华四座旅行车领域同场竞技的车型。这款车既可以选装来自通用的自动变速箱，也可以选择传统的五速手动变速箱。与生产于1976—1979年间的400 2+2 车型相比，400i 的内饰经过了完全的重新设计。同时，车主可以选装前后双区空调。但是，无论再怎么豪华，400i 依然是一辆法拉利：它搭载了一台排量为 4 823 立方厘米的 60 度夹角 V12 发动机，能够在 6 400 转时输出 310 马力。1982 年 9 月，它的动力水平又得到了进一步提升，最大功率提高了 5 马力。

1992 年，法拉利 456 GT 2+2 问世，填补了 400i 和 412 车型停产后留下来的空缺，为客户带来了一辆依照法拉利传统打造的全新豪华四座旅行车。这辆车搭载了一台全新的 442 马力 V12 发动机，配备了六速变速箱、电控四轮独立悬架，以及最先进的牵引力控制和防抱死制动系统。

288 GTO
——重拾名号

1985年，法拉利重启了GTO（Gran Turismo Omologato）的名号，并将它用在了一款基于308打造的全新竞赛跑车上面，也就是288 GTO。这款车型有着更加独特的车头及额外的后部气道，而在发动机盖下藏着一台中置双涡轮增压V8发动机。

1984年3月，288 GTO首次在日内瓦车展上公开亮相。尽管看起来像是一辆公路车，但它实际上是一辆符合B组认证的GT赛车。为了满足认证要求，法拉利需要生产出200辆参赛车型。然而，和第一款身负GTO之名的250 GTO不同，法拉利不仅真的造出来了200辆车，而且仅凭口口相传就在很短时间内将它们售卖一空！事实上，人们对这款车的呼声是如此之高，以至于美国的改装厂开始生产将308改造成288 GTO的套件。

200辆车在各国的配额如下：美国60辆、意大利45辆、德国21辆、法国15辆、瑞士14辆、英国13辆、比利时7辆，其他国家共25辆。

由于288 GTO搭载了一台纵置的双IHI涡轮增压V8发动机，而不是像308和328那样把发动机横向安装，后轮不得不向后移动110毫米，后备箱空间也因此受到影响。

288 GTO 是一款通过了认证的 B 组 GT 赛车。为了满足认证要求，法拉利需要生产出 200 辆参赛车型。然而，和第一款身负 GTO 之名的 250 GTO 不同，法拉利不仅真的造出来了 200 辆车，而且仅凭口口相传就在很短时间内将它们售卖一空！它的发动机装有两台 IHI 涡轮增压器，并且与 308 和 328 不同，发动机是纵置而非横置安装的。

288 GTO 的发动机基于 308GTB Qv 的缸体设计，但为了将发动机排量降至 2 855 立方厘米，缸径减小到了 80 毫米。这样做不仅是为了让发动机适配日本制造的 IHI 涡轮增压器，同时还因为赛车认证的规定要求机械增压与涡轮增压发动机的排量和自然吸气发动机排量之间的换算比不能超过 1.4。因此，一台涡轮增压发动机要想通过赛事认证，排量就不得超过 2 857 立方厘米（在 B 组 4 000 cc 自吸级别，2 857 × 1.4=3 999.8）——也就是说，288 GTO 的排量只比上限低了 2 立方厘米！双涡轮系统工作时，这辆车能够输出至少 400 马力，而它的极速大约为每小时 304 千米。

几乎每一款法拉利赛车的公路版本都会大获成功，但 288 GTO 的故事至此还未讲完。在制造出最初的 200 辆车后，由于市场热情仍然高涨，法拉利又在 1985 年生产了 72 辆。

1992 年,法拉利 456 GT 2+2 问世,填补了 400i 和 412 车型停产后留下来的空缺,为客户带来了一辆秉承法拉利传统打造的全新豪华四座旅行车。这辆车搭载了一台全新的 442 马力 V12 发动机,配备了六速变速箱、电控四轮独立悬架,以及最先进的牵引力控制和防抱死制动系统。456 GT 2+2 的内饰风格更像是一辆双座跑车,只不过在驾驶员身后还有两个座位。它的仪表板设计会让人联想到过去的法拉利跑车;当然,人们在法拉利驾驶舱中最期待的开放式手排挡也没有缺席。

在 512 BB(1976—1981)和 512 BBi(1981—1984)相继停产后,水平对置 12 缸发动机在一款令人惊叹的创新车型中找到了下一个归宿。这款全新的跑车将会复兴一个历史悠久的法拉利名号——Testa Rossa。

1984 年秋天,法拉利在位于摩德纳城镇中心的 Scuderia Ferrari 旧址揭开了 Testarossa(新车型将两个词写作一个)的面纱。"Testarossa"这个名字在意大利语中指的是"红头",取自法拉利最传奇的赛车之一,在 20 世纪 50 年代末称霸欧洲各地赛事的 250 Testa Rossa。像它的车名一样,1985 年的 Testarossa 在设计上也和传统的法拉利风格截然不同。宾尼法利纳全力以赴,基于发动机打造车身,将美观与性能的和谐带到了新的高度。该车搭载一款排量为 4 943 立方厘米的水平对置 12 缸发动机,能够在每分钟

第九章 公路车纪元——20 世纪 80、90 年代

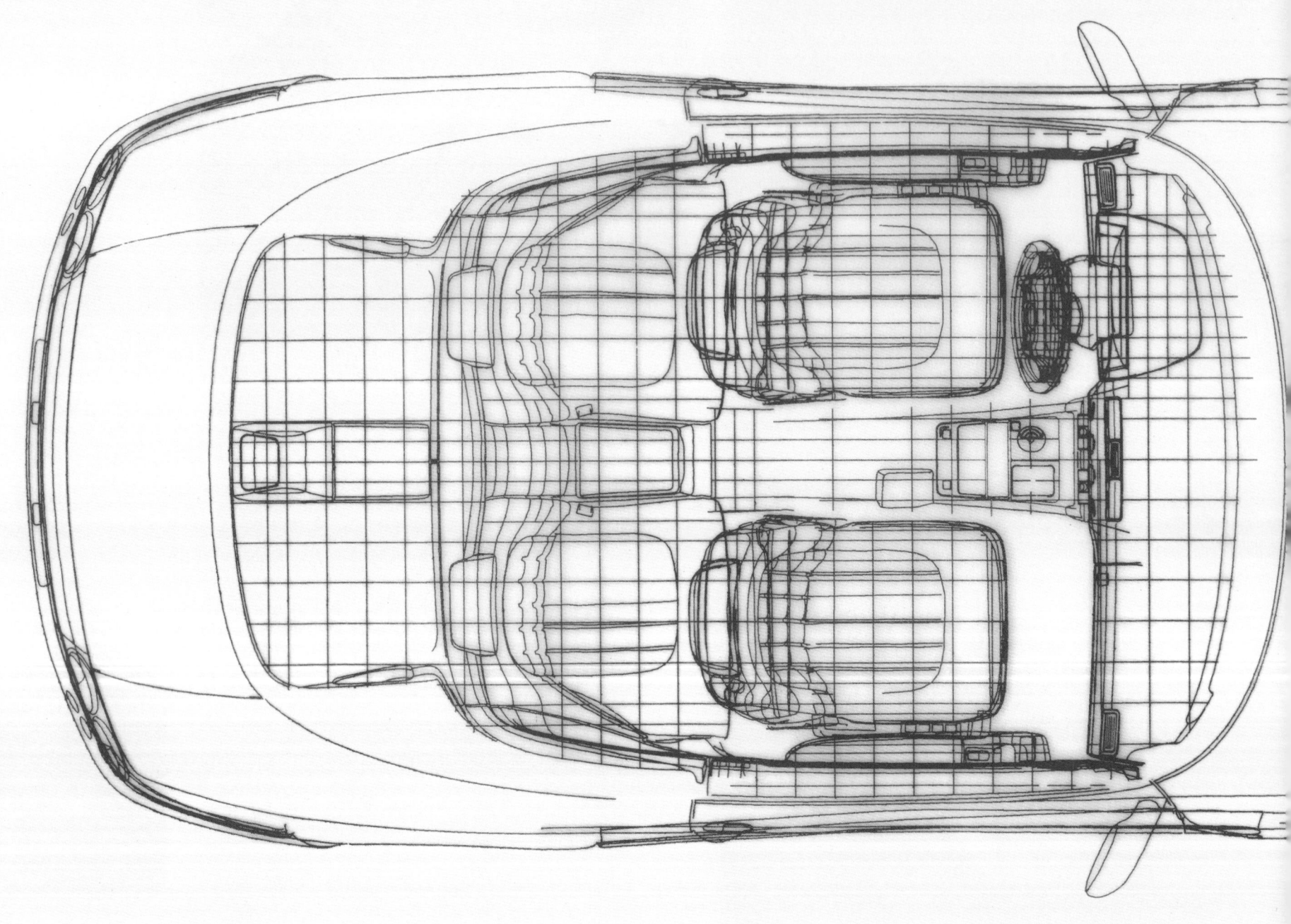

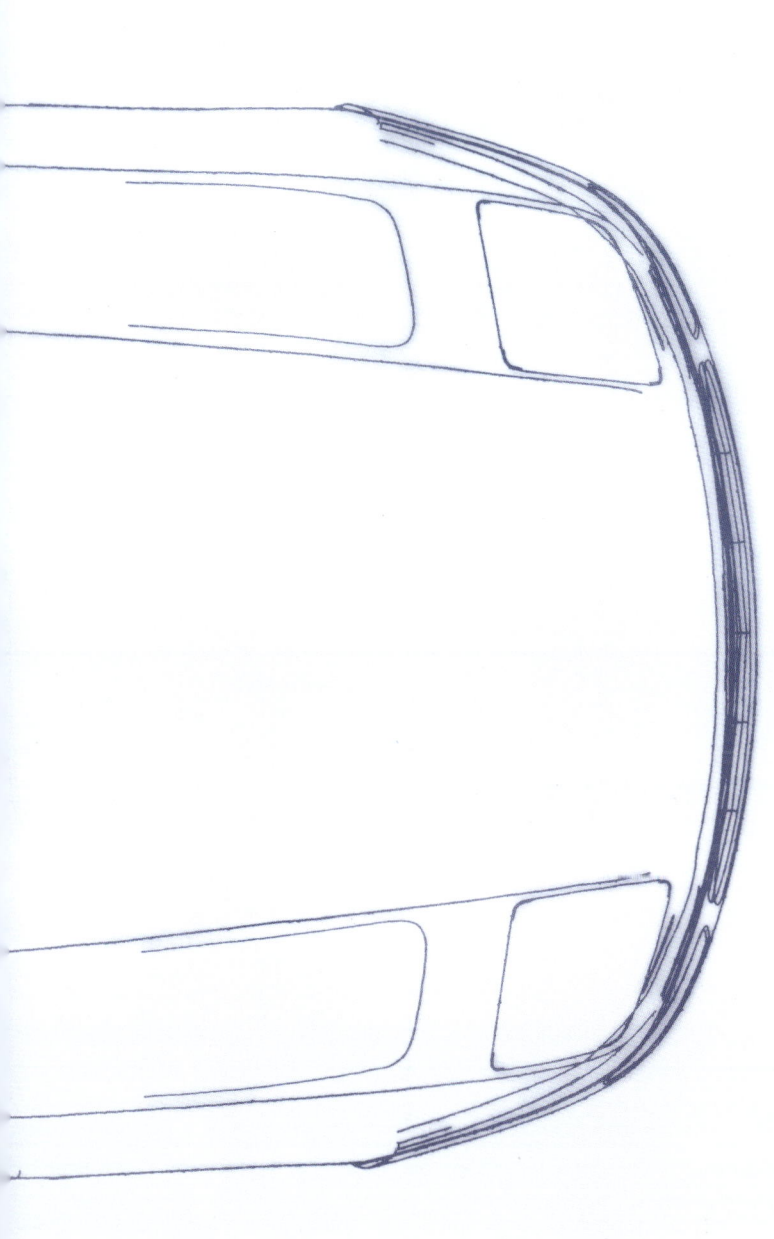

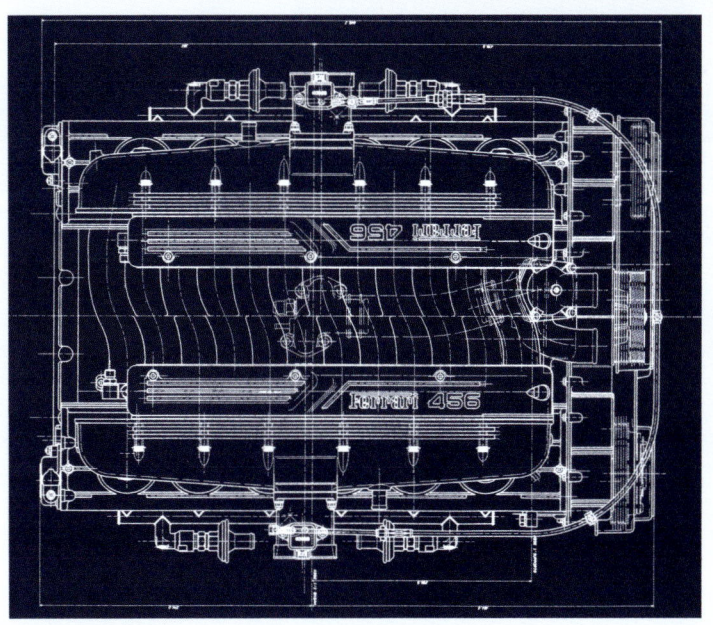

法拉利官方的图纸展示了 456 GT 的内部俯视图以及全新 456 V12 发动机的结构。

6 300 转时输出 390 马力（欧洲版）或 380 马力（美国版）。

Testarossa 在设计上最突出的特点便是穿过车门并一直延伸至后翼子板的横向进气口线条。这一设计成为了车型特色，并且除了法拉利在后续推出的两款继任车型 512 TR 和 F512 M 以外，没有哪款车能够成功复制这一特征。

让我们将日历翻回 1987 年——法拉利在那一年迎来了公司 40 周年纪念，并推出了 F40 车型。这个名字是为了庆祝法拉利从 1947 年到 1987 年的造车历史，但 F40 并不是一辆仅仅挂着特殊名号的纪念版车型。实际上，它是自 512 BB 以来法拉利第一款更接近赛车而非公路车的量产车，并且也是法拉利有史以来最不实用的量产车。然而，

F40 体现了摩德纳四十年前打造初代跑车时的精神，是一款为纪念法拉利周年庆而生的理想车型，简洁而纯粹。

F40 的车身由凯夫拉和碳复合材料制成，内部框架由钢管、凯夫拉和碳复合材料制成。法拉利在车子中心配备了一台 478 马力的双涡轮增压双顶置凸轮轴四气门 V8 发动机，同时安装了可自由调节的四轮独立悬架。只需要再添加一点安全配置，在车门上贴上数字，F40 就可以直接下场比赛。

将手伸到门上的凹槽里，就可以打开轻量化的车门，钻进或者坐进完美贴合人体曲线的赛车桶椅里——上车姿势取决于车手的穿衣风格和体型。和梅赛德斯-奔驰 300 SL Gullwing 一样，进出 F40 的座舱也是一项需要学习的技术。如果进出车内的姿势不对，驾驶者可能就会撞到臀部和肩膀，以及磕碰到其他一些人体容易受到冲击的重要部位；直到掌握上下车的方法后，他们才能够告别这些擦痕和淤青。

F40 最初的出厂售价为 25 万美元，但在 20 世纪 80 年代末，由于大量投机者购买并转售这些车，它们的价格飙升至近 100 万美元。购买了 F40 的车主能够在感官层面上获得极大满足，但在配置上几乎一无所得。F40 的车内配备了完整的仪表板，提供了车手需要知道的一切信息，除此之外别无他物：没有带记忆功能的 12 向电动调节驾驶员座椅、没有电动车窗以及额外配件、没有装饰，甚至没有

"复活"的 Testarossa 成为了法拉利最成功的跑车之一，生产周期从 1985 年一直持续到了 1996 年。从初代 Testarossa（如图所示）到后来的 512 TR 再到 F512 M，这种车身风格始终是 20 世纪 80 年代的设计标杆。

第九章　公路车纪元——20 世纪 80、90 年代

法拉利的40周年纪念款车型——也就是F40——是品牌历史中最受投机者青睐的车型之一。出厂建议零售价"仅为"25万美元的限量款跑车几经倒爷和投资者转手，价格就能飙升至近100万美元；这些跑车像商品一样在二级市场流通，直到90年代初跑车市场崩盘。中置发动机、风格大胆的F40是一款纯粹而凶猛的街道赛车，只需要加装防滚架和灭火器便可以下场竞速。

车头和车尾是绝大多数驾驶员最常看到 F40 的两个角度：车头出现在后视镜里，车尾消失在视野前方。这款车不费吹灰之力便能够达到每小时 296 千米的速度。

内侧门板和门把手——你只需要拉动车门凹槽里的绳子就可以打开车门。当然，车里也不会有收音机；即使有，它也需要配套一组功率 300 瓦的音响系统才能盖过发动机的声音，因为 F40 的驾驶舱里几乎没有隔音材料。但是话又说回来，有这么一台发动机在身后奏响天籁之声，谁还需要听音乐？踩下油门后，排气系统发出低沉轰鸣、身后的 V8 发动机声调高亢、脚下的四条倍耐力 P Zero 轮胎节奏清晰，F40 本身已然是一曲动人的交响乐章。

F40 就是这样一辆简单的车——你踩下油门，它就会加速飞驰；踩下刹车，它就能稳稳停住；转动方向盘，它就能朝那个方向前进。这也正是恩佐·法拉利希望自家跑车能够做到的事。

上图：

除了最基本的实用配置外，法拉利和宾尼法利纳几乎就没把注意力放在 F40 的车内。这款车的内饰几乎没有任何隔音效果，仪表板铺有翻毛皮材质，没有任何多余的配件，甚至连门板都是中空的。凹槽中的绳子用来从车内打开门，两扇车窗也是用老式的手摇曲柄升降的。

下图：

F40 是法拉利打造过的最接近纯种赛车的公路车。

1991 年推出的 512 TR 是初代法拉利 Testarossa 的继任车型，而 F512 M 让这款车焕发了第二春。F512 M 这个名字本身也有着历史渊源，它继承了 512 BB 的名号。而这款车还有另一个历史意义：它是数十年来法拉利的第一款过渡车型。

1995 年上市的 F512 M 作为 Testarossa 车型的改进版本，其外观由宾尼法利纳重新设计，紧随全新的 F355 Berlinetta 和 456 GT 2+2 的脚步。每个人都很清楚，它不会生产很久。这款车型只会受到少数人的欣赏，评判它的声音也不会来自那些意见往往被过分认真对待的媒体，而是会来自那一小撮明知这款车型命数已定，仍然愿意掏出自己辛苦收入的车主。F512 M 将是水平对置发动机的终结之作：在生产了 11 年之后，这一系列发动机将于 1996 年告别历史舞台，而 F512 M 的位置也将被 1997 年推出的 550 Maranello 取代，后者是自 365 GTB/4 Daytona 以来法拉利推出的第一款前置发动机 Berlinetta 车型。

任何人都不需要进行太多技术分析就能看出来，F512 M 与最初的 Testarossa 几乎判若两车。从机械层面来讲，它比前代车型领先了整整一个世代。它搭载了一台基于 F1 赛车技术的水平对置发动机，能够在每分钟 6 750 转时输出令人心跳加速的 440 马力，比老款的 Testarossa 多了整整 50 马力，比 512 TR 也多了 12 马力，同时在每分钟 5 500 转时发动机的扭矩就能够达到 490 牛米，让它可以毫不费力就战胜两款前代车型。这款车从静止加速到 96 千米 / 时仅需 4.6 秒，极速高达 314 千米 / 时！

从外观上看，宾尼法利纳为 F512 M 重新设计的外观中最引人注目的变化便是充满进攻性的车头。它的设计让人能够联想起 F40，同时还在格栅内外汲取了一丝来自全新 456 GT 的优雅元素。

F512 M 是一款更轻快、更强大、更灵敏、更精细的 Testarossa。在外观上，它仍然令人印象深刻，车身宽大，

宾尼法利纳热衷于展示法拉利发动机的倾向在 F40 和 F50 的透明塑料发动机盖上达到了顶峰。这一设计让所有人都能看到这款令人难以置信的跑车的内部结构（图为 F50）。

Testarossa 车系的最后一个版本是 1994 年亮相的 F512 M。它明显保留了这个系列的主要设计特征,有着风格大胆的车侧线条和高耸的后翼子板。512 M 没有像 Testarossa 那样配备弹出式车灯,而是将车灯外露,同时尾灯也换成了首次出现在 512 BB 上面的经典双圆形灯组。

车内却狭窄得难以置信,像一个配备铝制车轮的可乐瓶,同时搭载了一台 V12 发动机,全速运转时足以摄人心魄,让人不由自主地想要去挑战那些传奇的公路。毫无疑问,F512 M 为 Testarossa 车系和备受尊崇的水平对置发动机画上了一个完满的句号。

一般来讲,法拉利的新车先是会在意大利发布,然后在整个欧洲范围展出,最后才会在美国亮相。并且,世界上没有任何一款车曾经在城市街道上举办过新车发布会,更不用说法拉利了。但是,法拉利绝不只是一台普通的车子,而位于加利福尼亚州比弗利山庄的罗迪欧大道也不是一条普通的大街。

1993 年 2 月 27 日,星期六,美国这条除华尔街外最著名的道路被临时关闭,从街道的一头到另一头(大约有三个街区长)排列了超过 125 辆法拉利在 1948 年到

第九章　公路车纪元——20 世纪 80、90 年代　253

1994 年推出的 F355 系列汲取了过去半个世纪里所有法拉利车型的优点，并且青出于蓝而胜于蓝。它是宣告法拉利迈入新时代的第一款车型，风格大胆、设计完善，是法拉利带给新一代跃马车迷的惊喜，与过去那些性能强悍却并不细腻的前辈车型大不相同。

1993 年间生产过的跑车。毫无疑问，这是有史以来最令人印象深刻的法拉利车展之一，而摆出如此大阵仗的目的正是为了推出全新的 348 Spider 车型。

新款法拉利的发布会由设计师塞尔吉奥·宾尼法利纳和当时法拉利的主席兼首席执行官卢卡·克劳德洛·迪·蒙特泽莫罗主持。谈到发布会选址时，蒙特泽莫罗表示选择比弗利山庄的罗迪欧大道是因为加利福尼亚州对法拉利来说十分重要。

在宾尼法利纳看来，创造一种全新的设计绝非易事。"为法拉利打造任何一款全新的设计时，都会面临相同的根本性难题。五十年来，我们的车子始终都是最好的汽车或者最好的汽车之一，在全世界都享有极高的声誉。因此，每款新车都是挑战，因为每一次我们都必须重新证明自己足够出色，能够再次设计出一辆让顾客足够满意的车型。"

无论是标准版还是图中的敞篷版，F355 都是当时法拉利生产过的最强自然吸气 V8 车型。这台 90 度夹角的 3.5 升 40 气门 V8 发动机配备了双顶置凸轮轴，能够在每分钟 8 250 转时输出 375 马力。电控的四轮独立悬架、搭配盘式制动器的防抱死制动系统和可变转向比助力转向系统为这款车带来了令人振奋的性能。

348 Spider 是法拉利自 1974 年 365 GTB/4 Daytona Spyder 停售后推出的第一款双座敞篷跑车，也是法拉利有史以来推出的第一款中置发动机双座 Spider 车型（需要注意的是，法拉利在 Daytona 时期仍然使用的是"Spyder"，但在之后的车型中就把拼写改成了"Spider"）。

348 Spider 是 1989 年推出的 348 TB/TS 的进化版车型，动力来源于一台技术成熟的中置 90 度夹角轻质 V8 发动机，排量为 3 405 立方厘米，缸径×冲程为 85 毫米×75 毫米。这台每缸四气门的发动机能够在每分钟 7 200 转时输出最大功率 312 马力，每分钟 4 000 转时达到最大扭矩 310 牛米，并搭载了一台横置的五速变速箱。

自 348 Spider 推出以来，法拉利几乎在每一年都有新车问世，实现了迪·蒙特泽莫罗在 1993 年做出的承诺。他对法拉利更激进的新设计风格和营销策略做出了一针见血的总结："法拉利的看家法宝便是它的技术，而我们必须展示自己创造新设计和改进技术的能力。如果故步自封，你就会失败。"而法拉利从未失败过。

1996 年推出的 F355 Spider 是法拉利有史以来最优雅的敞篷跑车，同时也是第二款中置发动机的法拉利敞篷车（第一款是 348 Spider）。用法拉利自己的话来说，F355"将久经磨炼的技术与高度创新的成果完美地融为一体"。这句话同样适用于恩佐·法拉利打造出的首批公路车——那些由 Vignale、Touring 和宾尼法利纳打造车身的跑车第一次为这个专注技术的品牌注入了豪华感。

第九章 公路车纪元——20 世纪 80、90 年代

1994年推出的F355系列汲取了过去半个世纪里所有法拉利车型的优点，并且青出于蓝而胜于蓝。它是宣告法拉利迈入新时代的第一款车型，风格大胆、设计完善，是法拉利带给新一代跃马车迷的惊喜，与过去那些性能强悍却并不细腻的前辈车型大不相同。

　　F355车系先是推出了Berlinetta车型，之后在1996年和1997年相继推出了Spider车型和F355 F1系列，是当时最强大的配备自然吸气V8发动机的法拉利跑车。在每分钟8 250转时，这台90度夹角3.5升40气门双顶置凸轮轴V8发动机能够输出375马力。精密的电控四轮独立悬架、搭配盘式制动器的防抱死制动系统和可变转向比助力转向系统为这款车带来了令人振奋的性能。

　　对于那些想要追求跃马精神但是又顾忌日常实用性的车主来说，F355是一款再适合不过的跑车。F355 Spider为车主带来了保时捷Carrera车主多年以来所享受的那种平静轻松的驾驶乐趣，同时也是有史以来第一款配备了电控车顶的法拉利敞篷车。

　　用法拉利自己的话来说，F355"将久经磨炼的技术与高度创新的成果完美地结合在了一起"。放在半个世纪前，这句话同样适用于恩佐·法拉利打造出的首批公路

1997 年推出的 550 Maranello 接替了 F512 M 的位置，成为法拉利当时性能最强大的旗舰车型。550 M 的升级款 65 度夹角 V12 发动机源自 456 GT 车型，同时它还和后者共享传动轴和轻型合金油底壳，排量均为 5 473.91 立方厘米。这台 48 气门双顶置凸轮轴 V12 发动机能够在每分钟 7 000 转时输出 485 马力，搭配了一台六速手动变速箱。550 M 的底盘轴距为 2 500 毫米，配备了与 1997 年推出的纪念车型 F50 相同的独立前后悬架和电控减震装置。

车——那些由 Vignale、Touring 和宾尼法利纳打造车身的跑车第一次为这个专注技术的品牌注入了豪华感。第一辆法拉利就是一辆敞篷车，而当时最新款的 F355 Spider 同样是一辆敞篷车，跨越五十年时间与历史的开端遥相呼应。

到了 20 世纪末，法拉利的未来已经能够从那些驶出马拉内罗工厂的重磅新车中初见端倪，譬如 550 Maranello、550 Barchetta、Enzo 以及 575M Maranello。而在下一个世纪，法拉利将会创造一个全新的纪元，为世界带来即使恩佐·法拉利本人也未曾料想过的新景象。

伟大的 F50
——五十岁献礼

　　F50 是 45 款法拉利赛车及无数款 GT 车型和运动跑车的集大成之作。从理论角度来说，它是由宾尼法利纳设计车身的公路版 1990 款法拉利 641/2 F1 赛车。

　　F50 的底盘围绕着中央单体壳结构打造，完全由 Cytec Aerospace 碳纤维材料制成，总质量仅有 102 千克。这一部分组成了车子的中部，同时也构成了驾驶员的座舱。遵循 F1 赛车的设计准则，F50 的发动机-变速箱-差速器总成与底盘连接，同时悬架系统、后保险杠和车身组件固定在上。这是法拉利在公路车的传动系统中第一次将发动机同时作为负荷承载部件和动力输出源。

　　F50 的设计将车重的 43% 放在前轴上，57% 放在后轴上。为了让车辆有少许转向过度的倾向，它的前轮距

（1 620毫米）比后轮距（1 602毫米）宽了18毫米。

转速小于每分钟4 500转时，发动机的声音小到几乎听不见；然而，一旦转速越过了4 500转/分这条线，F50就会像约翰·威廉姆斯的电影配乐一样变得恢宏响亮。实际上，这台发动机在超过了4 500转/分后就会性格大变，而两阶式进气系统也将完全开启，让发动机的进气量翻倍。同时，Motronic组合式点火/燃油喷射系统也将降低排气背压。只用一瞬间，这辆配备了低扁平比Fiorano轮胎的跑车就能将你牢牢按在驾驶座上；它从静止加速到96千米/时仅需3.7秒，甚至比你读这句话要用的时间还短！

与F40发出的空洞撞击声不同，F50关门时的声音听

直到 Enzo 于 2002 年问世之前，法拉利为庆祝公司成立 50 周年而推出的纪念车型 F50 都有着历代法拉利车型中最具未来感的外观。宾尼法利纳为它打造的设计完全是法拉利 F1 赛车的公路车翻版。F50 的车身完全由复合材料构成，包括 Cytec Aerospace 公司生产的碳纤维和凯夫拉合成纤维，以及 Nomex 蜂窝材料。这些材料从集成式的前保险杠一直延伸到后尾翼，共同为 F50 带来了视觉效果与功能性俱佳的流线型外观。

起来异常厚实。它的车门不仅有内衬，而且做工十分精细。和 F40 相比，F50 的内饰看起来豪华得就像劳斯莱斯一样，并且还有比前者更大的车内空间。尽管如此，这辆车的内饰风格仍然贯彻了实用至上主义，仪表板下部和大部分内饰表面的材质都是碳纤维，同时地毯也是橡胶材质的。它的内饰虽然简单，但绝不简陋。

F50 的赛车风格座椅使用了复合材料框架，外侧由豪华的 Connolly 皮革包裹，坐垫和靠背的内侧则使用了红色织物材质。为了适配不同体型的车主，驾驶座和踏板的位置都是可调节的。如果说 F40 是一款直截了当毫无花哨可言的公路赛车，那么F50就更像是一件定制的意大利西装，精干而不失体面。

在F50简洁的内饰布局中，最突出的地方是位于中央的地台和换挡机构。F50的变速箱是新旧技术的精彩融合：在高科技的碳纤维球形挡把头和挡把下方几厘米，就是传统风格的抛光钢制限位门，两者将驾驶员和身后那台配备了采埃孚双锥形同步器和限滑差速器的六速变速箱相连。

种种尖端科技必须以合适的包装呈现给世人，而宾尼法利纳为F50带来了超凡脱俗的车身造型。这是一款视觉效果惊人的汽车，放眼所有的法拉利车型，仅有Enzo的外观看起来比它更为大胆。F50前舱盖上巨大的气道、宽大的椭圆形格栅和内嵌的头灯让车头看上去就像是一张笑脸，而考虑到这款车出厂时接近50万美元的高昂售价，以及在1997年正式下线前349辆车就已经预售一空的盛况，马拉内罗的工厂里肯定有人笑得比F50更开心。

当F50掀起车身后部的发动机盖，露出下面的发动机-变速箱-差速器总成时，衍生自F1赛车的后悬架一定会吸引你的目光。上端涂成鲜红色的螺旋弹簧及相应的减震器水平安装在发动机和差速器之间。与当代赛车上的设计类似，F50装有推杆系统，用于连接水平的弹簧减震器及悬架系统的上下控制臂，而前端悬架也采用了类似的设计。同时，它搭载的4 698.5立方厘米排量V12发动机也在设计上和F1赛车颇有渊源。基于1990年法拉利F1赛车的设计，发动机布局呈V形65度夹角，但排量从3.5升扩大到了4.7升。这台发动机总共安装了四个顶置凸轮轴，每缸五气门（三个用于进气，两个用于排气——不用数了，一共六十个气门），缸径×冲程为85毫米×69毫米，压缩比达到了11.3：1。根据法拉利的官方数据显示，它的最大功率为8 500转/分时的513马力，峰值扭矩为6 500转/分时的471牛米。

第十章
21 世纪的法拉利

无论作为一家公司还是一个品牌，法拉利都是独一无二的。它很传统，在许多方面上作风堪称"老派"；它又很现代，由技术和设计驱动，并且始终在创新和发展方面处于领先地位。

在世纪之交时，法拉利会将几款 20 世纪末问世的车型（比如 550 Maranello 和 456 M）继续在新千年的市场上销售，但它的"主流"——如果你可以用这个词来形容法拉利的话——主流的中置发动机车系在那时已经经历过了大改款。因此，马拉内罗的工厂顺理成章地要为新千年准备一些不一样的新东西。

出色的 F355 系列本就是对并不完全令人满意的 348 车系的一次重塑，而后者的平台和动力系统一直可以追溯到 20 世纪 70 年代中期的第一代 308 系列。是时候推出一些从头到脚都更新潮、更先进的新车了。

1999 年和 2000 年，法拉利相继推出了 360 Modena 和 360 Spider，后者是该公司的第 20 款公路敞篷车。尽管这台车配备了一台中置的 400 马力发动机，但设计师们还是想办法设计出了一种能够自动折叠到车厢和发动机舱之间的车顶，从而让 Spider 的线条看起来干净又流畅；而在硬顶的 360 Modena 上，他们则保留了经典的 Berlinetta 式后窗，同时增加了一个后窥窗，让人能够一探发动机的顶部。

法拉利在 360 Modena 和 360 Spider 上进行了许多技术创新，其中一条便是几乎完全由铝材制成的底盘和车身结构。在车身面板上使用铝材对法拉利来说并不是什么新鲜事物，但一款配备了铝制底盘结构，同时几乎所有车身面板都由铝材制成的法拉利公路车型却是前所未有的。这种设计是为了显著提高车身结构刚性和完整性，同时减轻整

当法拉利在 1968 年推出具有里程碑意义的 365 GTB/4 Daytona 车型时，它只提供标准轿跑版本，即 Berlinetta 型号，550 Maranello 也是如此。由于这一原因，许多人认为它是 Daytona 最正统的精神传承者。为了提供敞篷版的 Maranello 车型，法拉利委托宾尼法利纳打造了 550 Barchetta Pininfarina。这款车型能够让人回想起 20 世纪 50 年代那些同样冠以"小舟"（barchetta）之名的敞篷车，同时也进一步彰显了宾尼法利纳数十年间对法拉利的风格与设计所做出的基础性贡献。某种程度来说，可拆卸的布质软顶是一个有些尴尬的配置：它只能够在车辆静止或下雨时保护内饰，而难以应对 550 Barchetta 在高速驰骋时的工况。（图源：culture-images GmbH/Alamy Stock Photo）

车质量，并且还能增加车内空间。在 360 Modena 的发布会上，面对在场的媒体，包括笔者在内，法拉利公司主席卢卡·克劳德洛·迪·蒙特泽莫罗询问我们如何看待 Modena 在公路驾驶中表现出的驾驶感与操控的平衡。他说了一段很著名的话："我并不担心这款车在我们的测试赛道上的表现，但我更在意另一点，那就是作为一款高度运动化的跑车，人们开着它去上班或者横穿大陆时，它是否仍然能给车主带来愉快的体验。"

"向我们驶来的是一辆 Spider……"法拉利的革命性车型 360 Modena 在问世时仅仅推出了标准轿跑车版本，但 Spider 版敞篷车的问世也只是时间问题。而这一等便是两年时间。新车的车身仍然由摩德纳的 Scaglietti 制造厂打造，并且对名字进行了细微调整：尽管新的铝制车身敞篷车显而易见属于 360 Modena 家族，但它的官方名称为 360 Spider。（图源：Michael Ward/Magic Car Pics）

继 550 Maranello 之后，法拉利于 2002 年推出了 575M Maranello。它是一款更强大、更豪华、更运动的前置发动机 V12 Berlinetta 跑车，可以说是备受推崇的 365 GTB/4 Daytona 的精神传承之作。575M Maranello 的发动机排量扩大到了 5 750 立方厘米（车名也因此而改变），在功率和扭矩方面相较 550 有了显著提升。车名中的 M 指代的是意大利语中的"Modificata"，也就是"改进"的意思，尽管在外人看来这款车经历的更像是一次大更新。575M 的特征之一是可选装的 F1 变速箱，以及安装在方向盘后面的换挡拨片。这种安装了自动离合器的手动挡首次出现于 F355 F1 车型上。575M 的 65 度夹角 V12 发动机拥有四个凸轮轴，每缸四气门，能在每分钟 7 250 转时输出 515 马力。550 和 575M Maranello 车系一直生产到了 2005 年。

360 Modena 和 Spider 充满辉煌的生产周期止于 2004 年，但在被下一代车型替换之前，法拉利还研发、生产并销售了一些十分竞技化的限量版车型，其中一款可以在公路驾驶，另一款只能用于参加法拉利挑战者杯系列赛。在 2003—2004 年间，法拉利还推出过一款"超级 Modena"车型。相较于

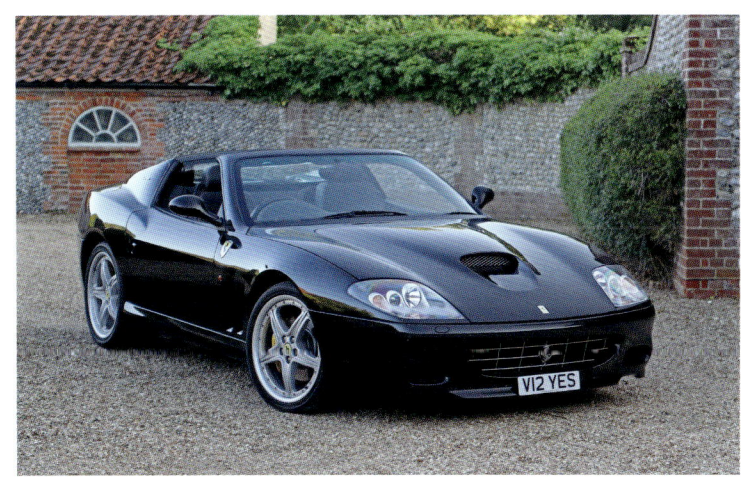

尽管 550 Barchetta Pininfarina 作为一辆敞篷版的 550 Maranello 车型表现出色，但它的布质车顶设计却并不让人满意。因此，法拉利和宾尼法利纳共同创造了一种前所未见的创新型"可收回"车顶。这款名为 Superamerica 的新车配备了一块电致变色玻璃车顶，驾驶员只需要轻按一下按钮，车顶就会从完全闭合的位置旋转至后备箱盖上，为乘客带来敞篷体验。同时，这块特殊的玻璃车顶还能够改变透明度，乘客可以通过调节进光量让车内更舒适。（图源：Robert George/Magic Car Pics）

法拉利将"超级街道版 Modena"车型命名为 360 Challenge Stradale。这种取名方式是合乎逻辑的，因为 Modena 的赛道版车型叫作 360 Challenge，而 Stradale 表示的是能够合法上路的公路版车型。尽管标准款 360 Modena 在高科技、轻量化与性能方面就已经表现得十分出色，但 360 Challenge Stradale 的里里外外看起来都更有赛车的风格，并且质量更轻、性能更强。（图源：culture-images GmbH/Alamy Stock Photo）

第十章　21世纪的法拉利　**267**

2002年推出的法拉利Enzo完全脱胎于赛车设计,最初仅生产了399辆;后来,公司又生产了第400辆Enzo,并作为礼物赠送给了已故的教皇若望·保禄二世。引用法拉利公司的话来说,"这款车能够为驾驶员提供多届世界制造商总冠军的驾驶体验,以及世界冠军迈克尔·舒马赫的技术理念和发动机调校技术。"Enzo搭载了一台直接基于F1赛车发动机设计打造的全新自然吸气65度夹角V12发动机,能够在每分钟7 800转时输出最大功率660马力。这台源自赛车、十分狂野的发动机仅配备了一台六速法拉利F1自动变速箱,也就是配备了自动离合器的手动变速箱。Enzo的造型由宾尼法利纳的奥山清行设计,灵感同样来源于F1赛车。它配备了类似鸥翼门的车门,但特别之处在于它们与A柱相连,因此在打开时看起来像是蝙蝠的翅膀。2004年,*Motor Trend*杂志进行了一次著名的测试:他们将一辆2003年的Enzo带到了福特位于亚利桑那州金曼市的一条8千米长的倾斜椭圆测试赛道上,并找来了印地赛车车手布莱恩·赫塔驾驶法拉利,在赛道上测出了340千米/时的最高时速。

Enzo的鸟喙状车头尖端和两侧的水平格栅设计与法拉利的F1赛车如出一辙,其许多空气动力辅助装置也是如此,包括巨大的散热器和下压力管理进气口,后者利用吸入的高速空气在腔室内形成高压,通过高压作用于前唇的板件形成下压力。它的发动机和赛车也颇有渊源——这台660马力的6.0升自然吸气V12发动机同样源于F1赛车。(图源:Vicky Dredge/Magic Car Pics)

如果蝙蝠侠开法拉利，那他开的一定是一辆 Enzo。这辆车有着性感的蝴蝶门、硕大的进气口及澎湃的动力，光是看着它，你就能想象到蝙蝠侠和罗宾的"活力双雄"（Dynamic Duo）二人组钻进看起来咄咄逼人的黑色 Enzo，喊出"原子电池启动，涡轮加速！"的场景。有趣的是，Enzo 最著名的荧幕亮相是在 2003 年的《霹雳娇娃 2》（Charlie's Angels: Full Throttle）中，作为电影里穿着比基尼的"堕落天使"麦迪逊·李（由黛米·摩尔饰演）在加利福尼亚州马里布的理想座驾。（图源：John Colley/Magic Car Pics）

在古老的海盗故事中，"X"标记着宝藏的位置；而现在，FXX 便是那终极宝藏。有些人觉得"标准版"Enzo 还不够让人血脉偾张，于是法拉利为他们准备了 FXX：这是一款仅限赛道驾驶，专为 Corsa Clionti，即法拉利赛车客户群体打造的终极之车，旨在提供更加激动人心的驾驶体验。车载的性能诊断数据会实时反馈给法拉利工厂，让公司能够了解车辆和驾驶员的表现。FXX 有一条专属的小规模生产线，只有那些最资深的技师才能参与其中，打造这些罕见的速度机器。（图源：Matt Stone Photo）

2007年，法拉利推出了430 Scuderia。这款车的名字来源于公司著名的赛车部门，并且搭载了一系列源自F1赛车的技术，是法拉利速度最快、最先进的公路车之一。它搭载了一台自然吸气4.3升V8发动机，能够在每分钟8 500转时爆发出510马力，并且有着极低的质量功率比，仅为2.44千克/马力。在法拉利的限量特别版V8车型中，"Scuderia"已经成为备受藏家追捧的一颗明星（图源：John Lamm）

普通版Modena，这款车型多了一些让它速度更快、反应更灵敏、驾驶感受更直接的配置，同时删减了任何会拖累它达成这一目标的东西（比如说一些豪华的内饰饰面），几乎所有增加质量的配件都被舍弃或替换。这款车型叫作360 Challenge Stradale，仅提供Berlinetta版本。它的车名意为"街道挑战版"，因为这辆车和专供法拉利挑战者杯的赛车有许多共通之处。

360 Modena的3.6升V8发动机运转起来堪称疯狂，能够输出实打实的400马力；然而，有的车主认为它在低转速时需要更强的扭矩。因此，法拉利于2004—2005年间开发360 Modena的替代车型F430时，将它的排量从3.6升增加到了4.3升，创造了一台几乎全新的发动机，而输出功率也随之增大，在每分钟8 500转时能够输出502马力。在其问世后不久，法拉利也推出了Spider版敞篷车型。两款车型都可以选装六速手动变速箱或者更先进的F1拨片换挡式变速箱。全新的E-Diff电控差速器能够让车子在公路和赛道上的扭矩输出更加顺滑，并且有更好的牵引力。同时，F430的驾驶舱在豪华和科技方面也比360更进一步。

2007年，法拉利推出了430 Scuderia。这款车的名字来源于公司著名的赛车部门，并且搭载了一系列衍生自F1赛车的技术，是法拉利速度最快、最先进的公路车之一。

它搭载了一台自然吸气4.3升V8发动机，能够在每分钟8 500转时爆发出510马力，并且有着极低的质量功率比，仅为2.44千克/马力。和之前的Challenge Stradale车型一样，法拉利的"Scud导弹"仅提供F1拨片换挡式变速箱。这款车型仅在2007—2009年间生产，如今已经成为备受藏家追捧的一颗明星。

法拉利456和456M 2+2车型成功地将这一品牌对顶级2+2座大型GT车型的理解带到了新的高度。然而，到了2003年底，这些车型已经亟须换代。法拉利需要一些新车型，而这款新车需要有令人耳目一新的外观，摒弃456系列那种略显过时的隐藏式头灯，同时增加轴距以提供更大的空间和改善行驶质量。新车采用了更轻的铝合金结

法拉利的612 Scaglietti取代了过去的456车型，是法拉利迄今为止最大的2+2座GT轿跑车之一。它的轴距和车长达到了两大目的：其一是允许6.0升V12发动机置于车辆前中部（这样能够改善前后质量比和操控性能），其二是增加了后排乘客的腿部和头部空间。（图源：Michael Ward/Magic Car Pics）

无论从哪个角度看去，法拉利 599 GTB Fiorano 的设计都令人目眩神迷。这张鸟瞰图展示了这款车的长发动机盖、短尾部设计、尺寸巨大的风挡玻璃，以及车顶后部与车尾流畅相接的拱形 C 柱线条。在法拉利的历史上，有许多公路车型都采用了源于 F1 赛车技术的 V12 发动机，599 也是其中之一。毫不夸张地讲，它的性能足够令人热血沸腾。（图源：James Mann）

构，同时配备了最新的动力系统、信息娱乐系统和豪华配置。说到设计，法拉利决定以塞尔吉奥·斯卡列蒂的名字为这款车命名，因为他在摩德纳的制造厂在过去多年里为无数款法拉利车型设计和制造了车身。因此，这款新的豪华2+2座大型GT被取名为612 Scaglietti。

法拉利12缸车型的团队负责人莫瑞吉奥·曼弗雷迪尼表示："612有接近85%的车重都集中在车辆2 949毫米的轴距内，而456M GT仅有70%的车重集中在2 601毫米的轴距内，并且后轮需要承受47%的车重。612比上一代2+2车型长了140毫米，同时也更宽更高。得益于主要由铝打造的车身结构，它的车重为1 860千克，也比456M轻了好几百磅。"612的5.7升V12发动机能够输出充裕的540马力，并通过一台六速手动变速箱或者六速拨片换挡式自动离合变速箱将动力传输到车轮。在2004年至2008年间，仅以硬顶版提供的612 Scaglietti还能在经销店自由购买；而在2008年之后一直到2011年，612 S都只能通过法拉利独家的"One-to-One"项目订购。每一辆612都是订单制生产，由客户在下定之前与法拉利Atelier工作室的设计师和工作人员进行交流，配置出自己独一无二的爱车。

前置V12发动机GT车系永远不会在法拉利的产品线中缺席，599 GTB Fiorano问世于2006年。这款车的名字来源于公司的内部测试赛道，每一款法拉利公路车型和F1赛车在问世之前都会在这里进行评估和开发。如今，它搭载的那台源于Enzo和F1赛车的V12发动机排量已经达到了6.0升，最大输出功率高达612马力。尽管这款车型标配六速手动变速箱，但绝大多数车辆都选装了升级后的六速F1 Superfast变速箱。599的设计十分具有宾尼法利纳的特色，一眼就能看出这是一辆法拉利，用独特的开放式飞拱形线条取代了传统的C、D柱设计。这款车型采用了前中置发动机设计，意味着它的发动机比一般的前置发动机车型在底盘上的位置更靠后。在许多人眼中，它是法拉利有史以来最好的公路车之一。

GTO之名在法拉利的历史中相当具有传奇色彩，公司也曾经在1984—1987年生产的288 GTO上复兴过这一名号；而现在，他们认为可以用一款"超级599"为这个名字带来第三春。因此，2011年推出的599 GTO可以被视作最强版本的Fiorano车型：它的车重更轻、风格更激进，并且得益于功率增至661马力的V12发动机，速度也更快。和它的车名一样，这款车型总共生产了599辆。或许你已经猜到了，如今它们备受追捧，价格昂贵。尽管最初的599 Fiorano和599 GTO仅提供Berlinetta版本，但法拉利意识到他们也可以生产一款限量的敞篷版本——而这便是599 SA Aperta。这款车名字中的"SA"是为了纪念它的设计师塞尔吉奥（Sergio）·宾尼法利纳和安德里亚（Andrea）·宾尼法利纳，而"Aperta"在意大利语中是"开放、打开"的意思，呼应了这款车可拆卸的Targa式车顶，以及从座椅后部延伸至车尾，经过修改的飞拱。同时，SA Aperta还继承了599 GTO那台疯狂的661马力V12发动机，以及升级版的F1变速箱。这款车型只生产了80辆，让它变得更加抢手且昂贵。599 GTB Fiorano的销售周期从2006年持续到了2011年，而599 GTO和SA Aperta都只销售了2年，即2011年和2012年。

2006年，当我在参观法拉利位于马拉内罗的工厂时，一名不愿透露姓名的高级主管将我带到了工厂内部一个秘密的原型车制造区，向我提前展示了一款即将于两年后发布的新车。这是一款前置发动机的敞篷车，配备了类似梅赛德斯-奔驰SL63 AMG那样可以完全收缩到车内的硬顶。法拉利的管理层注意到，这种前置发动机的GT敞篷车正在市场上大行其道，取得了不俗的销售成绩，并且可能会撼动法拉利的顾客基本盘——这一点千真万确，因为阿斯顿·马丁、捷豹，甚至于法拉利曾经的对手，如今归属于同一集团的玛莎拉蒂都在生产这种敞篷车。公司开发新车的决定毫无疑问是正确的，而面对这款经典的GT车型配置，法拉利再次从它丰富的历史中汲取灵感，使用了另一个久负盛名的车名——California（加利福尼亚）。这个名字曾经被用在20世纪50年代末和60年代初推出的两款极受欢迎的标志性运动敞篷车型250 California和365 California上。

2008—2009年，这个名字被全新的法拉利California带回了公众面前。它是一款高速豪华旅行敞篷车，一台绝对的运动健将，但又不像那些顶级中置发动机跑车那样咄咄逼人。新车很好地完成了被赋予的使命，吸引了相当一部分从未接触过法拉利品牌的新客户。

California顺畅的流线型车身毋庸置疑出自宾尼法利纳之手，融合了众多标志性的法拉利设计元素。发动机盖的流线型线条与短车尾设计和向后拉伸的驾驶舱形成了鲜明的对比，让这款车看起来像是有着现代外观的1957年版

面对阳光明媚的市场，梅赛德斯-奔驰、捷豹、宾利、玛莎拉蒂和阿斯顿·马丁相继推出了优雅的高性能敞篷车，并且大获成功。法拉利意识到了这一点，也想要在市场里分一杯羹。于是，California便问世了。这款前置发动机的V8敞篷车取名自20世纪50年代末60年代初法拉利最著名的敞篷车系列，并采用了全新的可折叠硬顶设计。这一计划取得了巨大成功，为品牌带来了许多从未拥有过法拉利的新客户。（图源：James Mann）

599 GTO 是一款十分特别的限量版超高性能 599，也是法拉利历史上第三款使用 GTO 之名的车型。之前的两款车分别是 20 世纪 60 年代的 250 GTO 和 80 年代中期推出的双涡轮增压 V8 车型 288 GTO。它搭载了一台源于 F1 赛车的 6.0 升 V12 发动机，咆哮时能够提供货真价实的 612 马力。（图源：GFWilliams）

2009 年推出的 458 Italia 是一款纯粹而迷人的跑车，同时也是法拉利在当时最先进的自然吸气 V8 车型。这款车从内到外都有着真正源自赛车设计，为空气动力学性能服务的配置，很大程度上为后来配备涡轮增压发动机的 488 与 F8 系列奠定了基调。（图源：Matthew Richardson/Alamy Stock Photo）

California；同时，它的进气格栅与发动机盖中央细长的进气口也完美呼应了 250 GT California 的设计。车尾两侧各一个的圆形 LED 尾灯直接嵌入在行李箱盖边缘，而独特的双边四出纵向排气管则是宾尼法利纳的原创设计。车辆的内饰同样体现了设计师的精细巧思，让整个座舱散发出一种精致奢华、舒适而质量上乘的感觉。

California 搭载的 V8 发动机是法拉利历史上首款前置 V8 发动机。它完全由铝制成，保留了典型的法拉利架构，气缸之间夹角为 90 度，曲轴夹角为 180 度，能够在每分钟 7 750 转时输出 460 马力。动力通过一台七速双离合变速箱传递到车轮，而被安装在方向盘后方的 F1 风格换挡拨片如今已成为法拉利的新传统。两台离合器中的一台负责控制偶数挡，另一台则负责控制奇数挡，这样就可以预选所需的下一挡。California 从静止加速到 96 千米 / 时需要 4 秒，极速为 314 千米 / 时，无论是在开篷还是关篷时都代表了公路车的性能巅峰。

2012—2013 年生产的 California 30 进行了进一步提升，减掉了 30 千克车重，同时增加了 30 马力的发动机输出功率。得益于 Scaglietti 制造厂在制造 California 底盘时采用了最先进的铝加工技术和构造工艺，车辆能够在减轻自重的同时不影响结构刚性和性能表现。这两项改进的结果便是车子的 0 到 96 千米 / 时加速时间缩短至 3.8 秒。

诚然,不是所有人都对法拉利 FF 的 "shooting brake" 式掀背设计感冒,但这种车身的实用性毋庸置疑,而它的车身空间和全轮驱动配置对某些市场的特定客户来说也十分必要。在经过大量的升级改进后,这款车型如今仍以 GTC/4 Lusso 的名号继续存在(目前该车型已停产——译者注)。(图源:Michael Ward/Magic Car Pics)

California 30 配备了一台全新的缸内直喷 V8 发动机、一台配备了换挡拨片,换装了新型双离合七速变速箱、前双叉臂后多连杆的悬架系统、升级的 F1-Trac 牵引力控制系统,以及标配碳陶瓷材料(CCM)制动盘的布雷博制动系统。这款车型拥有法拉利最新的可折叠硬顶技术,并提供两种版本的车型:一款是两座版本,后排是传统的储物空间,另一款则是后排能够装下两名乘客的四座 2+2 版本。

2009—2010 年,中置发动机的 458 Italia 问世,取代了备受喜爱的 F430 车系。这款车型一经推出便立刻赢得了"年度性能车"和"年度之车"两项大奖,并在接下来的时间里相继赢得了包括"性能最佳发动机"和"4 升以上最佳发动机"在内的三十多个国际奖项。作为法拉利 V8 车系中最运动的车型,458 的内外设计看起来都十分大胆。它的内饰的设计灵感来自赛车的驾驶舱,拥有七速 F1 Superfast2 拨片换挡式双离合变速箱及驾驶模式选择系统,能满足从公路(Sport 模式)到赛道(Race 模式)的一切需求。Superfast2 是法拉利所有车型使用的 F1 变速箱的进化版,能够将换挡时间缩短至 60 毫秒;这一速度比此前所有的法拉利车型都要快,同时也比所有的半自动变速箱都要快。458 Italia 还将出色的豪华舒适配置融入进了驾驶舱,驾驶员能够通过方向盘上的各种旋钮和按键控制车辆的所有主要功能。

458 Italia 锋芒毕露的车身设计旨在通过增加整体下压力来提高空气动力学效率。中后置 4.5 升 V8 发动机能够在每分钟 9 000 转时释放出 562 马力，在每分钟 6 000 转时能够产生 540 牛米的扭矩，车辆从静止加速到 96 千米 / 时仅需 3.3 秒，极速为 323 千米 / 时。

2011 年，法拉利推出了开创性的法拉利 FF 2+2 四轮驱动跑车，实现了"四足并用"。FF（Ferrari Four）是来自马拉内罗的首款量产四驱车型，也是法拉利的第一款量产掀背车，被视为 2004 年推出的 612 Scaglietti 的后继车型。尽管法拉利在 2+2 座跑车设计方面曾经取得过长时间的成功，推出过 400i、412、456 GT 等车型，但 FF 进入了这一品牌之前从未涉足过的领域。它为运动型 GT 提供了一种前所未有的解决方案，将高性能 2+2 座车型与非常实用的功能性设计相结合，是法拉利在造型领域的又一次重大突破。尽管这台车十分务实，但不是所有人都喜欢 FF 的设计；有的人声称这是一款"旅行车"，而有的人认为这是法拉利在 SUV 领域的一次大胆尝试。事实上，英语中的"shooting brake"（猎装车）或者德语中的"Sportwagen"更适合用来描述这款车。

FF 使用的四驱系统通过一种创新的动力传输单元（PTU）将动力分配到车轮上。和传统的前置发动机四轮驱动系统不同，这套系统允许发动机通过一根传动轴直连后差速器，实现完全的后驱，非常适合前中置 V12 发动机。只有在必要时，控制单元才会将动力传输到前轮，根据实际情况，FF 能够直接从曲轴将不同扭矩分配到四个车轮上。同时，FF 也是第一款配备了七速 F1 双离合变速箱和 GDI V12 发动机的车型。这台发动机在每分钟 8 000 转时能够输出 651 马力，0～96 千米 / 时加速仅需 3.7 秒，极速更是达到 335 千米 / 时。在当时，这可是地球上跑得最快的四座车！

法拉利 FF 由宾尼法利纳设计，车身线条在极致的驾驶性能与多功能性之间取得了明确的平衡。它的车头造型会让人联想到限量的 F60 America，独特的车尾与尾灯设计在法拉利的公路车中前所未见。FF 可以在它轮廓鲜明的运动座椅中轻松容纳四名乘客，同时也可以将后座单独或一齐折叠，创造更大的载物空间。它的后备箱空间不仅比同级别任何跑车都要大，而且还超过了许多四门车型。

2011 年，法拉利还推出了另一款 458 车型，那就是品牌第一款装配了可收缩硬顶的中置发动机车型 458 Spider。尽管可收缩硬顶敞篷车在跑车世界里并不是什么新鲜事物，但法拉利之前还从未涉猎过这一领域。458 Spider 将中置发动机的性能与可伸缩硬顶相结合，关闭顶篷时车内十分安静舒适，而在打开时则能将 Spider 车型

2011年，法拉利以双座版 Berlinetta 车型设计为基础，打造了一款敞篷版的 458 车型。458 Spider 是法拉利首款采用可折叠硬顶的中后置发动机车型。这块硬顶在关闭时能够提供卓越的降噪效果和舒适度，并且比传统的硬顶和软顶都要更轻。只需要按下按钮，这辆车就能在 14 秒内打开或关闭顶篷。（图源：John Lamm）

的风姿展现得淋漓尽致。按下一个按钮，这辆车就能够在 14 秒内从一辆 Berlinetta 变成一辆 Spider，是世界上开篷速度最快的敞篷车之一。和织物软顶不同，458 Spider 独特的硬顶在高速行驶时不会变形，而且质量奇轻，比传统的硬顶足足轻了 88 磅（约合 40 千克），比织物软顶也轻了 55 磅（约合 25 千克）。同时，双曲面车顶设计也改善了驾驶舱空间和驾乘舒适性，并且在收起时能够紧凑地置于发动机舱前部，而这种紧凑性对于卓越的空气动力学性能、迷人的后部造型及发动机的中后置布局来说十分重要。当硬顶折叠之后，一块电动挡风板会升起来，降低风噪和 458 Spider 的风阻。挡风板的位置允许驾驶员自由调节，而驾驶员也可以将其完全收起，让车顶升起时身后发动机的轰鸣更加响亮。

收起 458 Spider 的两节式车顶后，道路、发动机与周遭环境的魅力就会在你面前倾泻而出。全新的 8 缸发动机能够输出 562 马力，并通过一台改进后的七速双离合 F1 变速箱传输到车轮上，仅需 3.4 秒就能将 458 Spider 推上 100 千米 / 时，最高时速可达 320 千米 / 时。通过将两个离合器接合和分离的时间重叠，458 Spider 配备的变速器将换挡时间降至几乎为零，从而避免了扭矩中断的情况。同时，均匀分布的短齿比与 V8 发动机的功率和扭矩曲线相匹配，确保车辆在低速时也能输出高扭矩。E-Diff 电子差速器如今与变速箱合为一体，形成了一个更紧凑、更轻便的传动单元，而 458 Spider 的主减速器、一挡和七挡均拥有独特的传动比。这一设定能够让驾驶员在低速时感受到车辆充足的扭矩和加速过程中不竭的动力，并且借助第七挡的力量达到极速。

2012 年，法拉利用全新的车身设计和 V12 发动机更新了自己传奇的 V12 Berlinetta 车系，用以取代 599 GTB Fiorano 及它的所有衍生车型。自法拉利于 75 年前推出第一款跑车以来，V12 发动机一直都是这个品牌的心脏和灵魂。1953 年推出的 375 America、开天辟地的 250 GTO，以及 365 GTB/4 Daytona 等车型，每一辆 V12 跑车都开创了法拉利历史的新纪元，几十年后，这些 V12 跑车成为了所有法拉利中最具收藏价值的车型之一。而在许多人看来，全新的 F12 Berlinetta 完美继承了这一传统。

作为新一代前中置 V12 发动机车系的首款车型，F12 Berlinetta 的自然吸气 65 度夹角 6.3 升发动机能够输出 730 马力，配备了一台七速双离合自动变速箱。它的空间管阵式车架和车身都是全新打造的，使用了不少于 12 种铝合金材料，其中有一些在此之前从未应用于汽车上。

F12 Berlinetta 由法拉利造型中心和宾尼法利纳联合设计，在比例平衡的同时又有着动感的外观和真正具有实用性的车身线条，使其成为了法拉利有史以来空气动力学效

左页图：
对于一些人来说，458 Speciale Aperta 是法拉利 V8 车型中首屈一指的好车。它是自然吸气的 458 车系中动力最强、产量最少的一款车，同时 Aperta 版本还将这些特点与敞篷车的车身结构相结合，带来了最极致的体验。这款车型仅在 2015 年生产，即便有敞开的顶篷让风从发丝间呼啸而过，这款仅在 2015 年生产的车型也只需 2.9 秒就能加速至每小时 96 千米。（图源：GFWilliams）

率最高的车型，风阻系数（Cd）仅为0.299。如此之高的空气动力学效率主要通过三个设计元素实现：空气桥、气动扰流系统，以及空气动力学底盘设计。首先，空气桥利用发动机盖线条在每侧形成一个气动通道，进而产生下压力，而这些通道穿过前轮拱和A柱底端的区域，将气流引入侧面的进气口，与车轮拱的尾部气流相互作用以减少阻力。随后，气动扰流系统将后部的气流穿过后定风翼上的特殊进气口，进而调整了轮拱内部的气压，同样有益于空气动力学效率。最后，平直的底盘与全新的前扰流板相结合，能够在产生下压力的同时将气流引向后部的扩散器。前轮前方的空气动力学挡板和半圆锥形扩散器不仅能够增加下压力，还有助于冷却制动器，而后部的扩散器栅板既能够将气流引离车轮，又能产生一个涡流，让底盘不受后轮运动时所产生的向心力干扰。

F12 Berlinetta的车尾设计是对最初用于赛车的"Kamm tail"（末端为垂直断面的长溜背造型，得名于其发明者，德国工程师兼空气动力学家Wunibald Kamm。这一设计可以改善车辆的空气动力学表现，最早见于参加1940年Mille Miglia耐力赛的BWM 328上——译者注）的现代化、实用化诠释。它将后翼子板的线条与车尾相融合，形成了法拉利典型的T字形结构，而设计元素还包括两个全LED圆形尾灯及灵感源于F1赛车的雾灯。这款掀背式跑车的尾门玻璃安装了液压杆，方便用户从车尾的储物空间中取放东西。

2009年，法拉利推出了458 Italia车系，是公司当时最运动的V8车型。它有着震撼人心的车身线条及基于赛车设计的座舱，配备了七速双离合F1 Superfast2拨片式变速箱，是一款几乎可以与赛车媲美的公路车。经过四年的努力，法拉利的工程师与设计师在2013年推出了基于458 Spider打造的顶级型号458 Speciale A（Aperta）。得益于铝制可折叠硬顶，Speciale A的车重实际上比硬顶版Speciale跑车还要低上50千克。与458 Spider一样，它的车顶也可以在14秒内打开或者降下，这就意味着你在等红灯的时候就可以完成车身形态的转变！和早期的458车型一样，Speciale A是一款专为竞技取向的车主打造的公路车，能够让他们在敞篷驾驶时获得更像赛车的驾驶体验。它搭载了一台性能卓越的自然吸气发动机，百千米加速仅需3秒，0～200千米/时加速仅需9.1秒。

在空气动力学设计上，458 Speciale A也有自己的秘密法宝，那就是位于车头中心的两片垂直副翼及下方的一条水平副翼。在相对低速行驶时，垂直副翼保持关闭状态，将空气引入散热器。当车速超过170千米/时后，副翼就会开启，减少进入散热器的气流以降低阻力。当车速超过220千米/时后，水平副翼就会降低，将20%的总

右页图：
许多人都认为tdf车型是F12的终极版本，他们说的一点没错。F12tdf的灵感和名字都来源于著名的250 TdF，这款车型在赛道和公路上表现得都十分出色。F12原本的设计在打造这辆限量车型时得到了显著优化，而同样升级了的还有它的性能和操控。（图源：GFWilliams）

下压力转移至车身后部,以平衡前后轴之间的下压力。同时,更大更夸张的后扰流板也能增加下压力,让车辆更稳定。458 Italia 原先位于车身中部的三出排气被距离更远、位置更高的双出排气替代,样式与之前的 F430 Scuderia 类似。根据需要,电子控制的主动式尾翼能够升起或者降低,以增大下压力或者降低阻力,而这与 F1 赛车配备的 DRS(Drag Reduction System, 减阻系统)系统原理类似。458 Speciale A 的车身设计以性能为主要导向,绝大多数面板都经过了重新设计,但驾驶舱和标志性特征都未做调整。复合材料制成的保险杠经过重新设计,而发动机盖上面有两个很深的排气口,用于排出经过散热器的气流。同时,头灯的两侧还各有一组三联排气口,让人联想起 250 GTO 和 F40。

凭借这两款 Speciale 车型,法拉利的设计师再创新高,为驾驶者提供了比 458 Italia 更加非凡的激烈驾驶体验,同时又让客户们更容易地触碰到车辆的性能极限,并通过车上的技术帮助他们提高驾驶技巧。车辆的电子系统、制动器、悬架与轮胎都配备了最新的科技成果,进一步增强了车辆性能。这些创新不仅可以逐圈提升圈速,还让非专业驾驶者能够在后续的圈次中继续体验到不竭的性能表现,让他们能够在速度与激情中始终发挥稳定。458 Speciale A 有着出色的转向响应速度(0.06 秒)及高达 1.33 倍重力加速度的横向加速度(在过去,公路车型甚至很难达到 1 倍重力加速度的横向加速度水平),而它也打破了法拉利量产车中最强 V8 发动机的纪录。它是法拉利有史以来最强大的自然吸气 V8 敞篷车,能够在每分钟 9 000 转时输出 597 马力。Speciale A 仅限量生产 499 辆。

自法拉利于 2012 年推出第一款 F12 车型开始,公司就开始着手研发一款更强的 Berlinetta 车型,而他们带来的成果便是一款具有历史意义的全新车型 F12tdf。tdf 这三个字母意义重大,代表了法拉利在传奇的环法大奖赛(Tour de France)中取得的累累硕果——法拉利车队在 20 世纪 50、60 年代屡获佳绩,而他们最常驾驶的战车便是大名鼎鼎的 250 GT Berlinetta TdF。从 1951 年至 1986 年最后一届环法大奖赛期间,法拉利总共赢得了 12 次比赛冠军。

20 世纪 50 年代,随着竞技跑车的性能越来越接近一级方程式赛车，国际汽车联合会在1956年创立了GT组别赛事，也成就了法拉利GT车型的一代威名。时隔半个多世纪后，法拉利F12tdf横空出世，再一次成为了具有赛车特质的豪华GT的典范。

F12Tdf的澎湃性能离不开那台源于F12 Berlinetta，屡获殊荣的769马力自然吸气V12发动机。它配备的七速F1双离合变速箱与发动机、悬架和车身设计相结合，为车辆带来振奋人心的动态操控性能；车辆在过弯时的横向加速度格外惊人，而这得益于前后轮胎的宽度比增加了8%。由于轮胎的大小发生了变化，车辆本身具有更强的转向过度倾向，而法拉利开发了一种名为"虚拟短轴距系统"的创新后轮转向系统，抵消掉了这一点。这项技术与其他车辆动态控制系统相结合，确保方向盘的响应时间与转向速度堪比赛车，同时提高了车辆的高速稳定性。由于下压力提升了87%，F12tdf的过弯速度比2012年的F12 Berlinetta更快，达到了前置V12发动机Berlinetta车系中前所未有的水平。它的车身、内饰、发动机、传动系统和驱动装置都经过了大刀阔斧的重新设计，并且在车里车外都使用了大量的碳纤维，使得车辆总重降低了110千克。种种努力造就了一辆数据更加惊人的F12跑车——F12tdf的百千米加速时间仅为2.9秒，最高时速超过340千米/时，在费奥拉诺测试赛道上的圈速为1分21秒，仅仅比LaFerrari慢了1秒。毫无疑问，这是赛车级别的水平。

打造重生版的TdF时，法拉利需要将20世纪50年代末车型的显著特征巧妙地融入50年后推出的新车中，又不能让整个设计显得"复古怀旧"，同时还要提高基础型号的性能。这需要精湛的工程技术和深思熟虑的设计，而法拉利在新时代的F12tdf中成功做到了这一点，创造了一款美貌与性能兼备，令人目眩神迷的车型，同时在F12的基础之上迈出了重要的一步。

第十章 21世纪的法拉利

F60
——深耕美国六十载

许多年来，法拉利已经用其在全球最大的市场——美国——命名了多款车型，例如 SuperAmerica 和 330 America。因此，为了庆祝登陆美国市场 60 周年，法拉利再次回归这一传统，将它的下一款限量版纪念车型命名为 F60 America，并仅在 2014 年生产。

1997 年至 2014 年间，许多款优秀的法拉利车型都出现在了美国的道路上，而这款全新的特别版车型将标志着法拉利在北美的悠久历史。无论在美感还是在概念上，这辆 60 周年纪念车型都令人叹为观止。LaFerrari 是一辆 Berlinetta 跑车，而 F60 则是顶级的 Spider 敞篷车，同时是所有纪念版车型中产量最少的一台。正如法拉利在 20 世纪 50、60 年代所做的那样，它们生产的限量跑车将会配备精美的定制车身及接近赛车水平的悬架、发动机和传动系统，代表了公路车的最高水准。某种程度上，这种造车理念会让人回想起路易吉·奇内蒂在 1967 年打造的专供美国市场的传奇车型 275 GTB/4 NART Spyder，并且两款车都只生产了十辆。

在法拉利于比弗利山庄市政厅举办的 60 周年庆典上，首辆搭载了 6.3 升 730 马力前中置 V12 发动机的 F60 America 公开亮相。法拉利再次选择比弗利山庄作为自己发布新车的地点，足以证明加利福尼亚州和美国市场对这一品牌持续成功的重要性。基于 F12 Berlinetta 打造的 F60 America 配备了一台 F1 七速双离合变速箱，0 ～ 100 千米 / 时加速仅需 3.1 秒，最高时速更是超过每小时 340 千米！

F60 America 的车身造型是法拉利经典线条的集合，其翼子板形状、格栅、车门和后尾灯设计都能让人回想起许多历史悠久的传奇车型，比如说 275 GTB、365 GTB/4、512 TR、Enzo、F12，以及 612 Scaglietti。种种元素经过融合调整后被整合到 F60 的身上，让它的外观看起来几乎焕然一新，但同时又忠于品牌传统。车头最显眼的便是经典的单体格栅，下方是基于赛车的空气动力学设计，而发动机盖上面的线条则直接源自宾尼法利纳在 20 世纪 60 年代的经典设计。它的前脸设计十分大胆，仿佛挂着一抹邪恶的笑，准备吞噬掉前方的一切东西。放眼车尾，最显眼的部分是由皮革包裹的两个

无论从哪个角度来讲，F60都很特别——这款车是为了庆祝法拉利在北美开展业务60周年而推出的纪念版车型，总共只生产了十辆，采用了特殊的Aperta敞篷式设计，并且在车内车外都有大量专门设计的细节。F60的动力系统来源于F12车型，几乎没有进行任何改装或调整，搭载的6.3升V12发动机通过一台七速双离合变速箱将动力输送到后轮上。这台发动机的峰值功率为729马力，最大扭矩690牛米，0～100千米/时加速仅需3.1秒，极速超过每小时320千米。（图源：EG Photo Alamy Stock Photo）

头部防滚架，以及从座舱后部延伸到从车尾，支撑着防滚架的碳纤维飞拱，让优雅和谐的尾部线条多了一丝动感。F60从设计之初便是一辆只适合在好天气驾驶的敞篷车：它仅仅配备了一块织物软顶来遮盖座舱，并且只能在时速小于120千米时使用。

F60 America的开放式内饰重新定义了运动豪华型Spider敞篷车的风格——它的内饰采用了不对称配色，驾驶员一侧内饰使用的是毫不妥协的法拉利红，而副驾驶一侧的内饰则是对比鲜明的黑色。车内的仪表和控制组件受到了赛车的启发，而驾驶员一侧的内饰面板、地台和门板均以复合材料覆盖。竞技风格的座椅靠背上有一面造型独特的美国国旗，既是向美国市场致敬，也是和车名呼应，而车辆的翼子板和内饰也都镶嵌了传奇的北美赛车队版跃马徽标，和车子蓝白相间的北美赛车队同款配色方案相得益彰。售价为250万美元的F60 America成为了专为美国市场设计的特供车款。

右页图：

2016年推出的法拉利488 GTB是对搭载自然吸气发动机的458系列的一次重大革新。488车系首次引入了双涡轮V8发动机，并且作为唯一的动力配置提供；尽管一些车迷怀念自然吸气发动机的线性动力输出，但没有人会对大幅提升的动力表示不满。新一代的V8车型是如此先进，以至于有些时候很难想到，它们与20世纪70年代人尽皆知、无论什么时代都有着高辨识度的308 GTB车型有着传承关系。（图源：John Lamm）

法拉利对涡轮增压技术并不陌生。自1987年以来，法拉利就开始在476马力的F40和288 GTO上使用双涡轮系统。同时，法拉利还为自己的母公司菲亚特旗下的另一个子品牌玛莎拉蒂生产涡轮增压V6和V8发动机。

在设计2015年推出的California T时，法拉利为它配备了两台IHI涡轮，让它的3.9升V8发动机能够爆发出额外的70马力；现在，这台发动机能够在每分钟7 500转时输出553马力。法拉利没有像往常那样把两台涡轮置于气缸中间，而是把它们放在了发动机两侧；根据法拉利的说法，这样做的目的是为了降低重心。通过使用法拉利创新的可变增压管理系统，California T的双涡轮增压V8发动机几乎没有涡轮迟滞。这一控制系统与ECU集成在一起，可以根据转速和所选挡位调整扭矩输出，随着驾驶员换挡，发动机输出的扭矩也会增加。这使得法拉利的F1七速双离合变速箱在高挡位时可以采用更长的齿轮比，从而在不影响直线加速性能的前提下降低油耗和排放。California T从静止加速至100千米/时仅需3.6秒，最高时速可达315千米/时——这可是在敞篷的状态下！

为了提升车辆的操控精度和性能，California T使用了强度提升11%的悬架弹簧来减轻侧倾和横摆。它还换装了速度提升10%的全新转向机，让车辆的转向感变得更加直接，驾驶员在曲折的道路上驾驶时也能更加轻松。同时，California T配备了来自布雷博的碳陶瓷制动系统，使用了一种全新的材料制作制动盘，这种材料具有更高的摩擦系数，在各种工况下都能保持稳定，不易磨损。因此，这款车基本可以在整个生命周期中都不更换制动盘和制动片！

最新款California车型的车身线条与限量的F60 America颇为相似，而宽大的前格栅和短尾设计则会让人回想起20世纪60年代法拉利的经典设计。California T的内饰让人感到温馨而精美，同时结合了符合人体工程学的布局以及源于法拉利F1赛车的尖端技术。它的中控台十分紧凑，有着流畅的横向线条，并且使用了双色皮革包裹，精雕细琢的设计将主仪表台和中央控制区清晰地分割开来。California T有两个尺寸较小的后座，能够带着两名儿童或者两个体型较小的成年人进行较短途旅行，驾驶员也可以将后座的靠背放倒，让后排与行李舱相连，增加车内的总储物空间。

California T将毫不妥协的设计、灵动的操控及全新的发动机结合在一起，以现代方式对经典的敞篷GT车型进行了诠释。可以说，它就是20世纪60年代的传奇车型

250 GT SWB Spyder California 在 21 世纪的精神续作。

在法拉利最初的中后置发动机 V8 GTB 车型，308 GTB 问世 40 多年后，488 GTB 登上了舞台。GTB 这一名号在过去曾经被用于许多具有里程碑意义的车型上，譬如 275 GTB、275 GTB/C、275 GTB/4、328 GTB，以及 365 GTB/4 Daytona。凭借着能够输出 660 马力的全新双涡轮增压 V8 发动机及超过 330 千米 / 时的最高时速，488 GTB 的性能指标全面超越了它的前辈车型 458 Speciale：它的功率比前辈大了 63 马力，在费奥拉诺赛道上的圈速也比其快了半秒。

LaFerrari
——499 辆终极公路车

2013 年推出的法拉利 LaFerrari 是第一款在风格之大胆上能与 Enzo 相媲美的限量版车型，而且还是第一款受 F1 赛车技术启发的油电混合公路车。这款车型限量 499 辆，每辆售价在 100 万美元左右，并且有人认为只有法拉利藏家才有资格购买此车。

正如法拉利前总裁卢卡·克劳德洛·迪·蒙特泽莫罗在车辆首次亮相时所说的那样，"我们把这辆车命名为 LaFerrari，是因为它最大程度上代表了公司的立业之本——卓越。无论在技术革新、性能表现、视觉风格还是纯粹的驾驶激情方面，这款车都可称出类拔萃。它致力于满足收藏家的要求，是一款真正的非凡之车，包含了未来将应用于整个品牌车系的先进技术方案，同时代表了整个汽车行业的标杆。LaFerrari 是我们公司独一无二、无可比拟的工程与设计技术的最佳体现，包括在 F1 赛车中获得的研发成果。"

LaFerrari 采用了法拉利车队在 F1 赛车上使用的 KERS（Kinetic Energy Recovery System，动能回收）系统。该技术能够将电池储存的电能用于驱动电动机，并和车辆的汽油发动机协同工作。从本质上来说，这套系统能够回收原来会在刹车和拐弯等动作时耗散的能量，并将它们储存利用，进一步提升 V12 发动机的性能表现。

LaFerrari 配备了首次在公路车上与主动式空气动力学套件相集成的动态控制系统：前扩散器和底盘上的导流翼，以及后扩散器和后扰流板。系统能在需要时产生足够的下压力，而不影响整车的风阻。这些组件会根据实时监测的多个性能参数自动调节状态，由车辆的动态控制系统和法拉利特别开发的软件进行控制。无需任何妥协，LaFerrari 就能够实现卓越的车辆性能、空气动力学效率及操控性。

LaFerrari 是法拉利历史上第一款配备了 HY-KERS 系统的公路车型。它配备了一台 V12 发动机，能够在每分钟 9 250 转时爆发出 950 马力，创下了该排量发动机的纪录。它还具有高达 13.5∶1 的压缩比。由于电动机在低转速时可提供高扭矩，工程师能够优化内燃机在高转速时的性能，从而让发动机在整个转速范围内都能提供澎湃动力。例如，在过弯时，HY-KERS系统能够让V12发动机保持高转速，从而让车辆在出弯时加速更快。电动机与F1双离合变速箱相匹配，为车辆带来了理想的质量分布，同时还提高了能源效率，因为扭矩可以立刻传递到车轮上，而车轮在运动时也能够帮助电动机充电。

混合动力系统由两台意大利马瑞利公司研发的电动机组成，其中一台用于驱动车轮，另一台用于控制辅助设备。这套系统的电池组安装在底盘的地板上，由Scuderia Ferrari的F1部门负责组装。电池有两种充电方式：第一种是通过刹车回收的能量充电，第二种则是在每次V12发动机产生的扭矩供过于求（比如说拐弯）时充电。在后一种情况中，多余的扭矩并未传递到车轮上，而是转化为能量并储存在电池中。

在内饰设计上，法拉利也使用了非常先进且毫不妥协的方案，基于F1赛车的灵感设计了LaFerrari的人机交互部分——比如说，这辆车的驾驶员座椅位置是固定的，但它的踏板和方向盘位置可以根据驾驶员的坐姿进行调整。LaFerrari配备了全新设计的方向盘，上面集成了所有主要的控制按钮，并且配备了更长、更符合人体工程学的换挡拨片。用以控制F1变速箱的排挡座有着顺畅、悬空、形状如翅膀一般的设计——事实上，整个内饰都充满了强烈的赛道风格，极简而迷人。

LaFerrari的底盘由法拉利位于马拉内罗的赛车部门制造，使用了不少于四种碳纤维材料。这些碳纤维均经过手工层压，并且在赛车部门的高压釜中固化，其设计与制造方法与F1赛车相同。

LaFerrari基于F1赛车的设计风格十分独特。它有着向上打开的车门、锋利而向下倾斜的鼻锥、非常低矮，能够凸显轮拱的发动机盖线条，以及散发出毫不妥协的运动感的车尾设计。总而言之，LaFerrari在各种情况下都能够保证最大程度的驾驶激情，以及一流的性能水平：这款车的百千米加速时间小于三秒，在费奥拉诺测试赛道的单圈用时小于1分20秒，比Enzo快了5秒，也比F12 Berlinetta快了3秒多。

2016年至2018年间，法拉利还生产了一款产量更少的敞篷版车型，即LaFerrari Aperta。

绝大多数混合动力车型都将重点放在提高综合燃油经济性和降低碳足迹指标上，但LaFerrari与它们绝非同类。如你所见，这款车的目标是用电池与电动机辅助的V12动力系统来发挥出举世无双的性能。此外，这辆车的驾驶舱、发动机舱和底盘的每一毫米都经过优化，以确保能够最有效地利用空间和排布组件。在这辆法拉利的顶级跑车上，没有一处是多余的。（图源James Mann）

凭借卓越的发动机、先进的空气动力学技术和精湛的车辆动态控制系统，2015年问世的双涡轮增压车型488 GTB将法拉利公路车型本就已经十分凌厉的反应速度提高到了接近赛车的水平。全新的V8发动机搭配了一台装有可变扭矩管理系统的七速变速箱，而两者都是根据法拉利在F1和GT赛车中的经验开发的——488车型的前身458曾经在勒芒24小时耐力赛上赢得过两次组别冠军。

更加注重性能表现的488车型配备了带有滚针凸轮从动件的全新气缸盖，减少了摩擦，使得低转速工况下气门传动系统的能量耗散减小了10%。法拉利的平面曲轴结构保证了最大限度的紧凑性和更低的质量，同时有助于改善机体内部的流体动力学表现。488 GTB的动力系统有着超乎寻常的响应时间，而这离不开许多组件的配合。它的双涡轮增压器采用了滚珠轴承以减少摩擦，压缩机轮使用了铝化钛材料打造；这是一种低密度的钛铝合金，能够提高涡轮启动速度，将涡轮迟滞时间降至几乎为零。

法拉利车队在赛道上得出了在不增加空气阻力的情况下增加下压力的经验，而488 GTB引人注目的流线型车身便脱胎于此。因此，尽管488 GTB的车身风阻更小，它的下压力水平却比458高了整整50%。车的前部主要由中心空气柱（Aero Pillar）和受到F1赛车启发的双层扰流板组成，在提高散热器效率的同时也增加了下压力。488 GTB的车底也采用了创新的空气动力学设计——它搭载的涡流发生器是一种有着特殊曲线的空气动力学组件，能够加速空气流动，进而降低车下的气压，让车辆的底盘被"吸附"在地面上，从而在阻力不变的情况下增大下压力。法拉利拥有专利的增压扰流器是另一项全新的解决方案。借助这项配置，空气进入位于后风挡玻璃底部的进气口，然后通过后保险杠排出，在后尾翼高度不变的情况下进一步增大了下压力。

法拉利设计中心打造了488 GTB的车身，将上述特点完美地融入独特的设计之中。488 GTB在后翼子板上有着巨大的进气口，而这一元素致敬了原版308 GTB车型。它的进气口被一块定风翼分为了上下两部分：上部的开口既用来为发动机提供空气，同时也能够将气流偏转后送到车尾排出，以减少车辆后方低压尾流造成的阻力，而下部的开口则用来将空气送至中冷器。

正如前文所述，车头宽大而风格大胆的前扰流板采用了双层结构设计，以提高位于两侧的散热器的工作效率。在车头中央，两根支柱与导流板相结合，引导空气流向平坦的底盘；而在车辆后部，增压扰流器和巨大的通风口不仅让车尾看起来更有进攻性，同时也提高了车子的性能。

在内饰设计方面，458 和 488 车型面临着独特的挑战：它们需要将一些传统的法拉利元素与过去几十年间难以想象的科技结合在一起。平底方向盘与换挡拨片直接源于法拉利的赛车型号，而和这些配置集成在一起的还有数字仪表、后视摄像头、驾驶员交互按键及其他在现代超跑中常见的信息显示屏。（图源：Barreet-Jackson/Getty Images）

在推出 488 GTB 一年后，法拉利决定让小心谨慎的元素（以及一些气动特性）随风而去，推出了配备法拉利专利款可伸缩硬顶的 Spider 车型。在那时，它是法拉利有史以来最强的中后置发动机 V8 敞篷车，同时也代表了法拉利公路车性能与技术的顶尖水准。488 Spider 的每一个部分——从铝制的空间式框架底盘到车身设计，再到全新的涡轮增压 V8 发动机——都经过精心设计，为汽车界树立了新的技术标杆。车辆的空气动力学工程提高了下压力、降低了风阻，同时还满足了 Spider 车型对车厢气流的独特要求，为车辆带来了快速、敏捷、响应迅速的动态表现。

可以说，它是舒适性、操控性与动力的完美结合，几乎重新定义了这一市场。

在发动机盖的下方，488 Spider 搭载了与 2015 年的 488 GTB 同款的 3.9 升双涡轮增压 V8 发动机，动力水平简直不可思议：能够在每分钟 8 000 转时输出最大功率 661 马力，0～100 千米/时加速时间仅为 3 秒，极速超过 320 千米/时。

和 488 GTB 一样，488 Spider 取代了先前自然吸气的 458 Spider 车型。它的双涡轮增压 V8 发动机具有独特的特性，能够在整个转速范围内提供逐渐增加的动力水平，并且完全消除了传统涡轮增压发动机的迟滞现象，油门响应时间仅为 0.8 秒。这种非凡的水平不仅仅要归功于涡轮等组件，还需要归功于法拉利工厂复杂的生产过程——只有马拉内罗的尖端设备才能让这一切变为可能。在工厂中，量产车与 F1 赛车共用一套生产设备，而这样做的目的是为了将赛车技术更快地应用到公路车中。

488 Spider 的车身造型没有交由宾尼法利纳设计，而是由位于马拉内罗的法拉利设计中心的弗拉维奥·曼佐尼主持。它和 GTB 车型采用了相同的用来增加下压力、减少空气阻力的设计，包括增压扰流器及车底的涡流发生器，是法拉利有史以来空气动力学效率最高的 Spider 车型。这款车型从最初就围绕着敞篷进行设计，在打造底盘框架时使用了 11 种不同的铝合金以及其他贵金属（例如镁），并且每一种都有着不同的作用，而这使得 488 Spider 的扭转刚度和大梁强度达到了和 GTB 车型相同的水平，底盘性能相较于上一代车型 458 Spider 提高了 23%——考虑到它的敞篷车结构，这一成果可以说是十分厉害的。如此非凡的底盘架构离不开 Scaglietti 制造厂的专业技术，该工厂负责设计制造法拉利的铝制底盘及车身部件。

在研发 488 Spider 时，法拉利使用了充满未来感的虚拟设计技术，与自家车队开发一级方程式赛车时所使用的模拟器十分相像。得益于这项技术，早在设计初期，甚至在第一辆原型车被造出来之前，工程师就可以研究驾驶员与车辆的交互界面。为了让 488 Spider 对道路状况和驾驶员操作做出更加灵敏的反应，它的机械设置和电子系统与法拉利先进的侧滑角控制系统（Side Slip Angle Control，SSC2）完全集成，使得车辆在出弯时的加速比 458 Spider 快了 12%，综合反应速度快了 9%，并且无论车顶是否打开，车内的舒适度都不会变。事实上，Spider 车型绝不是一辆需要驾驶员与之搏斗的车；得益于出色的操控性能，驾驶员即使在最具挑战性的道路上也能轻松将车辆推到极限。这款 2016 年的新车完美地完成了车系更新任务，标志着法拉利完成了向双涡轮增压 V8 发动机-七速双离合变速箱这套全新动力组合的转变。

2016 年，法拉利基于 2+2 座四驱的 FF 推出了一款全新的车型：GTC4 Lusso。这个名字再次呼应了 20 世纪 60 年代另一款著名的法拉利车型：250 GT Berlinetta Lusso。在当年，它不仅被誉为"地球上最快的四座车"，并且也绝对是最优雅的一辆。人们一提到 Lusso 这个名号就会想起拥有雄浑性能的法拉利四座 V12 车型。最新款的法拉利 GTC4 Lusso 是一辆四座、四驱、四轮转向车型，在设计上汲取了 330 GT 2+2 和 250 GT Berlinetta Lusso 两款传奇车型的造型风格；它能够为车主带来货真价实的赛车激情，同时又像公路车一样舒适好开，充分满足了各种看似矛盾的需求。

GTC4 Lusso 发动机的动力输出平稳且持久，性能水平略高于前身 FF，几乎接近 F12 Berlinetta。它的自然吸气 6.3 升 V12 发动机能够在每分钟 8 000 转时输出 680 马力，比 FF 高了 29 马力，同时压缩比（13.5 : 1）也要比 FF（12.3 : 1）更高。在加速时间上，GTC4 Lusso 用时更短，百千米加速仅需 3.4 秒，但它的极速和 FF 一样均为 335 千米 / 时。它引入了最新的 4RM-S 四轮驱动系统，并和最新的 4.0 版本侧滑角控制系统（这一系统可与车辆的电控差速器和电子可调减震协同工作）相集成，与后轮转向系统相连。这使得 Lusso 车型在各种路面上都有着卓越的操控性能，无论是在干旱的沙漠中还是在覆盖积雪的山路上皆

法拉利能够针对已有车款快速研发升级版的"Modificata"车型，让它变得更好看、更高科技，并且性能更强大，而 GTC/4 Lusso 便是这样一个例子。这辆从本质上脱胎换骨的 FF 车型没有被叫作 FF M，而是获得了全新的名字。车名中的"GTC/4"和"Lusso"都源于法拉利过去十分成功的车型。（图源：CJM Photography/Alamy Stock Photo）

是如此。

然而，GTC4 Lusso 的改动绝不仅仅停留在性能与操控上。它的前脸设计汲取了最新款车型 488 GTB 的造型元素，而重新设计的翼子板通风口则会让人联想到传奇的 330 GTC。将视线转移到车尾，它配备了全新的双圆形尾灯组，与 365 GTB/4 Daytona 这些历史长河中的车型一脉相承，而它经过重新设计的车顶曲线和后风挡玻璃让整车线条变得更加流畅。从内饰上看，GTC4 Lusso 堪称一辆豪华轿车：结合法拉利最新的双排座舱设计、更加紧凑的方向盘及七速双离合变速器，它将 FF 车型的概念带到了新高度。通过更强的性能及更新的设计，同时还挂上了 Lusso

法拉利 J50 基于 488 研发打造，是一款专供日本市场的特别版车型，仅生产了十辆。它激进的设计预示了最终将会取代 488 车系的 F8 Tributo 的设计方案，同时也和几年之后推出的插电式混合动力跑车 SF90 Stradale 有一定的相似之处。如今，这些车在日本的市场中备受藏家追捧，价格高达数百万美元。（图源：Mariusz Burcz/Alamy Stock Photo）

的名字，GTC4 Lusso 似乎脱离了前辈具有争议的"旅行车式"设计风格。它确实比第一代车型更帅了，并且在那时，人们已经开始能够接受这种掀背式 2+2 车型的概念。那么还有什么能让它更上一层楼呢？当然是两颗涡轮了。

2016 年，法拉利将那款原本为 California 车型研发的前置双涡轮 V8 发动机放进了 GTC4 Lusso 的发动机舱。这款被称作 GTC4 Lusso T 的新车并没有取代装有自然吸气 V12 发动机的 GTC4 Lusso，而是与它并行销售，让客户可以在两种不同的动力配置之间进行选择。相较于 California T，Lusso T 的最大功率增加至 602 马力（真是一辆性格炽热的"旅行车"，不是吗？），并且配备了其他来自 California T 的技术。

2016—2017 年，法拉利还为我们带来了另一个惊喜：它彻底改造（并且重新命名）了 California 车型。事实上，这款车型的升级更新与设计进化力度是如此之大，大到已经不能叫作"改款"了，以至于它甚至没有被叫作 California M，而是获得了全新的名字——Portofino，与意大利美丽富饶的海滨小镇同名。Portofino 的车头车尾都经过了大刀阔斧的重新设计，而它的内饰也得到了升级，整体看上去要比 California、California 30 和 California T 更显激进。新车的质

法拉利 812 Superfast 绝对是一辆又"Super"又"Fast"的跑车,车名中的"8"代表 800 马力的最大功率,而"12"毫无疑问表示发动机拥有 12 个气缸。这款车型将舒适的长距离驾驶豪华体验与卓越的超跑性能相结合,是一款适于跨国旅行(或者穿越欧洲大陆)的理想车型,沿途还可以在一些知名的赛道上开上几圈。当我驾驶这款车时,不止一个路人对我说,他们"十分希望新的科尔维特看起来也能这么棒"。(图源:James Mann)

量比它的上一代车型轻了大约 80 千克,而这主要归功于座舱内的减重措施:座椅框架相对沉重的铝合金被替换成了更轻更薄的镁合金。它的中控台结构也经过了重新设计,为更轻的车重做出了贡献,同时还更新了信息娱乐系统,方向盘和上面的控制按钮也换成了法拉利最新的款式。相较于前一代,Portofino 的 3.9 升双涡轮 V8 发动机还将最大功率提升了 40 马力。总之,与最初的 California 相比,Portofino 的性能更好,是一辆更加具有攻击性的 GT 车型。

很长时间以来,法拉利都精通于打造特别版或限量版车型,而这款名为 J50 的跑车也是如此。字母"J"是英文字母表中的第十个,同时也代表着它限量十辆、仅在日本(Japan)销售的身份。2017 年,负责为法拉利研发顶级限量车款的法拉利特别项目团队推出了这款车型,目的是为了庆祝 2016 年法拉利在日本市场开展业务 50 周年,而这也是车名的含义。从技术层面来说,J50 就是一辆风格独特的 488 GTB,但在设计师的不懈努力之下,这款 Targa 式跑车有了咄咄逼人的新面貌。

法拉利 2017 年最大的新闻便是对自家的顶级前置 12 缸发动机 Berlinetta 车型进行了彻底而全面的革新。尽管过去的历代 F12 车型表现出色,但客户们渴望更多;因此,在重新构想品牌的顶级 V12 车型时,法拉利再次将目光投向过去,从丰富的车型历史中打捞起了一个曾经用于一款非常著名的概念车及后续量产车型的名称——Superfast。而这也是新车被命名为 812 Superfast 的原因。尽管在 812 Superfast 的各处都能看到 F12 的影子,但无论从哪个角度来说,它都是一款全新的车型。在 812 的名称中,"8"代表着全新 V12 发动机的最大功率 800 马力(欧洲版本,美国版本"仅"为 789 马力),而"12"不言自明地表示发动机的气缸数量。至于"Superfast"这个名字?和字面意思一样,它的确是一款"超级快"的车,极速可达 340 千米 / 时。在变速箱方面,唯一的选择是法拉利最新的七速双离合自动变速箱。如果想让车子停下来,尺寸巨大、性能极强的碳陶瓷制动系统保证让你刹得住。812 Superfast 舒适的驾驶舱中遍布顶级意大利皮革、碳纤维及 Alcantara 材料。有的人将它称之为法拉利迄今为止最好的前置发动机 V12 跑车。

法拉利品牌于 1947 年问世,而 2017 年是它走过的第 70 个年头。为了庆祝这一具有纪念意义的年份,法拉利内部的特别项目设计团队创作了一系列特别版涂装,灵感源自过去 70 年中对品牌意义重大的 70 辆车。每一款涂装都有自己的名字,并且都能找到对应的历史车型;同时,每款涂装都有五个版本,对应当时在市面销售的五款车型(California T、488 GTB、488 Spider、GTC4 Lusso 和 F12 Berlinetta)。法拉利一共生产了 350 辆独特的跑车,并在世界范围销售。

依照惯例,法拉利在推出全新的 488 GTB 后不久就带来了名为 Spider 的敞篷版车型。打开车顶驾驶时,驾驶员既能感受到风拂耳畔的畅快,也能感受到高转速的双涡轮增压 V8 发动机吸入大量空气后传来的悦耳轰鸣。(图源:Michael Ward/Magic Car Pics)

许多车评人（和车主）都表示，替代 488 系列的 F8 Tributo 结合了双涡轮增压的 488 车系与自然吸气的 458 车系的优点，并且将它们融合在了一辆设计更加成熟的车上，同时解决了一些前辈车型所存在的问题。尽管 F8 的外观十分现代化并且咄咄逼人，它的车身设计还是巧妙地融入了法拉利从过去传承至今的一些复古元素。（图源：GFWilliams）

Monza 复兴
——魔法赛道

在意大利著名的"魔法赛道"（La Pista Magica），也就是蒙扎赛道上，法拉利曾经赢得过多场比赛的胜利——事实上，法拉利取得的战果实在是太过耀眼，以至于它在 1953—1957 年间生产过同名的公路与竞赛版车型。为了无可辩驳地展示公司能够在短期内设计、开发和生产限量版特殊车型以满足最挑剔客户的能力，法拉利在 2020 年推出了一对令人难以忘怀的特别款车型，即 Monza SP1 和 SP2。两款车基于现代的底盘和动力系统打造，但在外观上明显直接地致敬了 20 世纪 50 年代那些同样名为 Monza 的前辈。Monza SP1 是一辆单座车型，或者也可以叫 monoposto，而 SP2 则是一辆双座车。两款车都属于 Roadster 车型，没有车窗，也没有车顶。值得注意的是，20 世纪 50 年代的那些 Monza 车型由体积相当大的兰普雷迪式直列 4 缸发动机驱动。尽管这种发动机如今听来显然不太符合法拉利的调性，但这些 2.0 升或 3.0 升的直列 4 缸双顶置凸轮轴赛用发动机十分先进，并且以其强大的扭矩输出而著称。如果赛车要参加诸如 Mille Miglia 1000 英里耐力赛或者 Targa Florio 大奖赛这样复杂且技术含量高的赛事，这一点会大有帮助。不过，这些新款的 Monza 车型（它们属于法拉利的"Icona"车系，这个词在意大利语中是"标志、图腾"的意思）装配的则是 812 Superfast 上面那台性能卓越的 800 马力 V12 发动机。

长期以来，许多汽车制造商、工厂和改装店都在尝试将另一个时代的设计理念与现代的底盘和驱动系统相结合；有一些成果几近完美，但更多的产物都在细节或整体比例上失败了。然而，这些 Icona 系列的 Monza 车型绝非此辈。无论从视觉角度还是技术角度来说，它们毫无疑问都是现代的法拉利车型；同时，得益于设计者对车上线条、细节和比例的精心融合调整，两辆车看起来恰到好处，并且令人过目不忘。

稀有吗？毫无疑问——根据计划，两款车型都只会生产 500 辆。贵吗？那更不必说了——撰写本文时，每辆车的价格都不低于 200 万美元。

法拉利已经学会如何最大程度地发挥自己打造特别版与定制版车型的能力。两款 Monza 车型的名字取自 20 世纪 50 年代的同名赛车,在造型上也从前辈那里汲取了相当多的灵感。它们的产量均十分有限,并且即使在法拉利中也算得上价格高昂,但仍然供不应求。(图源:Martyn Lucy/

正如法拉利相继为 360 Modena（Challenge Stradale）、F430（Scuderia）和 458（Speciale）车型开发了更加激进、更注重赛道表现的限量版车型那样，为 488 车系打造类似的高性能版本也是顺理成章的，而这便是 488 Pista（意大利语中"赛道"）的由来。数据？意料之中地惊人：它的双涡轮增压发动机能够输出 711 马力，以及地动山摇的 770 牛米扭矩。当然，它的车重得到了减轻，并且变速箱换挡点也被重新校准以适应更高转速和更快的换挡速度；同时，悬架系统也被重新调校，用以匹配更强的性能。在它于 2018 年推出时，488 Pista 一举成为法拉利有史以来最强大的 V8 跑车。

2019 年，法拉利推出了全新的 F8 Tributo 车系，彻底更新了自家的中置 V8 车型序列。这款车的许多技术都是基于 488 开发而来，但变化如此之大，与其说是 488 的改款，不如说是一款全新的车型。F8 的外形完全继承了先前中置发动机 V8 车型的设计风格，并且以更加流畅整体的设计风格对旧元素进行了完全现代化的新诠释——它有着更加传统的双圆尾灯组、小巧的翻转式门把手（致敬了 20 世纪 70 年代初 Daytona 车型的设计）、全新的轮毂设计、大量可选的碳纤维饰条，以及让人联想到 F40 的斜面透视后窗。它配备了一台功率可达 710 马力的双涡轮增压 V8 发动机，搭配了一台经过大幅改进和升级的七速自动双离合变速器。这款车型在性能、效率、排放和安全方面树立了前所未有的标准——法拉利将这辆全新的中后置发动机跑车称为"跃马品牌经典双座 Berlinetta 车型的巅峰之作"。

在上一个十年之交时，法拉利推出了 SA Aperta；而在 2020—2021 年，法拉利为我们带来了全新的升级版车型：812 Superfast 的敞篷版本 812 GTS（Gran Turismo Spider）。在机械规格和性能上，它和 812 Superfast 几乎相同。

近些年来，法拉利有了一项新习惯：它会用意大利著名的城市和地区为自己的车子命名，比如摩德纳（Modena）、马拉内罗（Maranello），以及波托菲诺（Portofino）；而当它在 2020 年推出自己全新的前置 V8 发动机 GT 车型时，它将目光投向了罗马（Roma）。Roma 可以被简单地认为是普通跑车版的 Portofino，但它远比这一结论要更加独特。两款车的底盘结构大致相似，而 Roma 的动力系统也进化自 Portofino；不过，Roma 的特点是，它不像那些中置发动机车型那样"极端"，而是更加注重快速、舒适、时尚的驾乘体验。与当年推出 California 和 Portofino 一样，法拉利也希望借助这款车型吸引更多新客户。

显而易见，Roma 车型的一大目标是要成为一辆足够"漂亮"的法拉利。这并不是说法拉利其他拥有顶级性能的车型不够吸引人，但它们有着更多的扰流板、进气口

2018 年，法拉利对 California 车型进行了全方位的更新升级，并且为改款车型赋予了一个新名字——Portofino。这一名称来源于意大利最美丽、最负盛名的海滩度假胜地之一。如你所见，这款车保留了 California 双门硬顶敞篷跑车的基本结构，但在造型设计上焕然一新，并且配备了全新的仪表板和信息娱乐科技，同时在性能和操控方面有所提升。随着自然吸气的 California 车型走下了历史舞台，搭载了全新双涡轮 V8 发动机的 Portofino 取而代之。（图源：James Mann）

以及棱角，和 Roma 分别代表着两种不同的美。谈及线条优雅的法拉利时，人们总会想到 20 世纪 60 年代早期问世的 250 GT Lusso 车型；遗憾的是，Lusso 这个名字已经被用在了另一款法拉利身上，事实上 Roma 的车身设计才和 Lusso 之名最为相配。不过，这不是什么要紧的事情，因为 Roma 本身便已经美得惊人。它象征着至臻的意大利美学以及纯正的法拉利精神，线条流畅，几乎没有锋芒外露的细节，并且车身比例无可挑剔，"运动与豪华"的设计理念彰显无遗。

除此之外，法拉利还在 2021 年对 California 进行了更新，并将改款后的新车命名为 Portofino M（Modificata），表明它是 Portofino 的进化版车型。这款全新的法拉利 2+ 敞篷跑车拥有一系列新技术和设计特点，其中最值得注意的便是八速双离合变速箱以及提供五种可选驾驶模式的 Manettino 旋钮，后者首次出现于法拉利的 GT 敞篷车型上。尽管仍然是一辆硬顶敞篷的 Spider 车型，但 Portofino M 比它的前辈们更前卫、性能更强、更加运动，堵上了那些曾经批评 California 车系对法拉利来说"太过柔弱"的人的嘴。得益于全新构思设计的排气系统，它甚至有着更加响亮的排气声浪。

通过 LaFerrari，我们看到了电动机和混合动力系统的正确应用能够为法拉利的性能带来多大的增益。而在 2021 年，法拉利将这些技术全部应用到了全新的顶级中置发动机 V8 混合动力车系 SF90 上面。这款车型提供标准版的 SF90 Stradale、敞篷版的 SF90 Spider，以及更加注重赛道表现的超高性能版车型 SF90 Assetto Fiorano（名称来源于法拉利自有的费奥拉诺测试赛道）。除了没有 V12 发动机之外，SF90 可以被视作是 LaFerrari 的续作。它配备了一台先进的 4.0 升双涡轮 V8 发动机，与三台电动机和全轮驱动系统相互配合，能够输出惊人的 986 马力，并通过一台换挡速度极快且响应灵敏的八速双离合自动变速箱将动力传输到车轮上。

左页图：
将法拉利全新的 Roma 视作 Portofino 的标准轿跑车型并不恰当，但两款车在底盘、平台和动力系统架构方面的确有着不小的共同点。这款 Berlinetta 车型极致优雅，目标是在看起来美轮美奂的同时又有着货真价实的法拉利性能，进而为品牌吸引来新客户。"La Dolce Vita"（甜蜜的生活）这句话用在 Roma 的身上，真是再合适不过了。（图源：GFWilliams）

明日跃马

在目前的市售车型中，法拉利已经有了800马力的自然吸气V12发动机，以及疯狂的986马力四驱混合动力双涡轮增压V8动力系统。下一款顶级公路车型的功率会不会超过1 000马力？尽管法拉利还未宣布要制造这样一款车型或者车系，但我们相信这一天终会到来。

相比于这种世出无二的顶尖车型，法拉利在短期内更有可能推出的是纯电动的EV车型。在开发曾经的顶尖跑车LaFerrari及如今有着极致性能的SF90时，法拉利已经通过这些现有的混合动力车型积累了大量开发电动车的经验，并且对相关技术有着很深入的了解。谈到电动车计划时，法拉利并未对此三缄其口：尽管没有透露太多细节，但法拉利董事长约翰·埃尔坎表示公司将在2025年发布纯电动车型。

对于那些传统派来说，"法拉利高性能SUV车型"这个概念听起来可能不太对劲，但它真的不是什么天马行空的狂想，而是已经发生的现实——2022年，法拉利推出了首款类似于SUV的车型Purosangue（这一意大利词语源于法语pur sang，意为"纯种马"）。它搭载了一台自然吸气V12发动机。Purosangue是一款四门掀背车型，有着类似于轿跑的车顶线条以及能够完全掀起的后备箱盖。

无论如何，法拉利都拥有广阔的前景，品牌和产品的未来都是一片光明。最初，法拉利只不过是一个姓氏；但到了今天，法拉利已经成为了全世界最知名、最有价值的品牌之一。这家公司财务状况良好，管理井然有序，并且深耕未来的技术领域（例如电气化），因此能够像世界上任何一家优秀的公司那样高效地研发产品。人们仍然对这家历史悠久的品牌青睐有加：尽管新冠疫情在2020年肆虐全球，法拉利仍然销售了近10 000辆新车，市场需求不会骗人。

法拉利前董事长蒙特泽莫罗曾经说过一句著名的话："法拉利不仅仅是一辆车——它还是一个梦想。"而现在，这个梦想必将继续闪耀光芒。

面对未来,法拉利将昨日的根基与明日的前沿科技相结合,交上了自己的答卷。全新的296 GTB是法拉利四十多年来首款搭载V6发动机的量产公路车型。借助双涡轮增压器、插电式混合动力以及电动机辅助架构,这辆车的最大功率可达830马力,而这套系统与法拉利的F1赛车动力单元在某些设计上如出一辙。296 GTB车名中的"29"代表2.9升的排量,"6"代表着气缸数量,而"GTB"是Gran Turismo Berlinetta的缩写,意为"豪华旅行跑车"。(图源:abrizio annovi/Alamy Stock Photo)

致谢

> 没有什么能够比得上一台12缸法拉利发动机全速运转时奏出的"激昂乐章"。排气系统的轰鸣在空中余音不绝，如那遥远的鼓声隆隆作响，穿透过你的身体。将这种感官上的震撼体验与精美的手工制车身结合在一起，你就获得了汽车历史上激情与诗意的美妙造物之一。
>
> ——丹尼斯·阿德勒

法拉利是一种激情，而激情没有边界。75年来，带有黄黑相间跃马徽章的这些车子代表了速度与汽车感性的终极表达。在过去的七十多年里，它们像运动员一样强健有力、像纯种马一样优雅迅捷、像古典建筑一样美轮美奂。此外，在四分之三个世纪里，法拉利还一直是用于衡量所有其他跑车的标杆。

我已经过世的挚友，写作上的伙伴，T.C.布朗曾在多年前指出，全世界的学者都认为"Ferrari"是最为人熟知的意大利词语。借《极速风华：法拉利75载传奇》这本书，我们庆祝了法拉利的传奇故事，记录了这家企业从马拉内罗一步步走来所经历的胜利、悲剧与天才时刻。1947年，恩佐·法拉利将自己的名字用在了第一辆Tipo 125 Sport上，而法拉利的光辉岁月也自此拉开帷幕。我们向恩佐与他的造物致敬，同时也以此书记录他为全世界的跑车爱好者所带来的一切。

恩佐·法拉利天赋异禀，而他也凭借着这些过人之处为法拉利打下江山。尽管他是一名技术精湛的赛车手，赢得了许多场比赛的胜利，但他最大的天赋是能够指挥和领导他人，无论是在主管阿尔法·罗密欧车队时还是在打造赛车时皆是如此。谈到自己的能力和鼓舞人心的天赋时，恩佐这样写道："我从没把自己当作一名设计师或者发明家。我只是那个能够让一切运转起来，推动事情前进的人。"而这种与生俱来的能力让恩佐·法拉利在自己的职业生涯中能够广纳贤才，其中既包括焦阿基诺·科隆博、维托里奥·哈诺、奥雷利奥·兰普雷迪等工程师，也包括卡洛·费利斯·比安奇·安德罗尼、巴蒂斯塔·"宾尼"·法利纳、塞尔吉奥·斯卡列蒂、马里奥和吉安·保罗·博阿诺这些设计师；在后者之中，塞尔吉奥·宾尼法利纳的名字更是和他的车子一样，成为了法拉利传奇不可分割的一部分。同时，我们也不能忘记那位最伟大的法拉利车迷，也就是已经过世了的路易吉·奇内蒂；如果没有他的那些付出，我们今天可能就没什么好写的了。

无数人都曾执笔记录过法拉利的故事，法拉利也是汽车历史上最难诠释的跑车之一；对那些沿着马拉内罗的历史一路前行，不断求索的作者，我的心中唯有敬意。其中，最值得一提的便是安托万·普吕内及他的作品，是他让理解法拉利的历史成为了一项重要的事业。除此之外，已过世的汉斯·坦纳和道格·奈尔记录下了有史以来最全面的品牌早期经历，他们的著作是了解法拉利竞速历史的必读书目。当然，我的第一任编辑，已故的迪恩·巴彻勒也位列名人堂之中，他编撰的那些出色的法拉利书籍已经成为全世界范围内的标准参考资料。

在编写过程中，本书还参考了以下书目：由意大利 Automobilia 出版的两卷本著作《法拉利分类目录》(*Ferrari Catalogue Raisonné*)、由吉安尼·罗格拉蒂、塞尔吉奥·宾尼法利纳、瓦莱里奥·莫雷蒂共同编著，Abbeville Press 出版的《法拉利——设计传奇》(*Ferrari—Design of a Legend*)，以及恩佐·法拉利的回忆录《我的骇人欢愉》(*My Terrible Joys*)（1963，Motoraces Book Club, Hamish Hamilton London, 1965）。

如今，这本书在美国已经是第三次出版，背后离不开许多人与组织的付出，其中包括我的经纪人彼得·里瓦、已故的罗伯特·M. 李和他的同名博物馆、斯科特·伯根、迪克·梅瑟和彼得森汽车博物馆、世界知名收藏家斯吉茨·邓恩、大卫·赛多里克、罗恩·布苏蒂尔博士、奇普·康纳，以及山姆和艾米莉·曼恩。此外，为本书内容做出贡献的人包括已故的丹妮斯·麦克格奇，她是第一批代表北美赛车队驾驶法拉利参赛的女车手之一，同时也是汽车新闻界的一颗耀眼明星；时不时为我担任意大利语翻译的挚友小路易吉·"Coco"·奇内蒂；陪伴我一同经历写作背后许多故事的已故友人 R.L. 威尔逊和史蒂夫·费耶尔斯塔德，斯人已逝，但记忆长存；已故的格雷格·加里森，他是位无与伦比的朋友，也是伟大的法拉利车迷；最后，还有我的好朋友，完美的车迷布鲁斯·迈耶，如果没有他慷慨无私的帮助，这本书将会缺失许多精彩的车辆。

本书的大部分历史图片和新车照片由法拉利北美分公司和法拉利意大利总部提供，此外也有数名世界顶级汽车摄影师为本书供图。

随着这本《极速风华：法拉利 75 载传奇》出版问世，法拉利品牌也迈向了一个新的里程碑。我敢保证，恩佐·法拉利和路易吉·奇内蒂的在天之灵若是能够见证这一切，一定也会倍感欣慰——尽管两个人在欣慰的理由上可能也并不一致！

本书作者丹尼斯·阿德勒在位于加利福尼亚长滩的 South Bay Studio 为本书的第一版拍摄亨利·福特二世特别版 Barchetta 的照片。

索引 （斜体页码代表词条于该页非正文部分出现）

011 S (Farina Cabriolet), *44—45*, 45, 46, 47, *47*, 48
125 S, 37
166 Inter, 39, 40, 48, *48*, 49, *49*, 57
166 MM Touring Barchetta, 4, *4*, 6, 13, *30*, *31*, *32*, *33*, *34*, *35*, *36*, *37*, 38, *39*, 40—41, *42*, 45, 77, 171, *190*, *191*
166 Spyder Corsa, *28*, *29*, 37, 38
175 E, *58*
195 S, *40*, 57
206 GT Dino, 119, 121, *123*, 123, 126, 127, 129, 130, 222, 223
212, 4, *6*, 6, 38, 41, 47, *55*, *56*, 57, *57*, *58*, *59*, 71, 73
212 Export Berlinetta, *64*, 67, 77, 166
212 Inter, 4, *6*, 6, 49—51, *50—51*, 54, *54*, 56, 57, 58, 63, 166
225 Sport, 4, *7*, 38, 41—42, *55*, 57, *60—61*, *62*, *63*, 67, 82—*83*, 84
246 GT Dino, 16, 19, *121—125*, 127, 129, 130, 233, 235
246 GTS Dino, 126, 127, *128—129*, 130, *130—131*
250 Europa, 74
250 GT, 79, *132*, 133, *134—137*, 137, 139, 145, 150, 159
250 GT Berlinetta Tour de France, 81, 94, 95, *95*, 96, *97*, *97—103*
250 GTB Lusso, 9, 13, 97, 106, 159—167, 170, 174, 189, 190, 200, 212
250 GT Boano/Ellena, 81
250 GT Cabriolet, 79, *132*, 133, *134—137*, 137, 139, 145, 150, 153, 159
250 GT LWB, 9, 97, 147
250 GT LWB Spyder California, 141, 143, 145, 147, 150, 157, 171, 173, 222
250 GTO, 7, 13, *16*, 95, 108—112, *108—112*, 129, *142—143*, 159, 161, 170, 174, 199, 200, 241
250 GT PF, 97
250 GT SWB Berlinetta, 7—9, *10*, *11*, 95, 97—107, *104—107*, 108—111, *140*, *141*, 143, 157
250 GT Spyder California, *152*, 153
250 GT SWB Spyder California, 8—9, *9*, 79, 133, 141, 143, 147—157, *144—157*, 171, 173, 222
250 GT Tour de France, 7, 8, 9, 79, 199
250 GT 2+2, 135
250 MM, 61, *77—79*, 84, 199
250 MM Spyder, *77*, 84
250 Sport, 66, 82, 83—84
250 Testa Rossa, *86—93*, 86—93, 147, *196*, 243, 251
275 GTB, 1, 11, 159, 162, 164, 166—170, 173, 196, 199, 200, *204*
275 GTB/4, 1, 13, 16, 159, *164*, *165*, 170, *172*, 173—178, 182, 183, 197, 215, 219, 227
275 GTB/C, *12*, 13, 13, 167, *168*, 169, *169*, 170, *171*, 173
275 GTS, 173, 174, 192
275 GTS/4 NART Spyder, *158*, 159, 170, 171—191, *176—191*
288 GTO, 240, 241, *241*
308 GT, 130
308 GTB, 16, *17*, *231*, 233, 235, 240, 241
308 GTBi, 19, *231*, 235
308 GTB Qv, 19, *231*, 235, 241
308 GTS, 16, *17*, *231*, 233, 235
328 GTB Berlinetta, 16, *17*, 19, 235
328 GTS Spyder, 16, *17*, 19, 192, 196, 235, 240, 241
330 GT, 173, 194
330 GT 2+2, 173, 195, 196, 220
330 GTC, 173, *192—195*, 196, 197, 222, 223
340 America, 5, *65*, 66, 71, 73, 222
340 Mexico, 56, 199
340 MM, 61
342 America, 5, 48, 71, 73, 74
348 Spider, *236—239*, 254, 257
356 Cabriolet, *5*
360 Challenge Stradale, 267, *267*, 271
360 Modena, 265, 266, *266*, 267
360 Spider, 20, 265, 266, 267
365 GTB/4 Daytona, 13, *13*, 14, *14*, 20, *190*, 196, 198—207, 208, *209*, 211, 227, 238, 251, 257, 259
365 GTC, 197
365 GT California Spyder, 222, *222*, 223, 238, 257
365 GT4 Berlinetta Boxer, 14—16, 225, 226, *227*, 228, 229, 231, 233
365 GTS/4 Spyder, 199, 200, *201*, 218, 219, 220—223, *218—224*
365 GTS/4 Spyder, *220*, 222

375 America, 5, 71, 73—74, 79, 80
375 MM, 76
400 GT, 232, 233, 235
400i GT, 233, 234, 235, *235*, 239, 243
400 Superamerica, 79—85, 134, 138, 172, 188, 189, 190, 192, 196
410 Sport Spyder, 82, 83
410 Superamerica, 6, 8, 9, 70, 71, 72, 73, *73*, 74, 75, 78—82, 84, 85, 133, 134, 138, 157, 159, 171, *190*, 191, 194, 222
410 Superamerica coupe, 81
410 Superamerica Series II, 82
410 Superamerica Series III, 8, 82, 84, 85
410 Superamerica, 85
412 GT, 233, 235, 239, 243
430 Scuderia, *270*, 271
456 GT 2+2, 18, 239, 242—245, 251, 259
458 Italia, *276*, 277, 278, 282, 284
458 Speciale Aperta, *280*, 284
458 Spider, 279, 281
488 GTB, 19, 292—294
488 Pista, 19, 302
488 Spider, 19, 292, 293, *298*
500 Mondial, 113—115, *115*
500 Superfast, 133, 134, 139, 171, 188—195, 196, 222, 223
512 Berlinetta Boxer, 14—16, *15*, 184, 225—233, *224—232*, 243, 247, 251
512 BBi, 230, 231, 243
512 TR, 245, 247, 251
550 Barchetta, 259, *264*, 267
550 Maranello, 18, 251, 258—259
599 GTB Fiorano, 19, *272*, 273, 274
599 GTO, 273, *275*
599 SA Aperta, 273, 274
612 Scaglietti, 19, 259, *271*, 273
641/2, 260
812 GTS, 20, 302
812 Superfast, 19, 297, 298

A

A-arm design——不等长叉臂设计, 40
Abate, Carlo——卡罗·阿巴特, 147

AC Ace, 39
AC Bristol, 39
Adler, Dennis——丹尼斯·阿德勒, 185, *191*
aerodynamics——空气动力学, 13, 109—110, 111, 161—162, 163, 189, 200, 205, 213, 217, 220, 222, 282
Agadir——阿加迪尔, 113, 115
air conditioning——空调, 194, 197, 234, 239
air dam——阻风板, 16, 229
air ducts——气道, 16, *37*, 54, 77, 225, 229, 263
air vents——通风口, 202, *149*
Alfa Romeo——阿尔法·罗密欧, *xv*, 3, 23—32, 33, 37, 130, 135, 169, 184
Alfa Romeo P3——阿尔法·罗密欧, P3*27*
Alfa Romeo 6C 2500——阿尔法·罗密欧, 6C 250045, 47
all-alloy body construction——全合金车身结构, 13, 105, 166
aluminum body——铝制车身, 101, 119, 123, 129, 166, 169, 225, 229
Anderloni, Carlo Felice Bianchi——卡洛·费利斯·比安奇·安德罗尼, 37—38
Andretti, Mario——马里奥·安德雷蒂, 171, 176, 181, 185
antilock brakes——防抱死制动系统, 239, 243
Argentine Sports Car Championship——阿根廷跑车锦标赛, 67
Arkus-Duntov, Zora——卓拉·阿尔库斯·邓托夫, 185
Ascari, Alberto——阿尔贝托·阿斯卡里, 4, 32, 41, 49, 55, *64*, 84, 113
assembly lines——流水线, *154*
Aston Martin——阿斯顿·马丁, 105, 169
Austin-Healey——奥斯汀-希利, 95
Auto Avio Costruzione——汽车航空制造厂, 3, 32, 35
Auto Costruzione Ferrari——法拉利汽车厂, 35
automatic transmission——自动变速箱, 233, 235
Avandaro——阿凡达罗, 91

B

Baker, Erwin "Cannon Ball,"——乔治·艾尔文·"炮弹"·贝克, 208

Balma, Angelo——安杰洛·巴尔马, 69
Baracca, Francisco——弗朗西斯科·巴拉卡, 25
Barchetta, see 166 MM Touring Barchetta
Barchetta body——小舟式车身, 38—41
Barrichello, Rubens——鲁本斯·巴里切罗, 295
Batchelor, Dean——迪恩·巴彻勒, 161, 167, 192, 196, 229, 231
Belgium——比利时, 78, 123, 240
Beretta, Ugo Gussalli——乌戈·古萨利·伯莱塔, 185
Berlinetta, definition of——双座硬顶轿跑车, 97, 134, 199, 220
Bertone——博通, 130
Biondetti, Clemente——克莱门特·比昂德提, 40
Bizzarini, Giotto——乔托·比扎瑞尼, 95, 97, 105, 109, 111, 143
"Blown Spoiler,"——气动扰流系统, 282
BMW——宝马, 71, 234, 239
BMW 328 Spyder——宝马, 328 Spyder
Boano, 80—81, 137
Boano, Mario——马里奥·博亚诺, 75, 80
Bobbio-Monte Penice, Bobbio-Monte Penice——大赛, 26
Bologna——博洛尼亚, 23
Bonami, Roberto——罗伯托·博纳米, 67
Bondurant, Bob——鲍勃·邦杜兰特, 171, 176
Bonetto, Felice——菲利·博菲托, 41
Borrani wheels, Borrani——轮毂, 38, 84, 167, 169
boxer engine——水平对置发动机, 14, 225—233, 251, 253
Bracco, Giovanni——乔瓦尼·布拉科, 66, 83, 84
Bradley, Stacy——史黛西·布莱德利, 208—211
brakes——刹车, 制动, 8, 99, 119, 147, 219, 239, 243
Brescia Grand Prix——布雷西亚大奖赛 of 1940, 32
British Allards——阿拉德, 6
British Leyland——英国利兰, 78
Brivio——布里维奥, 27
Brussels Auto Show——布鲁塞尔车展, 78, 123
bucket seats——桶椅, 78, 162
Buenos Aires——布宜诺斯艾利斯, xix
Buenos Aires 1000km——布宜诺斯艾利斯 1000 千米耐力赛, 67, 79, 87

Buitoni, Gian Luigi——吉安·路易吉·布伊托尼, 237
Busuttil (Ron) collection, 99

C

Cabriolet——敞篷车, 5, 45, 57, 51, 54, 173
Cadillac——凯迪拉克, 6
California——加利福尼亚州, 274, 274, 276, 296—297
California 30, 276—277
California T, 19, 288—289
Campagnolo wheels, Campagnolo——铸造合金轮毂, 167
Campari, Giuseppe——朱塞佩·坎帕里, 27
camshaft——凸轮轴, 38, 169
Cannonball Baker Sea-to-Shining-Sea Memorial Trophy Dash——炮弹贝克穿越美国纪念杯赛 / 炮弹飞车赛, 208—211
carburetors——化油器, 29, 38, 54, 62, 63, 74, 79, 79, 97, 101, 107, 107, 108, 113, 115, 135, 166, 170, 171, 173, 174, 181, 192, 219, 231
Carrera PanAmericana——卡雷拉泛美公路赛, 4, 49, 58, 69, 84
Carrozzeria Italiana exhibit (1981, Pasadena, California)——意大利汽车展览, xv, xvi, 73
"Carrozz Touring" emblem——"Touring 制造厂"徽章, 35
Casablanca——卡萨布兰卡, 113, 115
Cavallino Rampante emblem——跃马徽章, 25, 37, 112, 123, 125, 171, 179
Centro Stile——Centro Stile（法拉利设计部门）, 19
Chevrolet Corvette——雪佛兰科尔维特, 39, 41, 105, 202, 213, 217
Chinetti, Luigi, Jr.——小路易吉·奇内蒂, 33, 35, 153, 157, 171, 173, 176, 177, 183, 184—185, 186—191, 196, 197
Chinetti, Luigi, Sr.——（老）路易吉·奇内蒂, 1, 3—4, 6, 7, 30, 33—37, 41, 42, 43, 45, 49, 130, 143, 145, 157, 170, 176, 183, 186—191, 196, 259
Chinetti-Garthwaite Imports——奇内蒂·加思韦特进口公司, 197, 233, 235

Chinetti Motors, New York——纽约奇内蒂汽车公司, 37, 173, 174, 184
chin spoiler——前扰流板, 16, 225, 229
Chiti, Carlo——卡洛·基蒂, 97, 105
chrome——镀铬, 75
Chrysler——克莱斯勒, 6, 81
Circuit Cumbres de Curumo, of 1960——Circuit Cumbres de Curumo 赛道（位于委内瑞拉）, 87
Circuit de La Sarthe——萨尔特赛道，勒芒赛道, 86
Circuit di Bologna, of 1908——博洛尼亚赛道, 23
Circuit di Les Sables d'Oionne, of 1952——莱萨布勒多洛讷赛道, 67
Circuit of Sivocci, of 1923——西沃奇赛道, 25
Cisitalia——西斯塔尼亚, xv—xxi, 6, 47, 75
coachwork——车身, 48, 51, 53, 56, 57, 57, 58, 58, 74—75, 81—82, 87, 88, 90, 119, 123, 129, 130
Colombo, Gioacchino——焦阿基诺·科隆博, 35, 37, 86, 219
Colombo engines——科隆博式发动机, 4, 7, 11, 35, 37, 38, 54, 62, 63, 82—83, 84, 86, 87, 88, 91, 99, 105, 135, 137, 167, 167, 169, 174, 189, 191, 192, 195, 196, 219
Consorzio Industriale Sportivo Italia——意大利工业体育协会, xix
Constructors' Championship——制造商冠军
convertibles——敞篷车, 105, 285
convertibles, 4, 4, 7, 44—45, 45, 46, 47, 47, 48, 171, 220, 222, 223, 258
Coppa Inter-Europa, Coppa Inter-Europa——比赛, 40, 64
Costruzioni Meccaniche Nazionali (C.M.N.)——意大利国家机械制造公司, 24
Coupe de Bruxelles, of 1962——布鲁塞尔杯, 107
Cummins, Dave——戴夫·卡明斯, 84
Cunningham, Briggs——布里格斯·坎宁安, 179, 191
Cytec Aerospace carbon fiber, Cytec Aerospace——碳纤维材料, 260, 262

D

Dakar——达喀尔, 113, 115

dashboard——仪表板, 29, 48, 53, 63, 85, 103, 106, 126, 127, 134, 152, 153, 162, 163, 166, 180, 191, 194, 195, 220, 222
Daytona Berlinetta, 见 365 GTB/4 Daytona
Daytona Spyder, 见 365 GTS/4 Spyder
Daytona 24 Hours——戴通纳 24 小时耐力赛, 190, 205
death of Dino and eponymous car, 117—131
de Portago, Marquis——波塔戈侯爵, 185
Di Montezemolo, Luca Cordero——卢卡·克劳德洛·迪·蒙特泽莫罗, 237, 254, 257, 266, 290, 306
Dino——迪诺, 117—130, 116—131, 184, 222
double-overhead-cam engine——双顶置凸轮轴发动机, 169, 173, 216
Draper, David, 147
Dreyfus, Rene——雷内·德雷福斯, 33, 185, 190, 191
Drogo, Piero——皮耶罗·卓戈, 87
dual air intakes——双进气口, 37
ducktail spoiler——鸭尾式扰流板, 110, 110
Dunaway, Faye——费·唐纳薇, 182—183
Dusio, Piero——皮耶罗·杜西奥, xv—xxi

E

Eager, Allen——艾伦·伊戈尔, 179
Edsel——福特 Edsel 汽车, 42
egg-crate grille——蛋盒形前格栅, 16, 225, 229
eight-cylinder engines——8 缸发动机, 8, 16, 19, 37, 130, 233, 238, 240, 247, 256, 257, 258
electric overdrive——电子超速挡, 8
Elkann, John——约翰·埃尔坎, 306
Emilia——艾米利亚大区, 83
emissions——排放, 217, 235, 239
engine——发动机, 169—170, 226
enveloping body——一体式车身, xix, xix
Enzo, 18, 19, 259, 262, 263, 268—269, 268, 269
Export V12 engine——Export V12 发动机, 39

F

F8 Tributo, 19, 299, 302
F12 Berlinetta, 19, 281—282
F40, 16, 19, 225, 245—251, 248—251, 262, 263

F50, 18, *19*, 20, 259, 260—263, *260—263*
F60, 19, 286—287, *287*
F90 Stradale, 20
F355 Berlinetta, 18, 251, 254—255, 256, 257—259, 265
F355 F1, 258
F355 Spider, 18, 239, 256, 257, *257*, 258—259
F430 Berlinetta, 19, 259
F430 Spider, 19, 259
F512 M, 229, 245, 247, 251, 252—253, *253*, 259
faired-in headlights——嵌入式头灯, 77, 82, 133, 201
Fangio, Juan Manuel, 190
Farina, Stabilimenti——法利纳, 7
Farina cabriolet (011 S)——法利纳敞篷车, 44—45, *45*, 46, 47, *47*, 48
Fédération Internationale de l'Automobile (FIA)——国际汽车联合会, 94, 96, 110, 111
fender——翼子板, 13, 201
Ferrari——法拉利, 130
Ferrari Club of Americas——美国法拉利俱乐部, 183, 190
Ferrari North America——法拉利北美分公司, 197, 233, 235
Ferrari Scaglietti, 21
FF, 277, 278
Fiat——菲亚特, *xv, xvi*, 117, 120, 130, 205
　　Dino collaboration, 117—130, *116—131*
　　Ferrari holdings of, 205
Fiat Dino Bertone Coupes——菲亚特 Dino Bertone Coupe, 127
Fiat Dino Pininfarina Cabriolet——菲亚特 Dino Pininfarina Cabriolet, 127
Fiat Motors of North America, xv
Fiat 100TV——菲亚特 100TV, 117
Fiat 1100S——菲亚特 1100S, *xvii, xix, xx*
Fiat Toplino 500——菲亚特 Toplino 500, 117
fiberglass——玻璃纤维, 225, 229
Firestone tires——Firestone 轮胎, 38, 41
Fjestad, Steve——史蒂夫·费耶尔斯塔德, 185, *191*
flat-sided body panels——平坦的车侧面板, 51, 55
Ford, Henry II——亨利·福特二世, 36, 38, 41, 42, 43
Ford Barchetta——福特 Barchetta, 35, 36, *38*, 41—43
Ford Motor Company——福特汽车公司, 41—43
　　Edsel division——Edsel 部门, 42
　　Special Products Division——特别产品部门, 42

Ford Mustang——福特野马, 39
Ford Thunderbird——福特雷鸟, 39, 41
Forghieri, Mauro——毛罗·福尔吉耶里, 97, 107, 226
Formula One——F1 赛车, *xvii*, 126, 167, *190*, 225, 260, 262, 263
Formula Two——F2 赛车, 126, 127, 184
four-cam engine——四凸轮轴发动机, 13, 19, 169—170, 173, 217
four-cylinder engines——四缸发动机, 87, 113—115, *115*, 225
four-seat convertible——四座敞篷车, 222, *223*
four-wheel independent suspension——四轮独立悬架, 167, 173, 219
Foyt, A. J.——A.J. 福伊特, 181
France——法国, *xv, xvii, xviii*, 3, 25, 37, 240
French Grand Prix——法国大奖赛, 25
fuel filter, external quick——加油口, *170*

G
Galia, J. M.——J.M. 加利亚, 87
Garthwaite, Al——阿尔·加思韦特, 197
Gendebien, Olivier——奥利维·珍德比恩, 109, 179
General Motors——通用汽车, 130
Geneva Motor Show——日内瓦车展, 4, 7, 8, 45, 49, *136*, 137, 150, 155, 189, 196, 240
Gent, Richard——理查德·金特, 95
German Auto Union——汽车联盟公司, 28
German Grand Prix, of 1935——德国大奖赛, 28
Germany——德国, *xv, xvii*, 28, 240
Ghia, 79, 81
Ghia 212 Inter, 48
Giacosa, Dante——丹特·贾科萨, *xvi*
Giberti, Federico——费德里科·吉尔提, 64
Ginther, Richie——里奇·金瑟, 86, 87, 91, 92, *93*, 147, 171, 176, 180—181, 185
Gobbato, Ugo——乌戈·戈巴托, 30, 31
Grand Prix and Monza——蒙扎大奖赛, 77, 113, 115
Grand Prix du Luxembourg——卢森堡大奖赛, 41
Grand Prix engine——大奖赛发动机, 82
Grand Prix of Italy, of 1950——意大利大奖赛, *64*
granturismo movements——"Granturismo" 热潮, *xviii—xix*, 108, 134, 138, 240
Gran Turismo Omologato, 见 250 GTO、288 GTO
gray-market cars——灰色市场汽车（非正式进口车）, 235, 239

Great Britain——英国, *xv*, **xvii**, *xviii*, 32, 39, 78, 240
Gregory, Masten——马斯顿·格里高利, 171
grille——格栅, *xxi*, 4, 13, 16, 32, 38—39, *52—53*, 54, 61, *70*, 71, 75, 82, 87, 137, 199—200, 225, 229, 263
Grossman, Bob——鲍勃·格罗斯曼, 143, 185, 190
Grugliasco——格鲁利亚斯科, 82, 97
GTC4 Lusso, 19, 295—296, *295*
Gurney, Dan——丹·格尼, 171, 176, 180, 208, 211, 185
Guthrie, Janet——珍妮特·格思里, 185

H
Hall, Jim——吉姆·霍尔, 181
hand brake, offset mounted——手刹, *85*
hardtop, removable——可拆卸硬顶, 147
Harrah, William——威廉·哈拉, *188*, 197
Hawthorne, Mike——迈克·霍桑, 95, 113, 115
headlights——头灯, 13, 159
Healey, Donald——唐纳德·希利, *xviii*
Herta, Bryan——布莱恩·赫塔, 268
Hill, Graham——格拉汉姆·希尔, 185
Hill, Phil——菲尔·希尔, 13, 109, 112, 170, 171, 176, 177, 179, 180, 185, *191*
Hitler, Adolf——阿道夫·希特勒, 3
Hively, Howard——霍华德·希弗里, 147
Hoffman, Max——马克斯·霍夫曼, 71
homologation——认证标准, 240, 241
hood scoop——发动机盖进气口, *32*
human-machine interface (HMI)——人机交互系统, 291
HYKERS system——HYKERS 能量回收系统, 290

I
Iacocca, Lee——李·艾柯卡, 39
IHI engine——石川岛播磨重工业株式会社, 288
Illustrated Ferrari Buyer's Guide——《插图版法拉利买家指南》, 167
imports——进口车, 235
　　American market, 3, 5—6, 37, 71, 73, 74, 80, 139, 157, 159, 162, 171, 188—197, 202, 215, 216—217, 220, 222—223, 233, 235—239, 240, 253—254
Indianapolis 500——印第安纳波利斯 500 英里大奖赛, 33
Inter V12 engine——Inter V12 发动机, 39
iodine headlights——碘化物头灯, 202, 216
Italy——意大利, *xv, xvii*, 3

J
J50, *296*, 297
Jaeger instruments——积家仪表, *48*
Jaguar XK 140, XK 140178 Jaguar XK-150 S——捷豹, 105
Jano, Vittorio——维托里奥·哈诺, 26, 120

K
Kamm, Wunibald——威纳巴·卡姆, 161
KERS technology——动能回收技术, 290, 291
Kevlar——凯夫拉, 247, 262
Kimberly, Jim——吉姆·金伯利, 171, 176, 185
Kling, Karl——卡尔·克林, 83
knockoff wheels, *123*
Korda, Michael, 190, 191

L
LaFerrari, 19, 290—291, *291*, 306
Lamborghini——兰博基尼, 169, 233, 235
Lampredi, Aurelio——奥雷利欧·兰普雷迪, *64*, 79, 219
Lampredi engines——兰普雷迪式发动机, 6, 8, 63, 75, 79, 82, 84, *85*, 113, *115*, 189, 191, 192, 219
Lancia——蓝旗亚, 130
Lancia, Vincenzo——文森佐·蓝旗亚, 23
Le Begue, Rene——勒奈·贝盖, 33
La Pista Magica——魔法赛道（蒙扎赛道）, 300
left-hand drive——左舵车, 35, 41, 73
Le Mans——勒芒, *xv*, 16, 41, 42, 79, 83—84, 86, *93*, 94, 95—96, 105, *107*, 112, 130, 143, 176, 178, 182, 184, *190—191*, 196, *197*, 205
Levegh, Pierre——皮埃尔·勒韦赫, 95—96
lightweight construction——轻型车身结构, 35, 37, 39, 40
louvers, fender——鳃状开口, *194*
luggage space——行李箱空间, 135, 162, 240
lusso styling——豪华风格, 31, 79, 97, 133—135, 138, 159, 167, 171, 188

M
Maasland, Jacky——乔基·马斯兰, 76
Machiavelli, Marchese Lotario Rangoni——洛塔里奥·兰尼·马基雅维利侯爵, 32
Macklin, Lance——兰斯·麦克林, 95
Magioli, Umberto——翁贝托·马乔里, 113, 115
Magnum P.I. (TV show)——夏威夷神探, 16, 233

Manfredini, Maurizio——莫瑞吉奥·曼弗雷迪尼, 273

Manufacturer's World Championship——世界跑车锦标赛制造商冠军, 111

Manzoni, Flavio——弗拉维奥·曼佐尼, 294

Maranello——马拉内罗, 9, 11, 13, 14, 16, 19, 31, 47, 55, 75, 78, 83, 126, 127, 129, 135, *154*, 166, 173, *188*, *191*, 199, *217*, 233, 235, 240, 259, 274, 291

Maserati——玛莎拉蒂, 33, 37, 87, 169, 234, 239

Maserati Birdcage——玛莎拉蒂鸟笼赛车, 88

Maserati 3500——玛莎拉蒂, 3500105

Mason, George——乔治·梅森, xxi

Massimino, Alberto——阿尔贝托·马西米诺, 32

mass production——大批量生产, *154*

McCluggage, Denise——丹妮斯·麦克格奇, 171, 174, 176—182, *182*, 183, 185

McLaren-TAG——迈凯轮车队, 293

McQueen, Steve——史蒂夫·麦奎因, 182, 183

Mercedes-Benz——梅赛德斯-奔驰, 28, 71, 234, 235, 239

Mercedes-Benz 300 SL——梅赛德斯-奔驰 300 SL58, *66*, 71, 83, 88, 105, 191, 233
  1955 Le Mans accident, 94, 95—96

Mercedes-Benz 300 SL Gullwing Coupe——梅赛德斯-奔驰 300 SL Gullwing Coupe, 71

Merritt, Dick——迪克·梅里特, 41—43

Merzario, Arturo——阿尔图罗·梅尔扎利里奥, 216

Meyer (Bruce) collection——布鲁斯·迈耶, 87, 91, 92, 105, 106

Michelotti, Giovanni——乔瓦尼·米凯洛蒂, 55, 69, 75

mid-engine Ferrari——中置发动机法拉利, 14—19, 225, 230, 257

Milan——米兰, 36

Miles, Ken——肯·迈尔斯, 92, 93

Mille Miglia——Mille Miglia 1000 英里大奖赛, *xv*, *xvii*, 26—27, 32, 39, 41 65—66, 69, 77, 83, 87, 113, 115

Model 815, 33

Modena——摩德纳, 18, 31, 32, 83, 108, 120, 129, 243, 271

Modern Classic Motors, 197, 233, 235

Mondial, 87, 113—115

monoblock engine——单体式发动机, *xvii*, *xix*

Montlhéry 1000km——蒙莱里 1000 千米耐力赛, 105, 107, 178

Monza——蒙扎, 77, 107, 113, 115

Monza SP1, 300, *301*

Moon, Keith——凯斯·穆恩, *127*

Moss, Stirling——斯特林·莫斯, 43, 105, 171, 176, 180, 185

Motor Trend——*Motor Trend* 杂志, 133

Mullee, Ted——泰德·穆利, 41—42

Museum of Modern Art, New York——纽约现代艺术博物馆, xxi
  1951 Eight Automobiles exhibition——"八辆车：关于汽车设计美学"展览, xvi, xxi

N

NART (North American Racing Team)——北美赛车队, xii—xiii, 1, 130, 143, 159, 171, *176*, 186—191

Nash-Healey, xviii, xxi, xxi, 78

Nassau Speed Week of 1957——拿骚速度周, 86

Nazarro, Felice——菲利切·纳扎罗, 23

Nazism——纳粹主义, 3

Nethercutt Collection——洛杉矶内瑟克特汽车博物馆, 222

New York——纽约, 37, 71, 139, 183

North Africa——北美, 113, 115

Nowak, Stanley——斯坦利·诺瓦克, 170

Nürburgring 1000km——纽博格林 1000km 耐力赛, 107, 179

Nuvolari, Tazio——塔齐奥·努沃拉里, xvi, xvii, 27, *27*, 28—29, 190, 292

O

Okuyama, Ken——奥山清行, 268

older owners, role of, 153—155

O'Shea, Paul——保罗·奥谢, 171

oval grille——椭圆形格栅, *1*, 13, 38 *39*, 61, *70*, 71, 75, 82, 87, 199—200, 263

ovoid ports——椭圆形开口, *xviii*, *60*, *61*

P

PanAmerican road race——泛美公路赛, 79, 191

Paris——巴黎, 82

Paris Motor Show——巴黎车展, 7, 9, 11, 74, 79, 84, 99, 101, 105, 123, *137*, 164, 169, 170, 199, *206*, 215

Parma-Poggio di Berceta——帕尔马-贝尔切托爬山赛, 27

Payne, Howard——霍华德·佩恩, 41

Pebble Beach Concours d'Elegance——圆石滩优雅竞赛, 19, 71, 183, 190

Perspex-covered headlights——覆有有机玻璃灯带的头灯, *200*, 201, 202, *202*, 212, 216, *218*, *219*

Pescara-Coppa Acerbo——佩斯卡拉-阿塞伯杯, 23, 26, 84

Peugeot——标致汽车, 78

Piacenza——皮亚琴察, 37, 83

Picard, Francois, *93*

pillarless windshield——无 A 柱式风挡玻璃, *80*, 81

Pininfarina, Andrea——安德里亚·宾尼法利纳, 274

Pinin Farina (later Pininfarina)——宾尼法利纳, xxi, 45, 47, 51, 53, 54, 55, 56, 69, 73, 257, 259

Pinin Farina (later Pininfarina), Battista——巴蒂斯塔·宾尼法利纳, xviii, xx, xxi, 51, 75, 77, 78, 81

Pinin Farina (later Pininfarina), Sergio——塞尔吉奥·宾尼法利纳, xv, xvi, xix, xxiii, 4, 6, 9, 13, 16—18, 19—20, 73, 75, 78, 96—97, 159, 161, 189, *190*, 220, 226, 237, 254, 273—274

Pirelli——倍耐力轮胎, 27

Pironi, Didier——迪迪埃·皮罗尼, 292

pit crew——维修队, 176, 182

Plexiglas windows——有机玻璃车窗, 169

Poland, Nazi invasion of——波兰, 3

Pomona L.A. City fair grounds, of 1959——洛杉矶县波莫纳城市展览会, *93*

Po River——波河, 31

Porsche——保时捷, 71, 91, 117, 183, 225

Porsche, Ferdinand——费迪南德·保时捷, xvii, xix

Porsche Carrera——保时捷卡雷拉, 258

Porsche 911 Targa——保时捷 911 Targa, 19, 235

Porsche 914——保时捷 914, 117

Portofino, 19, 303, 305

Portofino M 2+2 Spider, 20

Posey, Sam——山姆·波西, 171

Postlethwaite, Harvey——哈维·波斯特莱斯韦特, 293

power transfer unit (PTU)——动力传输单元, 278

power windows——电动车窗, 194, 195

Prunet, Antoine——安托万·普吕内, 159, 161, 195

Purosangue, 20, 306

R

radio——收音机, 249

Ravenna——拉文纳, 25

rear engine——后置发动机, 14, 225, 287

Redman, Brian——布莱恩·雷德曼, 171, 176

Reggio——雷焦, 83

Ricard, Wilfredo——威尔弗雷多·里卡德, 29—31

right-hand drive——右舵驾驶, 73, 92

Rimini, Giorgio——乔治奥·里米尼, 25

Riverside International Raceway——Riverside 国际赛道, 92, *93*

Road & Track——*Road & Track* 杂志, 133, 180, 183, 185, 190, *206*, 220

road cars——公路车, 4, 47, 134

Rodriguez, Pedro——佩德罗·罗德里格斯, 171, 176, 181, *183*, 185

Rodriguez, Ricardo——里卡多·罗德里格斯, 171, 176, 181, 185

Rollo, Pinkie——平基·罗洛, 174

Rolls-Royce——劳斯莱斯, 194, 262

Roma, 302, *304*, 305

Roma 2+ Coupe, 20

Rome——罗马, 67

Romeo, Nicola——尼古拉·罗密欧, 25

roof panel, removable Targa-type——车顶篷, *128*, 129, 130

Rossellini, Roberto——罗伯托·罗西里尼, 47, 84

Ruger, Bill——比尔·鲁格, 185

running lights——行车灯, 61

S

Safer, Morley——莫利·赛弗, 185

San Marino Grand Prix——圣马力诺大奖赛, 292

Santa Barbara races——圣芭芭拉赛事, 92, *93*

Satta, Orazio——奥拉齐奥·萨塔, 30

Savonuzzi, Dr. Giovanni——乔瓦尼·萨沃努奇博士, xvi, xviii

Scaglietti, Carrozzeria——Scaglietti 制造厂, 294

Scaglietti, Sergio——塞尔吉奥·斯卡列蒂, 1, 9, 81, 82, 83, 87, 88, 101, 108, 111, 115, 141, 143, 150, 159, 173, *182*, 183, 190, 225, 273

Scarlatti, Giorgio——乔治·斯卡拉蒂, 147

Scheckter, Jody——乔迪·斯科特, 292

Schell, Harry——哈里·谢尔, 185, *190*, 191

Schumacher, Michael——迈克尔·舒马赫, 268

Scuderia Ferrari——法拉利赛车部门, 3, 23—32, 33, 37, 61, 77, 171, 243

Sebring 12 Hours race——赛百灵 12 小时耐力赛, 147, 174, 176, 179, 181—182, 205

Selleck, Tom——汤姆·塞利克, 16, 233

Selsdon, Lord Peter——彼得·塞尔斯登勋爵, 41, 42

Serafini, Dorino——多里诺·塞拉菲尼, 41
SF90, 305, 306
SF90 Assetto Fiorano, 305
SF90 Spider, 305
SF90 Stradale, *307*
Shelby, Carroll, 185
Shelby Cobra, 39
shock absorbers——减震器, 9, 149, 150
side vents——侧风口, *75*
Siena, Eugenio——尤金尼奥·锡耶纳, 23, 24
Silverstone International Trophy——银石大奖赛, 41
Simca Sport, 45
single-overhead cam engine——单顶置凸轮轴发动机, 169, 173
Sivocci, Ugo——乌戈·西沃奇, 24, 25
six-cylinder engines——6 缸发动机, 117, 119, *121*, 123, 126—127
Skinner, Phil——菲尔·斯金纳, 42, 43
Slip Side Control System——侧滑控制系统, 295
Societa per Azioni Esercizo Fabbriche Automobile le Corse (SEFAC)——法拉利股份有限公司（1960—1969 年曾用名）, 205
South America——南美, 67
Spa-Francorchamps——斯帕-弗朗科尔尚赛道, 6, 41, 107, *205*
spare tire——备胎, *33*, 58
Spear, Bill——比尔·斯皮尔, 41
speedometer——速度表, 92, 162
spoiler——扰流板, 16, *110*, 225, 229
Sportivo, Direttore——体育赛事部门主管, 29—30
Sports Car Club of America——美国运动汽车俱乐部, 239
sports car racing——跑车比赛
Spyder, definition of——双座敞篷车, *134*, 171, 199, 220
Stabilimenti Farina——Farina 制造厂, 45, 47, 49, 75
steel body——钢制车身, 101, 166, 225
steering wheel, wood-rimmed——木质方向盘, *78*
Stradale, 305
Stuttgart Technical University——斯图加特工业大学, 161

Superamerica. 见 400 Superamerica、410 Superamerica、Superamerica (2007)
Superamerica (2007), 259
Superamerica Superfast IV, *139*
Supercortemaggiore Grand Prix, Monza——蒙扎 Supercortemaggiore——大奖赛, 113, 115
Superfast I, *80*, 81, *81*, 82
Superfast II, 188
Superleggera emblem——"Superleggera" 徽章, 22, 35, 37
superlight construction——超轻型车身结构, 35, 37, 39, 40
"Super Modena." 见 360 Challenge Stradale.
Surtees, John——约翰·苏提斯, 181, *190*
suspension——悬架, 40, 105, 119, 167, 229, 263
Switzerland——瑞士, 240

T

tachometer——转速表, 162
tail fins——尾鳍, *81*, 99
tail lights——尾灯, 73, *81*, *125*, 147, 150, *151*, 227, 229, 253
Talbot——塔博特, 37
Tanner, Hans——汉斯·坦纳, 37, 83, 106, 194
Targa Florio——Targa Florio 大赛, 24, 26, 40
Taruffi, Piero——皮耶罗·塔鲁菲, *xvi*, 4, 49, 55, 61, 67
Tavano, Ferdinand——费尔迪南德·塔瓦诺, 143
Testa Rossa——"红头" 见 250 Testa Rossa
Testarossa (1985-1996), 243—245, *246—247*, 251—253, *251—253*
Thomas Crown Affair, The (movie)——龙凤斗智, 183
Three Provinces Circuit——三省赛道, 28
Times-Mirror Grand Prix——Times-Mirror 大奖赛, 92
Tipo 125, 见 125
Tipo 212, 见 212
tires——轮胎, 38, 41, 249
Tojiero Specials, 39

Tour de France——环法大奖赛, 97, 105, *205*, 284
Touring——旅行车, 4, 36—41, 55, 69, 75, 79, 257, 259
Touring Barchetta, 见 166 MM Touring Barchetta
Tourist Trophy (England)——旅行者杯大奖赛, 105
Tour of Sicily, of 1952——环西西里锦标赛, 61
transmission——变速箱, 8, 35, 74, *78*, 108, 153, 192, 195, 196, 233, 235, 239, 259, 263
TRC 625/250 TR, *87*, 91
Trossi, Count Carlo Felice——卡洛·菲利斯·特罗西伯爵, 27, *27*, 28
trunk hinges, exposed——后备箱铰链, *164*
Tubosocca——管式半承载车架, 57
Turin——都灵, 69, 75, 130
Turin Motor Show——都灵车展, 39, 79, 82, 123, 188
Turin Polytechnic Institute——都灵理工大学, 220
twelve-cylinder engines——12 缸发动机, 4, 6, 7, 8, 14, 37, 39, 47, 49, 54, 55, 59, 62, 63, 71, 74, 75, 79, 79, 80, 82, 84, 85, 87, 88, 95, 97, 105, 108, 113, *135*, *137*, *143*, 147, 161, 166, *167*, 169—70, 173, *174*, *181*, 189, 191—92, 195, 196—197, 205, *216*, 219, 222, 225, *226*, 235, 239, 243, *245*, 253, 259
twin-cam engine——双凸轮轴发动机, 11
two-seat sports cars——双座跑车, 39

U

unit-body construction——一体式车身结构, 74
United States——美国, *xviii*, 3, 6, 32, 37
upholstery——内饰, 51, 157
USAC Championship, of 1958——美国汽车俱乐部锦标赛, 87

V

Variable Boost Management——可变增压管理系统, 288
Varzi, Achille——阿基里·瓦尔兹, *27*
Velocità——《速度》杂志, 120
Vignale, 4, 6, 7, 49—51, 55, 69, 79, 155, 257, 259

Vignale, Alfredo——阿尔弗雷多·维格奈, 69
Villa d'Este Concours d'Elegance——埃斯特庄园优雅竞赛, *xviii*
Villeneuve, Gilles——吉尔·维伦纽夫, 185
Villoresi, Luigi——路易吉·威劳瑞希, 4, 30, 41, 49, 64, 77, 84
visibility——驾驶视野, 162, 212—213
Volkswagen——大众汽车, 117, 225
Von Neumann, John——约翰·冯·诺伊曼, 86, 87, 88, 91—92, *93*, *139*, 145, 157, 197

W

Walker, Rob——罗布·沃克, 105
Watkins Glen road race——沃特金斯格伦公路赛, 71, *205*
Wave Hill, New York——Wave Hill 庄园, 184—185, *190*
Weitz, John——约翰·维茨, 185, *190*
Werner, Arno——阿诺·沃纳, 185
wheels——车轮, 38, 84, *123*, 167, 169
White, Kirk F.——柯克·F·怀特, 211
Wilson, R. L.——R.L. 威尔逊, 184—191, *186—191*
windows——车窗, 194, 195, 212—213
windshield——风挡玻璃, *xx*, 80, 81, 202, 205, 212
wood veneer, as instrument panel accent——木质饰板, *191*, 194, 222
World War I——第一次世界大战 / 一战, 24, 25
World War II——第二次世界大战 / 二战, *ix*, *xv*, 3, 33, 177
Wright, Frank Lloyd——弗兰克·劳埃德·怀特, 71

Y

Yates, Brock——布洛克·耶茨, 208

Z

Zagato, 103
Zagato, Ugo——乌戈·扎加托, 103
Zipper, Otto——奥托·齐珀, 92, 93